アジ研選書45

インドの公共サービス

佐藤創・太田仁志　編

アジア経済研究所
IDE-JETRO

　　　　　まえがき

　本書は，アジア経済研究所において実施した「インドの公的サービス」研究会（2014〜2015年度）の成果である。本研究会の立ち上げを準備していた2013年末の時点では，インド国民会議派（会議派）を中心とする統一進歩連合（UPA）が政権の座にあり，景気後退にあえぐビジネス界からも，インフレに苦しむ貧困層からも，腐敗し決定力不足に陥っているという厳しい批判に晒されていた。それからおよそ3年が経ち，2014年4〜5月の総選挙で大勝して政権の座についたナレンドラ・モディ率いるインド人民党（BJP）を中心とする国民民主連合（NDA）政権の任期も，すでに半ばに差し掛かっている。

　本研究会が，インドの公共サービスに焦点をあてて検討した理由は，二人の編者が2010〜2011年頃にインドに駐在した体験に基づいている。インドでも着実に都市化，サービス経済化，消費社会化が進んでおり，10年前に比較すれば格段に経済も発展し生活も便利になってきていることが実感できたものの，格差の拡大も垣間見え，また飲料水，医薬品，教育，都市ごみ処理などの公共サービスには問題が山積しているように見受けられた。これらは日々の生活に深くかかわる問題であると同時に，中長期的な経済発展，社会発展の礎にかかわり，とくにインドでも公共部門の改革（民営化やPPP）が盛んに議論されており，1991年の経済自由化・規制緩和の開始から四半世紀がすぎ，公共サービス部門がどのような状況にあり，その改革がどのような方向に向かっているかを探ることを目的として，本研究会を立ち上げた。当初は，この経済自由化という経済発展戦略の転換が公共サービス分野においても大きな影響を与えているのではないかという作業仮説を編者はもっていたが，自由化による変化というよりも，それ以前からの連続的な展開が，いずれの分野においても重要であるということが次第に明らかになり，そのことは2014年の政権交代以後の状況においても同じであると考えている。

本研究会の実施にあたっては，とりわけ各委員がインドに赴いて行った調査においては，多くの方々にご協力とご助力をいただいている。絵所秀紀先生（法政大学）には講師として研究会においでいただき，インドの長期的な社会経済発展をどう考えるべきか，貴重なお話とご助言を賜った。また，本書のとりまとめ過程においては，匿名二名の査読者より有益なコメントをいただいた。紙幅の都合上，お世話になったすべての方々のお名前をあげることはできないものの，この場を借りて心より御礼申し上げる。

　なお本研究はおおむね2015年末までの動きを対象としていることを申し添える。

　2016年9月

編者

目　次

まえがき
略語等一覧

序　章　インドにおける公共サービス
　　　　──本書の目的と背景──………… 佐藤創・太田仁志　1

はじめに　*1*
第1節　公共サービスを考える視角　*7*
第2節　本書の構成と発見　*15*
　　　コラム1　インドの連邦制について　*25*
　　　コラム2　地方自治体　*26*

第1章　岐路に立つ公共配給制度 ………………… 近藤則夫　27

はじめに　*27*
第1節　公共配給制度の展開　*29*
第2節　公共配給制度の流通と問題点　*34*
第3節　「公共配給制度」と現金直接給付の議論　*46*
おわりにかえて　*57*

第2章　インドにおける医薬品供給サービス … 上池あつ子　65

はじめに　*65*
第1節　インドにおける医薬品アクセスの阻害要因　*66*
第2節　インドにおける医薬品供給サービス　*73*
第3節　インドの医薬品供給サービスの課題　*93*
おわりに　*97*
　　　コラム　ポイントカードによる
　　　　　　　医薬品供給サービスの利用促進　*101*

第 3 章　インドにおける生活用水の供給 ………… 佐藤　創　*103*

　はじめに　*103*
　第 1 節　インドにおける生活用水の現状　*105*
　第 2 節　インドにおける生活用水にかかわる
　　　　　法および政策の展開　*113*
　第 3 節　基本権としての水へのアクセスと
　　　　　経済財としての水の管理　*119*
　第 4 節　水供給システム改革の具体例　*124*
　結びにかえて　*128*
　　　コラム　屋上の水タンク　*136*

第 4 章　インドにおける都市ごみ処理 …………… 小島道一　*137*

　はじめに　*137*
　第 1 節　都市ごみ管理の歴史的展開　*139*
　第 2 節　都市ごみ処理の法的な枠組み　*141*
　第 3 節　廃棄物処理の現状　*143*
　第 4 節　都市ごみ処理に関する
　　　　　PPP（官民連携）と中央政府の支援　*151*
　第 5 節　今後の都市ごみ処理
　　　　　――2016 年固形廃棄物管理規則――　*156*
　おわりに　*159*
　　　コラム 1　都市ごみ処理を請け負う民間企業　*162*
　　　コラム 2　電気製品のリサイクル　*163*

第5章　公立校における義務教育——基礎教育普遍化と
　　　　私立校台頭のはざまで——……………………辻田祐子　*165*

　はじめに　*165*
　第1節　独立後の基礎教育普遍化への取組み　*166*
　第2節　公共教育サービスの概要　*169*
　第3節　公立校教育の質　*177*
　おわりに　*190*
　　参考資料1　インドの教育制度　*198*
　　参考資料2　各州・連邦直轄地の教育制度　*199*
　　参考資料3　各州・連邦直轄地の就学最低年齢　*199*
　　コラム　RTE法下で義務教育は普遍化，無償化されたか　*200*

第6章　乳幼児の保育と教育をめぐる取組み　…太田仁志　*203*

　はじめに　*203*
　第1節　乳幼児の保育と教育の状況　*204*
　第2節　ECCE政策の展開　*209*
　第3節　ECCE政策の履行，ICDSをめぐって　*218*
　おわりに　*228*
　　コラム　アンガンワディ労働者の仕事，
　　　　　　スキームワーカーの貢献，インド型開発モデル　*234*

第7章　公益訴訟の展開と公共サービス…………佐藤　創　*235*

　はじめに　*235*
　第1節　インド公益訴訟について　*236*
　第2節　公共サービスと公益訴訟　*239*
　第3節　公益訴訟の持続可能性　*246*
　結びにかえて　*248*

索　引……………………………………………………………　*255*

〔略語一覧〕

AAY	Antyodaya Anna Yojna:アンティヨダヤ食糧事業	
AIFAWH	All India Federation of Anganwadi Workers and Helpers:全インドアンガンワディ労働者・ヘルパー連合	
APL	Above Poverty Line:貧困線以上	
ARWSP	Accelerated Rural Water Supply Programme:農村給水推進事業	
ASHA	Accredited Social Health Activist:認定社会保健活動家(ただし本文ではASHA労働者としている)	
AUWSP	Accelerated Urban Water Supply Programme:都市給水推進事業	
BJP	Bharatiya Janata Party:インド人民党	
BPL	Below Poverty Line:貧困線以下	
CPI(M)	Communist Party of India (Marxist):インド共産党(マルクス主義)	
DPEP	District Primary Education Programme:県初等教育プログラム	
ECCE	Early Childhood Care and Education:乳幼児の保育と教育	
EFA	Education for All:万人のための教育	
FEFO方式	first expiry first out:先に使用期限が切れるものから先に出す在庫管理方法	
GMP	Good Manufacturing Practice:製造管理および品質管理基準	
ICDS	Integrated Child Development Services:乳幼児の統合的発達サービス	
IT	Information Technology:情報技術	
JNNURM	Jawaharlal Nehru National Urban Renewal Mission:ジャワハルラール・ネルー全国都市再生事業	
KCP	Karunya Community Phramacy:カルンヤ・コミュニティ	

		薬局
KMSCL		Kerala Medical Services Corporation Ltd.：ケーララ州医療サービス公社
LFP学校		Low-fee Private School：低額私立学校
MDGs		Millennium Development Goals：国連ミレニアム開発目標
NCERT		National Council of Educational Research and Training：全国教育研究訓練機構
NDA		National Democratic Alliance：国民民主連合
NFHS		National Family Health Survey：全国家族保健調査
NRDWP		National Rural Drinking Water Programme：全国農村飲料水事業
NRHM		National Rural Health Mission：全国農村保健ミッション
NSSO		National Sample Survey Organization：全国標本調査機関
PDS		Public Distribution System：公共配給制度
PPP		Public Private Partnership：官民連携
PUCL		People's Union for Civil Liberties：市民的自由のための人民連合
RDF		Refuse Derived Fuel：廃棄物固形燃料
RSOC		Rapid Survey on Children：子どもの速報調査
RTE法		The Right of Children to Free and Compulsory Education Act, 2009：2009年無償義務教育に関する子どもの権利法
SBM		Swacch Bharat Mission：クリーン・インド・ミッション
SC		Scheduled Castes：指定カースト
SSA		Sarva Shiksha Abhyaan：教育普遍化キャンペーン
ST		Scheduled Tribes：指定部族
TNMSC		Tamil Nadu Medical Services Corporation：タミル・ナードゥ医療サービス公社
TPDS		Targeted Public Distribution System：受益者選別的PDS
UIDSSMT		Urban Infrastructure Development Scheme for Small and Medium Towns：中小都市のための都市インフラ開発計画

UPA	United Progressive Alliance：統一進歩連合
WTE	Waste to Energy：廃棄物を利用したエネルギー回収

人名および地名標記について
　本書における人名および地名のカタカナ表記は，人名については『新版　南アジアを知る辞典』（平凡社，2012年），地名については『アジア動向年報　2016』（アジア経済研究所，2016年）をおもに参照している。

序　章

インドにおける公共サービス
──本書の目的と背景──

佐　藤　　創・太　田　仁　志

はじめに

　本書は，インドの公共サービス（public service）に関する基礎的な情報を研究者やビジネス・パースン，援助実務家，学生といった読者に提供し，公共サービスの特定分野や関連分野についての調査や研究などそれぞれのニーズに役立てていただくことを目的としている。近年，経済成長著しいインドと日本の交流は，従来からの援助の分野だけでなく，学術やビジネス，文化などさまざまな領域で深まっており，貧困，カースト，IT，数学といったインドに対する断片的なイメージからより踏み込んでインド社会を理解する必要が高まっていると考えられる。とくに，公共サービスに含まれるさまざまな分野は，膨大な貧困層を含むインドに生きる人々の暮らしを知るためにも，またインドの経済のみならず政治や社会の今後の変化を占ううえでも重要であると考えられ，本書は，その現状を探るための案内書として，全体としてあるいは関心ごとに，読者が参照できるように企図している。

　実際にインド社会の変化は近年とみに著しい。1980 年代以降，とりわけ 1991 年の経済自由化により，それ以前の経済計画に基づく重化学工業

化をめざした公共部門主導の経済運営を改め，規制緩和を進め民間部門・市場を成長のエンジンと据える開発モデルに舵を切ってからおよそ25年が経過し，自由化時代に誕生した人たちが続々と労働市場に参入する段階に至っている。また，インドの経済成長率は2003/04～2011/12年度まで6～10％という高い水準で推移した（図0-1）[1]。この背景には，GDPに占める割合を顕著に増やしてきたサービス産業の成長に伴う産業構造の変化や（表0-1），2004/05年度以降においては対GDP比30％を超えるまでに伸びている投資率の上昇がある（図0-2）。外国からの資金流入の動向に左右されるものの，貯蓄率も伸びて，投資を支えてきた。1人当たり所得もまた，1980年代は年平均3.2％，90年代は3.5％，2000年代は5.7％で成長してきたことが見て取れる（表0-2）。経済規模を名目GDP値で比較すると，2014年には，インドは世界9位であるが，購買力平価に基づくGDP値では中国，アメリカに次いで世界3位の水準にある[2]。インドは経済成長率で中国を2015年に抜き，人口規模でも近々中国を超える見込みで，インドが世界経済のけん引役となる日も近いというような議論もある[3]。

こうした経済成長の展開，またその消費市場は巨大であると考えられるがゆえに，投資先としての注目度も高まってきた。さらに，2014年の連邦下院選挙にて与党であったインド国民会議派（会議派）が大敗し，インド人民党（BJP）が単独で過半数を占めるという大勝をおさめ政権が交代した。新首相ナレンドラ・モディの率いるBJPを核とする国民民主連合（NDA）が政権を担当することになり，会議派率いる統一進歩連合（UPA）の政権時代に直接投資やインフラ，税制，労働などの分野で滞っていた改革が進むのではないかという期待が高まったことは記憶に新しい[4]。

ただし，より広く社会のさまざまな側面に目を配ると，繰り返し指摘されているように，インドは多くの問題を抱えている（表0-3）。たとえば，貧困問題であり，貧困線以下の生活水準にて生きる人々が，2011年で1日当たり1.90ドルの基準で21.3％，1日当たり3.10ドルの基準では58.0％の割合で存在する。5歳未満の乳幼児死亡率は2011年では1000人

序　章　インドにおける公共サービス

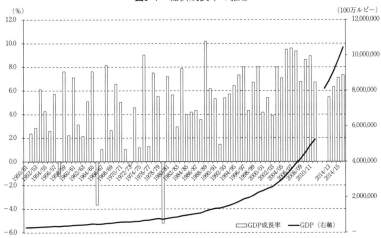

図0-1　経済成長率の推移

(出所) GOI (2016) より筆者作成。
(注) 2011/12年度までは2004/05年度価格表示，2011/12年度以降は2011/12年度価格表示，いずれも要素価格である。なお2011/12年度価格表示シリーズはいずれも推定値。

表0-1　GDP 部門別シェア

(%)

	第一次部門	第二次部門			第三次部門				合計
	農業, 鉱業	小計	製造業, 電気・ガス・水道	建設業	小計	商業, ホテル, 運輸および通信	金融, 保険, 不動産およびビジネスサービス	コミュニティ, 社会および個人サービス	
1950/51	53.7	14.4	9.3	5.1	29.5	11.0	8.3	10.2	100.0
1960/61	49.8	17.9	11.5	6.4	30.2	12.6	7.6	9.9	100.0
1970/71	43.9	21.4	13.8	7.6	33.3	14.3	7.4	11.6	100.0
1980/81	38.3	23.0	15.4	7.6	37.6	16.8	8.1	12.7	100.0
1990/91	33.0	24.1	17.1	7.1	42.5	17.6	11.5	13.4	100.0
2000/01	25.3	24.4	17.7	6.6	50.4	21.6	14.1	14.7	100.0
2010/11	16.8	25.7	18.1	7.6	57.5	27.3	17.3	12.9	100.0
2014/15	19.0	28.5	20.4	8.1	52.5	19.4	20.5	12.6	100.0

(出所) RBI (2015) より筆者作成。
(注) 図0-1と同じ。

当たり57.2人であり，1人当たり所得レベルのより低いバングラデシュ (2011年には46.7人) よりも死亡率が高い。識字率も2011年には69.3%であり，中国やタイの2010年の数値，それぞれ95.1%，96.4%と比べて相

3

図0-2 投資率及び貯蓄率の推移(対GDP比,%)

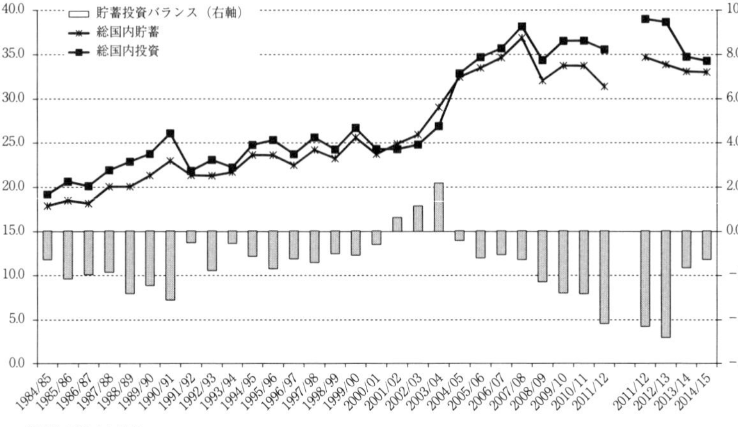

(出所)図0-1と同じ。
(注)図0-1と同じ。

表0-2 1人当たり所得および人口の推移

	1人当たり国民所得(ルピー)	人口(100万人)		成長率(%)	
				1人当たり国民所得	人口
1950/51	7,513	361			
1960/61	9,482	439	1950/51-1960/61	2.4	2.0
1970/71	11,025	548	1960/61-1970/71	1.5	2.2
1980/81	11,711	683	1970/71-1980/81	0.6	2.2
1990/91	15,996	846	1980/81-1990/91	3.2	2.2
2000/01	22,491	1,029	1990/91-2000/01	3.5	2.0
2010/11	39,270	1,211	2000/01-2010/11	5.7	1.6
2015/16	77,431		1950/51-2010/11	2.8	2.0

(出所)図0-1と同じ。
(注)図0-1と同じ。なお,人口はセンサスに基づき,それぞれ,1951年,61年,71年,81年,91年,2001年,11年の数値である。

当に低い数値である。

　こうした社会指標はいずれも長期でみれば改善してきてはいるものの(表0-3),密接に関連する問題として,絶対的な貧困が減少してきているとしても,格差は拡大しているのではないかという問題もある。このことは創出される付加価値が低い雇用(自営を含む)や,請負,有期契約とい

表0-3　おもな社会指標

	インド				中国	タイ	バングラデシュ
	1981	1991	2001	2011	2011	2011	2011
出生時平均余命	54.3	58.4	63.0	66.9	75.0	73.9	70.5
識字率（15歳以上，％）	40.7	48.2	61.0	69.3	95.1	96.4	59.7
乳児死亡率（1歳未満，1000人当たり）	111.3	86.1	64.2	44.4	12.5	12.0	37.2
乳幼児死亡率（5歳未満，1000人当たり）	162.6	122.2	87.7	57.2	14.5	14.0	46.7
合計特殊出生率（人）	4.8	4.0	3.2	2.6	1.7	1.5	2.3
貧困率（人頭率，1日1.90ドル（2011PPP），％）	52.1	46.1	38.4	21.3	11.2	0.0	43.7
貧困率（人頭率，1日3.10ドル（2011PPP），％）	83.0	79.7	73.4	58.0	27.2	1.2	77.6
1人当たりGNI (PPP) (constant 2011 international $)	n.a.	1729.5	2575.3	4645.1	10178.0	13354.4	2783.6

(出所) World Bank "World Development Indicators" より筆者作成。
(注) インドの貧困率の1981年の列の数値は1983年，1991年の列の数値は1993年，2001年の列の数値は2004年の数値。また，中国の識字率及び貧困率は2010年の数値，タイの識字率は2010年の数値，バングラデシュの識字率は2013年，貧困率は2010年の数値。

表0-4　雇用総数

(100万人)

	推定就業者数	推定失業者数	組織部門	公共部門	民間部門
1993-94	379.7	7.5	27.4	19.5	7.9
1999-2000	397.0	9.5	28.0	19.3	8.7
2004-05	457.9	11.3	26.5	18.0	8.5
2011-12	472.9	10.8	29.6	17.6	12.0

(出所) RBI (2015) およびNSSO (1997, 2001, 2011, 2013) より筆者作成。
(注) 推定就業者・失業者数はUPSS (Usual Principal and Subsidiary Status) ベース。

う非正規の雇用が増えていることとも関係する。とくに経済自由化以降の公共部門の縮小を経て，今日では民間部門を中心とする組織部門の拡大が確認される一方で（表0-4），労働法制に基づく監督が行き届かない，また社会保障制度が未整備，不十分な，したがって労働条件が相対的あるいは絶対的に良好ではない小規模零細組織や自営という非組織部門において，また，組織部門であっても非正規労働者として雇用が吸収されている点は見逃せない[5]。そのほか，教育，医療，食糧保障，生活用水，衛生などの分野において多くの課題をインドは抱えており，宗教やジェンダー，部族，カーストなど社会階層の問題も今なお重要な懸案である。

　以上簡単にインドの現状にふれたが，このように世界経済のなかでも重要性を増すインド経済に対する日本における関心も高まり，邦文の文献で

も，たとえば，内川（2006），絵所（2008），小田（2009），浦田ほか（2010），石上・佐藤（2011）など，インド経済を俯瞰し眺望する一般向けないし学生向けの著作が陸続と発表されている[6]。これらの文献では，貧困問題などいわば経済成長の陰にあたる側面についても目を配りつつ，基本的には，経済成長の要因やメカニズムはなにか，経済自由化はどう影響しているか，さらにはどのような条件があればさらに経済成長できるかといった問題を検討している。

これに対して本書は，インド経済や社会を俯瞰するというよりも，そのいわば足腰にかかわる公共サービスに絞って光をあてる。公共サービスには人々の暮らしの基盤となるもの，また中長期的な経済発展の礎となるようなものが少なくない。とくに，上にふれたように，いまだ58％，すなわち7億人余りにも及ぶ貧困層の暮らしにおいて，食糧や飲料水，医薬品，教育などの公共サービスがどう利用できるか（できないか），都市ごみ処理などの公共サービスが経済活動の活発化に応じてきちんと整備されてきているかは，日々の生活に深くかかわる問題である。それゆえ，インドにおける社会経済の変化を公共サービスに注目して検討することは，その過去，現在，将来を立体的に理解するための一助となると考えられ，そのような観点から，本書は，インドの社会経済の今後を考える上で重要な領域に関する視点や視角を，読者に提供することをめざしている[7]。具体的には，インドの公共サービス一般，あるいは特定の公共サービスについて情報を必要とする研究者やビジネス・パーソン，援助実務家，学生などの読者に，調査や研究を進める上で必要と考えられる制度や事件，その歴史的経緯などについての情報を整理し提供しようと試みている。また，今後，有望かつ巨大な消費市場として，あるいは生産拠点としてインドの経済成長が注目されているという現状に対して，実際のところインドに生きる人々はどのような条件のなかで暮らしているのか，経済成長の果実は貧困層にまで及んでいるのかといったより一般的な問題に関心をもつ読者にも，さまざまな公共サービスという切り口から，インド社会の現状を垣間見ることができるよう，なるべくわかりやすい解説を展開するよう努力している。

以下，本章では，本書の扱う公共サービスの対象ないし定義を議論した

後に，インドの公共サービスを考える視点を整理する。具体的には，公共サービスと，腐敗，貧困，財政赤字，経済発展戦略といった問題との関係についてそれぞれ簡潔に検討する。そのうえで，各章の概要を示し，最後に本書の発見と課題をまとめる。

第1節　公共サービスを考える視角

1．本書の対象とする公共サービスについて

　本書は公共サービスを対象として掲げており，具体的には，後述するようにそれぞれの章で食糧保障，医薬品，生活用水，都市ごみ，義務教育，乳幼児の保育，そして司法を取り上げる。公共サービスは public service の訳語である。しかし，この単語に定まった定義があるわけではなく，その定義を与えることは実は容易ではない。そのため，その概念の外延は相当程度曖昧なままで用いるほかないが，本書の目的の範囲内で公共サービスの意味を簡単に整理し，本書の対象を明らかにしておきたい。

　公共サービスの一般的な語義としては，日本の公共サービス基本法（2009年制定）に与えられている定義が参照できる。それによれば，公共サービスとは，「次に掲げる行為であって，国民が日常生活及び社会生活を円滑に営むために必要な基本的な需要をみたすもの」をいう（同法第2条）。そのうえで，国または地方公共団体の「事務又は事業であって，特定の者に対して行われる金銭その他のものの給付又は役務の提供」（同条第1号），そのほか「国又は地方公共団体が行う規制，監督，助成，広報，公共施設の整備その他の公共の利益の増進に資する行為」と規定する（同条第2号）。

　この例では，公共サービスの定義について，行為の内容に関する社会的性質に注目した基準と，行為を提供する主体に着目する基準とが混在しており，内容の社会的性質に関する基準で対象を定めた上で，さらに提供主体（とその行為の具体例）の基準でこれをより絞り込んでいる[8]。本書で

は，このうち，行為の社会的性質に注目した基準を主とし，公共サービスを基本的には「日常生活及び社会生活を円滑に営むために必要な基本的な需要をみたすもの」と観念し，提供主体に関連しては，政府による公共提供（public provision）だけでなく，民間提供（private provision）をも扱っている。

　こうした定義については，公共経済学・財政学の公共財をめぐる議論と密接に関連しており，若干敷衍して整理したい。公共経済学で定義される公共財（public goods）と呼ばれる一定の財・サービスは，基本的にはその物理的性質により，消費の排除不能性と非競合性という基準により定義される[9]。排除不能性とはある財・サービスに対価を支払わない人の消費を排除できない，少なくとも排除することが著しく困難であるという性質であり，非競合性（消費の集団性）とはある人によるある財・サービスの消費により他の人がその同一のものについて消費する可能性が減らない，少なくとも失われない，という性質である。排除不能性と非競合性の性格をあわせもつものが狭義の公共財（純粋公共財）であり（たとえば灯台，ラジオ放送，国防），いずれかがないものは広義の公共財（準公共財）と定義される（排除は相対的に容易であり非競合性のみもつものとしてはたとえば図書館や公園，一般交通機関，排除が相対的に困難であるが非競合性もないものとしてたとえば一般道路など混雑した公共財）。排除不能性も非競合性もない一般の財・サービスは私的財（private goods）というカテゴリーであり，種類や供給の方法にもよるが，医療や福祉，教育などはこの定義からは基本的には私的財の性格をもつものが多い。こうした財・サービスの消費可能性についての性質に着目した定義を前提に，つぎに提供主体による区別が生じる。政府など公共機関に提供される場合と民間により提供される場合である。主体に基づく公私二元論に基づいている。したがって，（純粋および準）公共財の公共提供と民間提供，私的財の公共提供と民間提供という4通りが定義されることになる。

　ここで，上述した公共サービスの語法と照らし合わせてみると，内容の社会的性質に着目した基準のみにより公共サービスを定義すれば，公共財だけでなく，医療や保険，公益事業の対象となる水や電気など，排除不能

性・非競合性という基準からは私的財の性格をもつものも，日常生活および社会生活を円滑に営むために必要な基本的な需要をみたすものであれば，公共サービスに含まれる。そのうえで，提供主体については，公共提供の場合と民間提供の場合，そしてその組み合わせがあると整理することになる。

　以上，本書では，対象の社会的性質という基準により公共サービスを考え，取り上げる領域を選んでおり，その内容や提供主体の変化をとらえることを目的とする。とくに，政府部門により提供されていた公共サービスが規制緩和や民営化，官民連携（public-private partnership: PPP）などにより，民間の主体により提供される領域が増えてきたという変化があるのではないかということに注意し，つまり，公共提供と民間提供の役割関係の質的あるいは量的な変化と，その社会的影響を考察することを課題のひとつとしている。

　そして，公共サービスのなかで，どのような分野を取り上げるかという問題については，とくに都市化やサービス経済化，消費社会化が進むなかで，以前より重要な課題であり続けている領域や，新たに顕著に問題となっている領域を取り上げる。もちろん網羅的にすべてを取り上げることはできないが，具体的には，教育，医療・保健，食糧，環境・公衆衛生，インフラ・公益事業といった典型的な公共サービスと考えられる領域からトピックを選択している。

2．腐敗問題と公共サービス

　インドの州レベルでは，名称のヴァリエーションはあるものの「公共サービスに対する権利法」（Right to Public Service Act）と一般に呼ばれる法律がマディヤ・プラデーシュ州で2011年8月に制定されて以降次々に制定されている。この法律では，典型的には，行政に対する一定の申請について適時に処理されることを権利として定めるもので，その対象となる公共サービスの定義は法律レベルでは与えられておらず，官報で具体的に列挙され，告示されるケースが多い。たとえば，出生証明書や有権者カー

ド，配給カードなどが同法の対象となる公共サービスとして列挙される。行政側が同法の定めを遵守しなかった場合について，不服申立て，罰則ないし懲戒，申請者への補償などが定められていることが一般である。こうした公共サービスに対する権利法の対象となるいわば狭義の「公共サービス」は，本書のいう公共サービスに含まれる。

　つまり，こうした公共サービスに対する権利法は行政の透明性と説明責任を高める目的をもつものである。これらは2000年代後半から反腐敗，反汚職運動が高まるなかで制定されたものであり，インドの腐敗問題は今なお著しいといわれている[10]。たとえば，腐敗問題について広く参照される指標に，ある国の公共部門がどの程度腐敗していると考えられているかを示す腐敗認識指数（Corruption Perception Index）があり，0から100をスケールとして100をもっとも腐敗していないとするこの指標において，2015年のインドのインデックスは38で，この値は評価対象となっている168カ国中，クリーンな国から数えて78位となっている[11]。

　政府部門の腐敗問題については，国際機関や先進国も公共サービスの効率化といった取組みを通じてその改善を支援してきた（World Bank 2006）。また，インド国内でも，2011年には，オンブズマン法案の制定など腐敗問題対策を求める市民運動の高まりが最高潮に達するなど，公共部門のアカウンタビリティを高める努力は続いている。もちろん，さまざまな行政機関から各種の認可を取得する手続きは今なお煩雑である（コラム1）。腐敗問題の存在は，公共部門が担っているさまざまな分野において，競争原理の導入，民間部門の参入などを促す，つまり民間提供を重視する議論と結びつく傾向がある。

　3．貧困問題と公共サービス

　では，そもそも理論的には，公共サービスは誰が提供すべきということになるのだろうか。市場（価格メカニズム）が効率的な資源配分をもたらすと考えるミクロ経済理論の観点からは，基本的には，それが私的財であれば市場にゆだね，防衛や道路，廃棄物処理などの公共財であれば，外部

性が著しいなど市場の失敗が存在するケースであると考えられるがゆえに公共部門による提供や市場介入が正当化されることになる。そうするとこの枠組みでは，私的財（および場合によっては準公共財）の性格をもつ教育や医療，食糧保障などの公共サービスについて公共部門による提供は効率的な資源配分を歪めないか，理論的に正当化されるのか，ということが論点となる。

　公共サービスがインドでとりわけ重要な理由は，貧困問題と関連している[12]。理論的には民間による提供に委ねることが可能な財・サービスであっても，経済的あるいは遠隔地など物理的な要因により市場で財・サービスを購入することが困難な場合がある。つまり，私的財の性格をもつ公共サービスの提供が市場に委ねられた場合，インドに存在する膨大な貧困家計は教育や食糧，医療，医薬品，飲料水などに十分にアクセスできなくなる可能性がある。もちろん，公共部門が予想される需要をすべて予想して生産や供給を計画することは困難であるのみならず，政治的にも望ましいかは議論があるだろう。理論的にはともかく，現実には，政府活動の内容はその社会の歴史や利害を反映して国ごと地域ごとに多様である。現代社会では司法や警察などは政府により提供されることがほとんどだと考えられるが，放送や鉄道，住宅，ガス，水道，医療，教育などその他の役務が政府により提供されるか否かは，国また時代により異なる。

　公共サービスの公共提供と民間提供の役割分担に関する規範的な議論は本書の射程外であり，本書の守備範囲はあくまでもその役割分担について実際にインドではどのような変化が起きており，どのような議論が当地においてあるかを整理することにある。また，貧困と公共サービスの関係は，経済発展戦略と公共サービスの関係をどう考えるかという問題とも密接に関連しており，下記にて今一度ふれるが，インドの公共サービスを考える際には貧困問題との関係に十分に配慮する必要がある。

4．財政赤字問題と公共サービス

　公共サービスを公共部門と民間部門がどのような役割分担にて提供すべ

表0-5 政府債務残高および財政収支（対名目GDP比％）

	インド		中国	パキスタン	バングラデシュ	インドネシア	タイ	フィリピン
	2006	2014	2014	2014	2014	2014	2014	2014
政府債務残高	77.1	65.0	41.1	64.2	33.9	25.0	47.5	37.2
財政収支	－6.2	－7.1	－1.1	－4.7	－3.0	－2.2	－1.8	0.5

（出所）IMF "World Economic Outlook Database" より筆者作成。
（注）数値はいずれも一般政府。

きかという理論的な問題のほかに，公共部門には予算という制約が存在する。インドの一般政府（中央政府と州政府の合計）の累積債務と財政赤字は各国比較でみて小さくはない（表0-5）。その累積債務は，2014年にはGDP比で65.0％であり，中国やタイ，バングラデシュと比較して高い数値である。また，財政赤字も2014年には対GDP比で7.1％と，やはり相対的にみて高い水準にある。

インドは2003年には財政責任・予算管理法（the Fiscal Responsibility and Budget Management Act, 2003）を制定して財政赤字のキャップを設けて，財政赤字問題，累積債務問題の改善を試みた。2004年に同法に基づき定められた規則には2008/09年度までに対GDP比で財政赤字を3％以内とすることを謳っていた。州レベルでも同種の法律を制定するところもでてきた。しかし，2008年に生じた世界経済危機に直面して中央政府はこのキャップを棚上げして財政出動を行った。その後も同法の改正や目標達成の延期が続き，2015/16年度の予算では，対GDP比で財政赤字を3％以内に収めるという目標の達成は，2017/18年度に先送りされた。

このように財政改革問題は依然として重要な課題であり，2014年にモディ率いる政権に代わった後も，インドの中央政府は，財政赤字の削減，均衡財政の重視を志向している。その理由は，開発途上国の場合，財政赤字や累積債務が大きいと投資リスクとしてとらえられる傾向が強く，それゆえ，内外の投資を呼び込むため，マクロ経済の安定性を示す必要があるからである。

公共サービスへの政府支出も，こうした財政赤字，累積債務問題に影響される。また，政府支出のなかで，選挙に直結するような補助金などは削減し難いのに対し，そうでない分野の支出は，景気や海外からの援助の動

向などにより削減の対象とされやすい。公共サービスのなかでも，当然ながら，分野によってそのような差異がある。

また，公共サービスにおいて重要な役割を果たす州政府および地方公共団体の財源は，その3～4割あまりを中央政府からの税収分与を中心とする財政移転に依存している（GOI 2015）。その額が十分であるか，あるいはその仕組みは適切に変化する社会の必要に答えることができるか，という点でも少なからぬ問題がある。中央政府と州政府，さらには地方公共団体の財政問題自体は，本書は直接には扱わないが，公共サービスにおいて財政収支問題の存在は念頭においておくべき問題である[13]。

5．経済発展戦略と公共サービス

最後にインドにおいて公共サービスはその経済発展戦略のなかでどのように位置づけられ，どのような役割を果たすと考えられてきたか，という点にふれておきたい。この論点は，上にふれたように，インドの場合貧困問題をどう解決するかという問題と密接に関連する。ただし，この論点をここで詳説することは紙幅の観点からも筆者の能力という観点からも困難なので，インドを代表するふたりの（そして頻繁に互いに対立する）経済学者の考え方を，絵所（2002），野上（2004）の整理に依拠して紹介しつつ，簡潔に検討したい

インドの経済自由化を推進する上で重要な役割を果たし国際経済学者としても名高いジャグディシュ・バグワティは，貧困を解決する政策としては，生産性を高めやすい部門や大企業の成長をまずは促してそのいわばトリクル・ダウン（バグワティの言葉によればプル・アップ）効果による所得向上を図る間接的ルートと，教育や健康，栄養などの公共政策分野において給付やサービスを提供し，こうした分野の貧困層による消費を可能にする直接的ルートの双方の組み合わせが重要であると指摘している（Bhagwati 1988）。貧困や飢饉研究，より広くは開発や援助思想の分野で世界的に重要な貢献をなし，1998年にノーベル記念経済学スウェーデン国立銀行賞を受賞したことでも名高いアマルティア・センは，寿命や生活の

質の向上に成功をおさめた類型として，経済成長を促進することを通じてそのトリクル・ダウン効果による雇用の拡大や所得向上などによりセンのいうケイパビリティ[14]を高めた成長媒介プロセスと，経済成長を通じてではなく教育や医療などを公共政策により政府が直接に提供することにより貧困層のケイパビリティを高めた支援主導プロセスとがあると整理し，前者の例として韓国，後者の例としてスリランカなどをあげている（Sen 1999）。

　ここで重要なことは，こうした経済発展戦略をめぐる議論は決着しているわけではないということである。たとえば，経済成長の果実が貧困層にトリクル・ダウンするというプロセスが重要であるという認識では合致したとしても，貧困層に自動的にトリクル・ダウンするのか，トリクル・ダウンしたとしても共同体や家計の中の社会構造により消費パタンに変化が起きない場合があるのではないかなど，そのメカニズムの理解やそこにおける政府の役割の理解にも顕著な対立がある。また，公共政策により直接に貧困削減を図る政策の必要性については合致したとしても，教育や健康などの分野に提供を行うことにより生じる労働生産性の向上などの効果をどう評価するか，そうした提供を行う制度をどう設計すべきか，財源（財政問題）をどう考えるのか，などについても根深い見解の対立がある。さらに，これらの見解の相違は当然ながら経済成長のための政策と公共政策の関係をどう考えるべきかという論点に反映される。こうした論争は，開発とはなにかというそもそも論をはらみつつ，繰り返しさまざまな形で変奏されている[15]。

　少なくとも，インドの公共サービスを対象とする本書に関するかぎりここで確認しておきたいことは，公共部門主導による重化学工業化をめざしたネルー＝マハラノビス・モデルに基づく経済発展戦略のなかで，食糧を別とすれば，教育や健康・医療，水道，ごみ処理などの公共サービス分野は，経済成長を促進するためのものとしても，貧困層による最低限の消費を可能にするためのものとしても，どのレベルの政府によっても最優先課題とされてきたわけではないということである。そのような状況のまま経済自由化時代に入って，政府の役割よりも市場の役割が重視されるという

環境に変化し，規制緩和やPPPを含む民間部門の参入や民営化，また政府部門であっても市場との対話を取り入れようという試みが，分野を横断して進みつつあるように見受けられる。本書の目的のひとつは，こうした経済発展戦略の変化のなかで，公共サービスの分野ではどのような展開が生じているかを確認することである。

第2節　本書の構成と発見

1．本書の構成

以上簡単に整理したように，はたして公共サービスがどのように変化しており，今後どのような形で展開していくのか，インドの社会経済を考える上で依然として重要な課題である。本書では，第1章から第6章まで，順に，食糧保障，医薬品，生活用水，都市ごみ，義務教育，乳幼児の保育を取り上げ，各分野でどのような政策・法が展開しどのような変化があるかを検討する。第7章では，インドでは重要な公益訴訟という訴訟類型を取り上げ，分野横断的に，それがどのような役割を果たしていたのかを考察する。それぞれの章の内容を簡単に以下紹介する。

第1章は食糧保障を取り上げる。インドにおける食糧供給は量的には1970年代末までに一応自給を達成し，現在は需要の壁にぶつかっている段階であるといわれる。しかし，膨大な貧困層の残存と増え続ける人口を考えれば，食糧安全保障は依然として政府の大きな課題である。独立以来，食糧安全保障の要となってきたのが，インド食糧公社と州政府が行う公共配給制度（PDS）である。同制度は1997年以降，貧困層を優遇する方式で食糧を供給する受益者選別的PDSとなった。PDSは緩衝ストックを維持することで価格を安定化し食糧安全保障に貢献してきたことは間違いない。しかし，巨大で複雑化したPDSは流通で食糧が横流しされ，あるいは貧困層が正しく受益者に選定されないなどさまざまな欠点が顕在化し，また制度維持のための財政負担も巨額になっている。これらが現在PDS

の改革が叫ばれている理由である。本章では PDS の展開を説明した後，その仕組みと欠点を分析し，改革のためにどのような点が議論されているかを検討する。

　第 2 章は医薬品に焦点をあてる。医薬品は生命関連財であり，多くの国では，医薬品の価格を公的に設定し，健康保険制度と併用することで，国民の経済的負担の軽減に努めている。インドでは，1970 年以来，医薬品価格規制によって，世界でも最も低い水準に価格を維持してきたが，1990 年代半ば以降，規制緩和による医薬品価格の上昇が顕著になり，さらに WTO 加盟に伴う特許法改正による物質特許制度の導入により医薬品価格のさらなる上昇が懸念されている。所得水準を考慮すれば，インドの国民の大半にとって医薬品の購入は大きな経済的負担であり，そこで，医薬品の価格規制と並行して，医薬品供給サービスが，州政府レベルさらには中央政府レベルでも実施されはじめている。こうした施策の展開により貧困層の経済的負担は軽減されつつあるが，その対象は公共部門の医療施設に限定されているなど，その現状と課題を議論する。

　第 3 章は，インドにおいて以前から重要な懸案である生活用水の問題を取り上げる。生活用水の供給にかんする政府のアプローチは，1990 年代後半から，その処理・供給，管理・運営へ民間企業や住民の参加を促し，水インフラ投資のコストの回収を重視して，水利用の効率性を高める方向へ進んでいるのに対し，最高裁判所は，水を私有の対象，営利の対象としては馴染まない公共信託の対象としてとらえ，生活用水へのアクセスを憲法上の基本権に含まれると位置づけてきた。こうした考え方の変化と背景を考察するとともに，都市における生活用水の供給改革においてどのような変化が具体的に表れているかを検討する。

　第 4 章では，インドの都市ごみの収集，処理，処分について，その歴史的な展開，公共部門の役割，民間への委託などに焦点を当てながら，その現状と課題について検討する。人口密度の高い都市において，廃棄物の収集や処理・処分が適正に行われないと，公衆衛生上の問題を引き起こす。そのため，都市ごみの収集，処理，処分は公共サービスの一部として政府が担うのが一般的である。しかし，インドでは，1990 年代半ばまで，都

市のごみ処理に関する取組みは，都市自治体に委ねられ，中央からの十分な支援がなされていなかった。1994 年にグジャラート州スーラトでごみ収集が滞り，伝染病が発生したことや，廃棄物処理・処分をめぐる公益訴訟などをうけて，1990 年代半ば以降，法制度の整備が進み，廃棄物処理・処分の仕組みづくりがおこなわれてきている。中央・州政府からの財政的な支援措置，都市自治体との長期契約に基づく民間企業の廃棄物処理・処分に関する投資などが進んできていることを論じる。

　第 5 章は教育問題を取り上げ，インドの義務教育の現状と課題を公共部門と民間部門のちがいに注目しながら整理する。独立後の教育政策を概観し，1990 年代以降 6 － 14 歳の義務教育の普遍化に向けた取組みが強化された背景には，国際的な教育普遍化への取組みの影響と教育を国民の基本的権利ととらえる人権，法律的側面での変化があったことを明らかにした上で，義務教育に関する基本的な統計から教育普及の遅れた地域や階層の就学率の上昇があったことを確認する。さらに，公立校における正規教員と非正規教員，および公立校と私立校の教員や学習成果についての比較検討を行い，その変化と問題点を探る。

　第 6 章ではインドの乳幼児の保育と教育に関する取組みを概観する。この分野における最大の柱は乳幼児の統合的発達サービス（ICDS）である。ICDS が 1975 年に開始されたにもかかわらず，インドの乳幼児の栄養不良は今日も世界最大規模で，就学前教育の普及も進んでいるとはいい難いものの，2000 年代（ゼロ年代）後半以降は乳幼児の健康指標に改善がみられる。そこで，政策の展開を整理し，その上で本章では健康指標の改善の要因ないし背景として，権利を基盤とするアプローチの定着と強化，前 UPA 政権の政策スタンス，2003 年頃からの高い経済成長，国際化の進展やミレニアム開発目標（MDGs）等の「国際」面の動向，を指摘する。さらに，2000 年代後半以降の ICDS の改革の動向を，とくに公的施設である「アンガンワディ・センター」での取組みを中心に検討する。

　第 7 章は，第 1 章から第 6 章までの分野別の考察を補完すべく，公共サービスの分野で司法，とくに最高裁判所がどのような役割を果たしてきたかを，公益訴訟と呼ばれる訴訟形態に注目して検討する。公益訴訟の特

徴を簡単に概説した上で，義務教育，乳幼児の教育・保育，食糧，医薬品，生活用水，都市廃棄物のそれぞれの領域で重要な意義をもった訴訟事例を紹介する。公益訴訟が憲法の基本権を基礎とした訴訟として上位裁判所に係属するために，公共サービスのさまざまな分野の国民の権利と政府の義務が，司法の場で議論され，政策にフィードバックされ，またその実施状況がまた司法の場で議論されるというプロセスが顕著に観察されること，今後も公益訴訟は公共サービスにおいて重要な役割を果たす可能性が高いことを指摘する。

2．本書の含意と残された課題

各章にて扱っている公共サービスは，それぞれ固有の文脈と問題をもっていることが明らかであり，それらは個々の章ごとにまとめられている。ここでは，各章を通底して観察された発見をいくつかまとめておきたい。

第1に，1991年の経済自由化という経済発展戦略の転換が公共サービスの在り方にも大きな影響を与えているのではないかという作業仮説をもって当初は調査を進め始めたが，自由化による変化というよりも，むしろそれ以前からの連続的な展開が，いずれの分野においても重要であると考えられる。たとえば義務教育や幼児教育，飲料水，都市ごみ処理，医薬品など，そうした公共サービスの多くの領域はそもそも経済自由化以前もさほど政府により重視されてきたとはいえないからである。それゆえ，自由化による公共サービスにおける公共提供と民間提供の変化や競争原理の導入という視角での整理よりはむしろ，どのようにそれぞれの公共サービスが次第に社会問題として認識されかつ重視され，諸般の利害関係のなかでどのような仕組みが採用されてきたかが，より重要であることが判明した。また相対的に初期から重視されてきた食糧安全保障政策についても，独立当初からの食糧自給の取組みや1970年代における緑の革命による農業生産性の向上に遡ることなしに現在のシステムに内在する問題点を把握することはできず，やはり連綿と続く歴史的な展開プロセスを理解しておくことが重要であることが改めて明らかになった。同時に，今日において

は，史的展開プロセスのなかで，時の政権がとる経済・開発戦略の相違が公共サービスに関する取組み動向に影響する可能性もある。

　第2に，このように，公共サービスの多くの領域は公共部門主導の重化学工業化をめざす輸入代替戦略を採用した時代に重視されてきたとはいい難いが，それでも公共部門がおもな担い手となってきた分野である水や廃棄物などの部門では，近年において民間部門の参入を促していこうとするドライブが一貫して強まってきていることもまた特筆に値する。同時に，公共部門が十分に提供できなかった公共サービスについて，近年になってより積極的な取組みが実施されるようになった領域もある。医薬品は価格規制を主とした政策から公共部門による提供も展開し始めており，アンガンワディ・センターの普及も2000年代に入って強化されつつある。このように分野によってちがいはあるものの，経済発展の比較的早い段階，こうした公共サービスが十分には行き渡ってはいない段階において，その公共提供に加え民間提供，あるいはその組み合わせが重視されているという現状が確認された。

　第3に，たとえば食糧提供における横流しやゴミ処理におけるオペレーションの問題など，いずれの分野についても，そもそも公共部門の能力や組織，制度の改善を図る（汚職や腐敗対策も含めて）ような施策を実施する余地が小さくないのではないかということも示唆されている。また，密接に関連する問題として，中央政府と州政府（地方公共団体）の間の立法権限の配分だけでなく，行政権限の配分，財政の仕組みにも十分に目を配る必要がある（コラム1，2参照）。たとえば医薬品や飲料水の分野では，中央政府のスキームと州政府・地方自治体レベルのスキームが錯綜しており，必ずしもそれらが正の相乗効果をあげているわけではない。

　第4に，司法部の役割がとくに公益訴訟を通じて重要であり，そのことが，権利に基づく公共サービスの充実を要求する流れを，その善悪は別として，支えてきたと考えられる。財源や効率性を重視する傾向のある行政に対して，たとえば教育を受ける権利や安全な飲料水へアクセスする権利は，財源や人員の問題でないがしろにすることは許されないと最高裁は繰り返し判示してきている。もちろん，司法は行政に代わることはできず，

そうした努力の効果には限界があるが，到達すべき目標や理想を議論し，あるいは確認する重要な場を司法が提供してきたことは確かであると考えられる。

　第5に，本書で取り上げた公共サービスはさまざまな領域にわたるため該当しないものもあるが，その担い手としての非営利組織（NGO）や社会・開発活動家，労働組合といった「市民社会」の発言や活動が，公共サービスに関する取組みに少なからぬ影響を与えていると考えられる。国際的な潮流でもある，権利を基盤とするアプローチのインドでの定着には，上記4の公益訴訟とともに市民社会が果たしてきた役割は大きい。また，本書では十分に取り上げることができなかったが，公共サービスにかかわるアクターとして，国際機関を中心とする国外の諸機関・諸組織との協業がインドでもとみに重視されつつある，または進行しつつある点を補足しておきたい。この点で，MDGsや新しい持続可能な開発目標（SDGs）に対するインドの対応が公共サービスとの関連でも注目されよう。

　以上，インドにおいても，都市化，消費社会化，サービス経済化と，それに伴う家族制度の変化，年齢構成の変化は着実に進み，またさまざまな環境問題も次々に現れている。それゆえ，国民の円滑な日常生活を下支えすべき公共サービスがどのような状況にあり，どのような方向に進んでいるかに本書は注目した。もちろん，本書では公共サービスのすべての領域や問題を扱えたわけではない。たとえば，医療保険，国民年金，電力など等しく重要な問題があり，取り上げた領域においてもたとえば教育では高等教育，生活用水では下水，都市ごみでは有害廃棄物などについては紙幅の問題等もあり取り上げることはできなかった[16]。さらに，こうした公共サービスが経済成長とどう関係しているのかという問題の考察も重要である。こうしたふれられなかった分野や論点についてはまた別の機会を期することにしたい。

【注】
(1) なお，統計・事業実施省は，2015年1月に国民経済統計の計算方法の改訂と実質値の基準年を2004/05年度から2011/12年度への変更を行い，現時点では

2011/12 年度以前と以後の成長率に関する連続したデータは得られない。また，新シリーズの 2011/12 年度以後の実質 GDP 値あるいはそれに基づく経済成長率の推定値が高すぎるのではないかという議論がある。算出方法の改訂前の 2012/13 年度の経済成長率は 4.5%，2013/14 年度は 4.7%であったのに対し，改定後のそれはそれぞれ 4.9%，6.6%という数値（さらに 2014/15 年度は 7.5%）となっている。統計・事業実施省中央統計局のウェブサイトに関連の資料がある（http://mospi.nic.in/Mospi_New/Site/Home.aspx）。

(2) IMF, "World Economic Outlook Database" より。購買力平価でみた世界の GDP に占めるシェアは，2014 年には，中国 16.6%，アメリカ 15.9%，インド 6.8%，次いで日本 4.4%の順である。

(3) 2003 年に発表され BRICs という造語を広めたことが名高い Goldman Sachs による投資家向けレポート（Dreaming with BRICs: the Path to 2050）において，インドの GDP は 2032 年までに日本を追い越し，アメリカと中国に次ぐ経済大国になると予想されている（当該レポートについては絵所 2008，二階堂 2010 を参照）。さらに ADB（2015）など国際金融機関の近年の報告書においてもインド経済への高い期待が示されている。

(4) 2014 年の連邦下院選挙とそれによる新政権の誕生についての解説としては，たとえば近藤（2015）を参照。

(5) インドの労働問題について，木曽（2012）を参照。なお，組織部門とは，公共部門に属するすべての事業所と，民間部門に属する 10 人以上を雇用する事業所である。

(6) インドの経済社会の各分野に関するより学術的な文献については各章末に掲げる参考文献を参照されたい。なお，一般向けというよりは専門書というべきであるが，インドの経済発展の淵源を農業と農村の発展から掘り起こして論じた柳澤（2014）はインド経済の全体像とダイナミズムをバランスよくかつ深く掘り下げて提示している。さらに，たとえば近年二つのシリーズが刊行されるなど（「激動のインド」全 5 巻（2013 年より，日本評論社），「現代インド」全 6 巻（2015 年より，東京大学出版会）），インドに関する邦文の専門書もこのところ次々と公刊され，一般書を超えてより専門的な水準の研究に関心がある場合にはこれらも参照できる。

(7) 森（2011）は障害者に焦点をあててインドを含む南アジアの社会変化の一断面を示している。

(8) 日本では提供主体に注目して政府が提供する行政サービスをそのまま公共サービスと捉える傾向が強いのに対し，欧米でいう公共サービスは，提供主体からの観点ではなく，その受け手からの視点で公共サービスが定義される傾向が強いという

(馬場 2007)。

(9) なお，厳密には純粋に物理的性質により排除不能性と非競合性は定義されるわけではない。というのは，いずれの基準についても，国防や警察などの純粋公共財と一般には認識されるものについても，たとえばコストを等閑視すれば，排除不能性ないし非競合性を設定できるものもあるからである。たとえば麻生 (1998) など，公共経済学・財政学の概説書参照。

(10) インドにおける反腐敗運動の展開については，『アジア動向年報』（各年版，とくに 2011 年版，2012 年版）のインドの章を参照されたい。またインドの反腐敗運動の高まりの一つの契機となり，またそれを支えたと考えられる 2005 年に制定された情報に対する権利法（the Right to Information Act, 2005）について解説する佐藤 (2013) も参照。

(11) トランスペアレンシー・インターナショナルが集計して発表している指標である。2011 年以前においてはこの指標は 0 から 10 のスケールで，10 が最もクリーンと認識されているというものであり，インドは 2000 年には 2.8（90 ヵ国中 69 位），2005 年には 2.9（159 ヵ国中 88 位），2010 年には 3.3（178 ヵ国中 87 位）であった。指標の詳細や，毎年の指数は，トランスペアレンシー・インターナショナルのウェブサイトで参照することができる（http://www.transparency.org/）。

(12) インドの貧困問題を論じた文献は枚挙にいとまがないが，様々な貧困指標の丁寧な説明を含む概説としては，たとえば絵所 (2008)，黒崎・山崎 (2011) を参照。

(13) インドの財政問題一般の概説としては，たとえば福味 (2011) を参照。また，専門書としては，山本 (2007) が詳細であり，公共サービスに関して，「地方財政調整制度における公共サービスのナショナル・ミニマムのための財源保証機能と財源均等化機能が，現行移転制度により十分に果たされていないという深刻な問題」があることを指摘している（207 頁）。また，州の社会支出の変化を分析した辻田 (2004) は，概して 1980 年代から財政は悪化しており，それ以降社会支出はシェアでみて低下傾向にあること，そしてその理由としては歳入が増えなかったことや，海外からの援助の利用方法について州ごとに違いがあることを指摘している。

(14) センの用いる概念を要約することは難しいが，基本的には，ケイパビリティとは，諸ファンクショニングの代替的な組み合わせ（を追求する能力・自由）のことであり，ファンクショニングとは，人がおかれた状況のなかで実現しうる在り様や実際にできる行いを意味する，と筆者は理解している。より詳しくは野上 (2002) を参照。

(15) 絵所 (2002) は，バグワティとセンのほか，インドの重要な経済学者の開発，経済発展に関する経済思想を対比している。また，東アジア経済の奇跡から危機さら

にその後まで，アジア諸国の経済成長をめぐる開発戦略について様々な論争をわかりやすく網羅的に解説しているものとしては，たとえば末廣（2014）を参照．
(16) 比較的近年の状況について概説している文献として，医療保険については久保（2014），年金については太田（2016），電力については広瀬（2015）がある．

〔参考文献〕

<日本語文献>
アジア経済研究所 各年版．『アジア動向年報』日本貿易振興機構アジア経済研究所．
麻生良文 1998.『公共経済学』有斐閣．
石上悦朗・佐藤隆広編 2011.『現代インド・南アジア経済論』ミネルヴァ書房．
内川秀二編 2006.『躍動するインド経済——光と陰——』日本貿易振興機構アジア経済研究所．
浦田秀次郎・小島眞・日本経済研究センター編 2010.『インド——成長ビジネス地図——』日本経済新聞出版社．
絵所秀紀 2002.『開発経済学とインド——独立後インドの経済思想——』日本評論社．
―――― 2008.『離陸したインド経済』ミネルヴァ書房．
太田仁志 2016.「インドの年金制度」『年金と経済』35（1）72-75．
小田尚也編 2009.『インド経済——成長の条件——』日本貿易振興機構アジア経済研究所．
木曽順子 2012.『インドの経済発展と人・労働』日本評論社．
久保研介 2014.「インドの保健医療政策に関する論点整理——ユニバーサル・ヘルス・カバレッジの実現に向けて——」佐藤創編『インドの経済社会にかんする論点整理』日本貿易振興機構アジア経済研究所（基礎理論研究会成果報告書）51-67．
黒崎卓・山崎幸治 2011.「経済成長と貧困問題」石上悦朗・佐藤隆広編 2011.『現代インド・南アジア経済論』ミネルヴァ書房 19-47．
近藤則夫編 2015.『インドの第16次連邦下院選挙——ナレンドラ・モディ・インド人民党政権の成立——』日本貿易振興機構アジア経済研究所．
佐藤宏 2013.「インドの『情報の権利法（2005）』——民主的統治を求めて——」松下冽・山根健至編『共鳴するガヴァナンス空間の現実と課題——「人間の安全保障」から考える－』晃洋書房 88-106．
末廣昭 2014.『新興アジア経済論——キャッチアップを超えて——』岩波書店．
辻田祐子 2004.「インド経済改革の社会サービス支出への影響——主要15州の分析を中心に——」『アジア経済』45（6）30-60．
二階堂有子 2010.「グローバル化とインドの経済自由化」横川信治・板垣博編『中国とインドの経済発展の衝撃』お茶の水書房 127-161．
野上裕生 2004.「アマルティア・センへの招待——基本概念を中心にして——」絵所秀紀・山崎幸治編『アマルティア・センの世界——経済学と開発研究の架橋——』晃洋書房 1-27．

馬場健 2007.「公共サービスと行政サービスについての整理」『法政理論』39（2）366-388．

広瀬崇子 2015.「インドにおける電力問題と政治」『専修大学法学研究所所報』(50) 1-20．

福味敦 2011.「財政政策と財政制度」石上悦朗・佐藤隆広編『現代インド・東アジア経済論』ミナルヴァ書房 48-71．

森壮也編 2011.『南アジアの障害当事者と障害者政策――障害と開発の視点から――』日本貿易振興機構アジア経済研究所．

柳澤悠 2014.『現代インド経済――発展の淵源・軌跡・展望――』名古屋大学出版会．

山本盤男 2007.『連邦国家インドの財政改革の研究』九州大学出版会．

＜英語文献＞

ADB（Asian Development Bank）2015. *Asian Development Outlook 2015: Financing Asia's Future Growth*. Manila: ADB.

Bhagwati, Jagdish 1988. "Poverty and Public Policy," *World Development* 16（5）: 539-555.

Sen, Amartya 1999. *Development as Freedom*. Oxford: Oxford University Press.

World Bank 2006. *Reforming Public Services in India: Drawing Lessons from Success*.（Report No. 35041-IN）Washington DC: World Bank.

＜統計類＞

GOI（Government of India）2015. *India Public Finance Statistics 2014-15*. GOI, Ministry of Finance.

GOI 2016. *Economic Survey 2015-16*. GOI, Central Statistics Office.

IMF "World Economic Outlook Database"（October 2015 Edition）（https://www.imf.org/external/pubs/ft/weo/2015/02/weodata/index.aspx）.

NSSO（National Sample Survey Organisation）, *NSS 50th round (1997), NSS 55th round (2001), NSS 66th round (2011), NSS 68th round (2013)*. GOI, NSSO.

RBI（Reserve Bank of India）2015. *Handbook of Statistics on Indian Economy 2014-15*. New Delhi: RBI.

World Bank, "World Development Indicators."（http://data.worldbank.org/indicator）.

（なおウェブサイトの最終閲覧日はいずれも 2016 年 2 月 21 日である。）

コラム1　インドの連邦制について

　インドは，その統治機構の基本を，三権分立制と連邦制におき，立法権と行政権は，中央政府と州政府に配分されている。現在，インドは29の州と7の連邦直轄領からなる。連邦直轄領は中央政府により直接統治されるが，デリーとプディチェリーは，制限された形とはいえ，州に準じた立法権および行政権をもつ。司法権については，中央と州という分割はなく，すべての裁判所が国会制定，州議会制定の法律の双方について管轄権をもつ。つまり，司法権についても連邦政府と州政府に配分しているアメリカの連邦制と異なり，インドは基本的には単独の法域をとる。

　立法権は国会と州議会にあり（憲法第79条，第168条），両者の間の配分については，憲法第46条および第7附則が定めをおいている。第7附則第I表が国会の排他的立法権の対象となる連邦管轄事項，同第II表が州議会の排他的立法権の対象である州管轄事項，第III表が国会と州議会がともに立法権をもつ共通管轄事項を列挙している。これらの中には課税権の配分も含まれている。

　中央政府と州政府の立法権について憲法はいくつかの定めをさらにおいているが，重要な規定は三つある。第1に，州管轄事項と共通管轄事項に明示的に規定されていない事項は連邦管轄事項となる（第248条）。第2に，共通管轄事項について，国会制定の法律と州議会制定の法律が抵触する場合には，国会の法律が優越し，州議会制定の法律はその抵触するかぎりで無効となる（第254条）。第3に，州の立法管轄事項について中央で法律を制定することが可能となるおもなケースは，二州以上の州議会が，中央政府により法律を制定しそれを自らの州に適用するという議決を行った場合である（第252条）。

　つぎに，行政権については，連邦については大統領に，各州については州知事に属すると憲法により定められている（憲法第53条，第154条）。ただし，大統領は首相を長とする閣僚会議の助言にしたがって（第74条），州知事は州首相を長とする州の閣僚会議の助言にしたがって（第163条），その行政権を行使せねばならない。それゆえ事実上は中央および州の首相が行政の指揮を執る。

　中央政府の行政事務の分担は，憲法第77条に基づきインド政府（事務配分）規則（1961）(The Government of India (Allocation of Business) Rules, 1961) が制定されており，この規則に設置されるべき省庁とその所管とされる事務が列挙されている。インドでは頻繁に省庁が改変・改名されるが，この規則への改正という形をとる。

州の行政権については，基本的には州議会の立法管轄事項とされる事項について行使され，共通管轄事項についての州の行政権は，国会が制定する法律により特定された機関に授権される行政権に従い，またこれに制限をうける（憲法第162条）。行政権については，ある事務が中央，州，地方自治体のいずれの政府機関の責務とされるかは，中央ないし州により制定された関連する法令を確認する必要があるということである。

コラム2　地方自治体

　地方自治をどう設計するかについての立法権は憲法上は州議会にある。いずれの州の政府も分権化に概して消極的であったため州の下位レベルの地方自治体の組織化やそれへの権限や財源の移譲は進まなかった。そこで，1993年の憲法第73次改正（農村部の地方自治制度であるパンチャーヤト），憲法74次改正（都市部の地方自治）によって憲法上，地方自治制度が明確化された。農村部は，県パンチャーヤト（District Panchayat），中間（郡）パンチャーヤト（Intermediate Panchayat），村パンチャーヤト（Village Panchayat）（憲法第243B条）という三層を基本とし，都市部は都市自治体（ナガル・ニガム Municipal Corporation），都市評議会（ナガル・パリカ Municipal Council），都市パンチャーヤト（Nagar Panchayat）（憲法第243Q条）の3種類の自治体をおくとされた。その区別の基準自体はそれぞれの州が定めるものとされているため，大まかな数値であるが，都市自治体は100万人以上の人口をもつ都市，都市評議会は10万人以上である。

　また，この憲法改正により，こうした地方自治体に対して，州議会は自治統治機構として活動するために必要な権能と権限を法律で与えることができると定め，農村部についてはその対象は憲法第11附則に列記された事項（憲法第243G条），都市部については憲法第12附則に列挙された事項（憲法第243W条）が基本となる。たとえば，農村部では，農林業や公衆衛生，初等教育，貧困対策，小規模灌漑，飲料水，コミュニティ施設の維持などが掲げられており，都市部については，その内容は基本的に農村部と類似しているが，都市特有の都市計画やスラムの改良改善，公園の供与などが挙げられている。

第 1 章

岐路に立つ公共配給制度

近 藤 則 夫

◇◇

　はじめに

　インドは独立前はたびたび飢饉に見舞われ多くの犠牲者が出た。とくに第 2 次世界大戦中の 1943 年のベンガル飢饉では 200 万人以上ともいわれる犠牲者をだした[1]。このような飢饉は戦争や天候不順という要因もあるが，むしろ単に食糧供給量の問題ではなく，流通網の破壊，投機のための退蔵，結果としての食糧価格の急激な高騰などの人為的な諸要因が関係した[2]。従って，独立後インドの民主主義体制においてはこのような悲惨な経験を防止するため食糧の安定供給を保障することが，政府の役割と認識されたのは当然のことであった。

　インドにおける食糧供給は農業における「緑の革命」の広がりにより，絶対量としては 1970 年代末までに一応「自給」を達成した。現在，食料消費は穀物については 1 人当たりの消費量が頭打ちとなる「需要の壁」にぶつかる一方で，豆，ミルク，卵，肉などタンパク質食料の消費が顕著に伸びるという大きな変化が起こっている（藤田 2014, 390-391）。しかし，穀物消費が平均的には需要の壁にぶつかったといわれる中でも，現実には貧困人口はまだ広範に残存している。近年経済成長が順調であるとはいえ，

2010 年においても 1 日 1 人当たり平均支出が 1.51 ドル以下の貧困層は人口の 47.7% を数える（Asian Development Bank 2014, 11）。また，国連によるとインドの人口は 2022 年には約 14 億人となり，中国を抜いて世界 1 になると予測されている（United Nations 2015, 4）。このように，膨大な貧困層の残存と増え続ける人口ということを考慮すれば，コメ・小麦などの主食穀物における食糧安全保障は依然として重要課題であるといってよい。

　インド政府の食糧安全保障において中心的役割を果たしているのが，本章の主題である「公共配給制度」（Public Distribution System: PDS）である。PDS については，わが国でも詳細な分析（首藤 2006）があるが，PDS を取り巻く議論はこの 10 年で大きな変化を見せている。ひとつの論点は巨額の補助金で維持される PDS が非効率かつ腐敗しており本来の目的を十分に果たせていないという批判である。この批判点に立てば制度の合理化という改革が求められる。一方，貧困大衆への食糧安全保障をより確かなものにすべきであるという意見もあり，これからすれば PDS を核とする制度が拡充されなければならない。そのような論点が立法化されたのが，2013 年に中央政府で成立した全国食糧安全保障法（National Food Security Act, 2013）である。合理化，拡充，いずれにせよ現行の PDS は大胆な改革が求められているのは間違いない。本稿で PDS を取り上げる背景にはこのような状況がある。

　本章は第 1 節では独立以降の PDS の展開をまとめ，続く第 2 節では PDS の仕組みと問題点を検討し，第 3 節では改革議論をまとめる。PDS 改革のひとつの有力な方向性は「現金直接給付」（direct cash transfer）であるが，しかし，議論は揺れ動いている。本章のねらいは PDS の問題の構造を分析する中において揺れ動く改革議論を整理することである。PDS が扱う必需品はコメ，小麦の他に雑穀，砂糖，灯油などがあるが，本章では食糧安全保障に関して最も基本的なコメと小麦を中心に現状を分析する。

第1節　公共配給制度の展開

　現在のPDSは基本的には次のふたつの流通機構が組み合わさったものである。ひとつは，中央政府の「インド食糧公社」（Food Corporation of India）が中心となって行われる農民からの食糧の調達，保管，流通である。もうひとつは，同公社から州政府関連機関が食糧を受け取り，管理下の「公正価格店」（Fair Price Shop）を通じて規制価格で消費者に販売するプロセスである。このふたつがPDSを構成する基本的な流れであるが，調達に海外からの輸入を含めるのか，民間業者の参入をどのように許すのか，州政府独自の関連機関とどのように協調するのか，消費者への販売は所得や階層によってターゲティングを行うのかどうかなど，各州独自の状況に応じて大きく異なり非常に複雑な様相を呈している。PDSの制度的展開は独立前から始まるが，独立後はインド食糧公社が設立される1965年までの時期，そしてそれ以降の時期と大きくふたつに分かれる。ここでは，ふたつの期間でPDSがどのような発展を遂げてきたのか概観することでPDSがいかなる必要性によって発展し，どのような問題点を内包しているか浮き彫りにする。

　インドは独立前においても食糧の安定供給が大きな政策課題であったが，植民地政府による飢饉対策は，直接的な食糧供給というよりも，むしろ雇用の供給などを通じて行われるのが一般的であったといわれる（脇村 2002, 245-247）。このような政策が転換する契機となったのが，第2次世界大戦であった。戦時に民心を安定させるため，おもに都市部に食糧を安定的に供給し物価を安定させる必要性が植民地政府に強く認識されたからである。安定した規制価格で食糧穀物を供給し大都市部の住民を価格高騰から守る体制は，まず1939年にボンベイ（現在の「ムンバイ」）で導入された。住民に割当カードを配布し，それを通して食糧を供給する「割当システム」（rationing system）である。日本軍のビルマ（現「ミャンマー」）占領によりビルマからのコメの供給が途絶え，価格が高騰したこ

ともひとつの契機となった。戦時中この割当システムは他の大都市にも広がっていく。このような状況を背景に1942年には中央政府が全インド的な食糧の配給制度の構築に取り組んだ。同年「食糧穀物管理令」が出され，デリーに「食糧局」が設立されて中央政府による食糧穀物の流通や価格の調整が行われる体制が整備され，州政府もそのような管理体制内に含まれるようになった[3]。食物穀物輸入品は1943年に国家の専売になった（Landy 2009, 69）。

独立後，中央政府の第1次5カ年計画（1951-56年）では，都市部と食糧不足州のために食糧余剰州から不足地域への配給をコントロールする食糧統制のシステムは引き続き維持されるべきとされ，その場合，調達は「公的機関」によってなされるべきとされた（GOI 1952, 182）。ただし，食糧穀物生産が順調で市場の穀物価格が安定している年は政府の調達，価格統制[4]は棚上げされたように，制度としてのPDSの構築は1950年代は自由放任と政府統制の間を揺れ動いていた[5]。

当時の食糧穀物の輸入状況も制度構築に影響した。独立当初は戦時中に累積したスターリング・ポンド外貨残高により食糧穀物の輸入が比較的に容易であり，輸入穀物が政府による不足地域への供給に大きな割合を占めた[6]。コメについてはビルマやタイなどから輸入された。また，小麦については1956年に協定を結んだアメリカ政府の「公法480」（Public Law 480）下の援助協定による輸入が大きな役割を果たした[7]。確かに輸入や援助によって食糧穀物が安価に得られたことは不足地域への対処を安価な輸入食糧の放出によってやりやすくさせたことは間違いない。しかし外貨が限られている以上，食糧輸入の限界は明らかであり，また，アメリカへの援助依存は国際政治上望ましくなかった。さらに輸入や援助による安価な食糧穀物の放出は食糧穀物の市場価格を押し下げ農民の生産意欲を失わせることにもなった[8]。輸入や援助は根本的解決策ではあり得なかった。食糧問題の根本的解決のためには，生産が天候に大きく左右される農業の脆弱性の解消，増産による自給の達成と余剰食糧の確保，そして余剰食糧の機動的放出による不足地域や不足期間における食糧価格の安定化を実現するための公的な制度が必要であることは明らかであった。

公的な制度の形成は長期的な食糧戦略の形成として始まるが，その契機は1957年の「食糧穀物審議委員会」(Foodgrains Enquiry Committee) であるとされる。同委員会は，完全な自由市場は物価変動の大きさを考えると不可であるが，完全な調達・割り当て制度という統制も政府の責任が大きすぎ不可とした（Mooji 1999, 69）。また1961年に公にされた中央政府の第3次5カ年計画では，食糧問題に対処するため農民に対しては投資を増やし生産を増強するための「インセンティブ」と便益を与えること，一方，消費者に対しては必需品の価格が過度に上昇しないようにすること，これらが追求されるべき目標とされた。そのためには輸入ではなく国内生産の拡大によって十分な「緩衝在庫」を形成し，それを公的機関主導によって維持することが重要とされた（GOI 1961, 130-132）。しかし，そのためには農民の生産意欲を高める仕組みが必要であった。それが「最低支持価格」(Minimum Support Price) であり，それを政策形成の舞台に出したのが，1964年にL.K. ジャー (L. K. Jha) を委員長として設立された「食糧穀物価格委員会」であった。同委員会は，生産者＝農民が生産した食糧穀物に対して「最低価格」または「支持価格」を設定し，その価格で農民が集荷場に持ち込む食糧穀物は「すべて」買い上げるべきとした（GOI 1965, 5）。と同時に，消費者に対しては「最大小売価格」を設定し，100万人以上の都市部には割当システムを，割当システムが導入できない場合は適正価格で小売りする公正価格店を導入すべきとした（GOI 1965, 9-10）。

　以上のような議論が，農民に対する最低支持価格と，消費者（とりわけ経済的に脆弱な層）に対する規制価格をつなぐ全インド規模の公的な制度の構築につながるのである。その制度の中核が1965年に設立されたインド食糧公社と「農産物価格委員会」(Agricultural Prices Commission) であった。

　農産物価格委員会はさまざまなコスト要因を考慮した上で農民の生産意欲を維持する最低支持価格を設定し，これを基準にインド食糧公社は余剰生産力をもつ州（地域）から食糧穀物を調達し，不足州（地域）に分配する。そして，インド食糧公社から食糧穀物を受け取った州（地域）は公正価格店を通して消費者に安い規制価格で販売する。また，インド食糧公社

は緩衝在庫を形成し天候不順などから生産が減少し価格が高騰した場合，市場に穀物を放出し，物価を抑える役割も果たす。要するにインド食糧公社は食糧の供給と需要における空間的，時間的な過不足の平準化を期待されたのである。

　注意すべきは，インド食糧公社の調達オペレーションは基本的には農産物市場への1プレーヤーとしての介入であり，国家による流通の全面的把握ではないという点である。独立後インドは「食糧ゾーン」（Food Zones）の設置など食糧流通をより強い国家管理の下におこうとしたことがあるが，基本的に失敗している[9]。従って，独立後，食糧流通への公的介入の中心となったのは，インド食糧公社を中心とするPDSであった。1965年に固まった制度は，つぎに述べるように必要に応じて改革はされるが，基本的仕組みは現在まで変化していない。

　インド食糧公社とPDS制度への改革圧力は，緑の革命を経て食糧生産が量的には需要を満たす状況となった1980年代以降強まる。その目的は農民から最低支持価格で買い取り，それを安く消費者に配給する制度から生じる巨額の補助金の抑制であったといえる。たとえば，補助金抑制のためにはインド食糧公社の在庫を適正レベルに保つことが重要であった。1984年には政府は通常の運用在庫に加え，緩衝在庫の水準を1000万トンと決定した[10]。また最低支持価格の抑制も重要な問題となりつつあった。それを示すのが，農産物価格委員会の改編であった。同委員会は1985年に「農産物コスト・価格委員会」（Commission for Agricultural Costs and Prices）に改編され，生産コストを考慮しつつ消費者の利益にも配慮することが求められるようになった。固定価格表示の最低支持価格は図1-1に示すように1970年代後半から80年代にかけて減少また停滞傾向が続いた。これらの改革の背後には食糧増産の成功によって補助金が急速に上昇し，早くもその抑制が必要になりつつあったという事情がある。

　一方，1991年から始まった経済構造改革の中では，PDSの受益者を社会的経済的弱者層中心にすることが大きな課題となったが，そこには補助金抑制という動機もあったことは間違いない。たとえば，1992年に政府は部族民居住地域や丘陵部などの地域で通常のPDSに比べて安い価格で

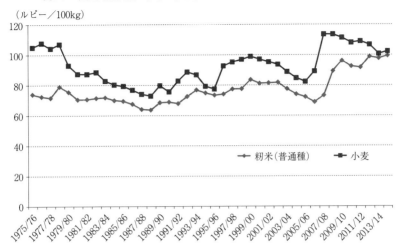

図1-1 最低支持価格の変化（固定価格表示）（1975-76年度固定価格）

（出所）次の資料から筆者作成：データベース Indiastat; GOI［各年版］（Economic Survey）; Food Corporation of India の HP。
（注）最低支持価格（名目値）を，1975-76 年度＝1 とする「卸売物価指数」（全商品）で割った値。最低支持価格には各年度で中央政府が付けた「ボーナス価格」を含む。これは当初の最低支持価格では目標量が集荷できないと推定されたとき上乗せされる価格である。

供給する「改訂PDS」（Revamped Public Distribution System）を開始した[11]。「社会的経済的弱者層」への配慮は1997年にはより大規模に制度化されることになる。それが，「受益者選別的PDS」（Targeted PDS: TPDS）である。改訂PDSはTPDSに吸収されることとなった。

TPDSは人々を「貧困線以下」（Below Poverty Line = BPL）世帯と「貧困線以上」（Above Poverty Line = APL）世帯にわけ，BPL世帯により安価に食糧を配給する仕組みである。TPDSはジャナター・ダルなど地方政党とインド共産党（マルクス主義）など左翼政党が連合した与党国民戦線が1996年の政権発足のときにその「共通最小綱領」で掲げていた事業である[12]。そのような経緯からもわかるように，第一義的には，構造改革の中でも置き去りにされた貧困層へのセーフティ・ネット構築のためであったが，ターゲットを貧困層に絞ることにより支出を削減するという目

的もあった（Majumder 2001, 15）。TPDS では BPL 世帯に 1 月当たり 10 キログラムの食糧穀物（小麦・コメ）を安価に配給することが決められた。BPL の所得基準は 1993-94 年に出された計画委員会のラクダワラ（Lakdawala）専門家委員会の基準に従うものとされた。実際の世帯の選定は村レベルの自治体である村パンチャーヤト（Gram Panchayat）または村会（Gram Sabha：成人村民の総会）が行うべきとされた[13]。その後 2000 年 12 月からは BPL の範疇内に「アンティヨダヤ食糧事業」（Antyodaya Anna Yojna = AAY）むけの最貧困層のカテゴリーが設けられ，BPL 世帯の中でもより優遇的な援助を受けられることとなった。BPL・AAY および APL 世帯向けの配給上限は徐々に拡大され，2002 年 4 月に 35 キログラム（1 世帯 1 カ月）までとなった。

　以上の TPDS が現在まで基本的に続いている制度であるが，注意すべきは制度はインド食糧公社が州政府の関係部局に供給するところまでは全インド的に同じようなシステムとなっているが，その先の州の制度は州によって大きなちがいがあるという点である。たとえばタミル・ナードゥ州では BPL と APL の区別はなく，米は規定量まで無料で分配され，そのための財政負担は州政府が独自に行っている。同州の PDS は「普遍的」（universal）な PDS といわれ，特殊な例である。しかし，他の州も多かれ少なかれ州独自の制度的展開を見せている。

　次の節では以上の PDS の展開をふまえて現行の PDS の仕組みを説明し，問題点をあぶり出す。尚，「TPDS」は「PDS」のプロセスのうち受益者の弁別に関する概念であり，その意味で「PDS」の方が広い概念である。よって 1997 年以降も「PDS」も必要に応じて用いることとする。

第 2 節　公共配給制度の流通と問題点

　現行の PDS において政府レベルで大きな問題となっているのは，財政を圧迫する巨額の補助金である。その背後には既得権益層の存在，運営の非効率，流通の各段階におきる「リーケッジ」（漏洩：具体的には闇市場へ

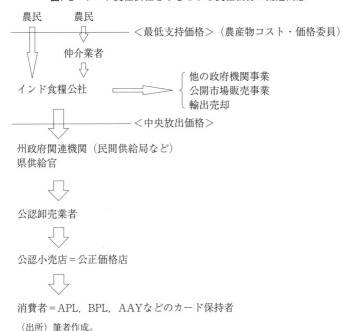

図1-2 インド食糧公社を中心とする食糧穀物の流通概念

（出所）筆者作成。

の横流しなどを意味する）＝腐敗など相互に関連する問題がある。2014年に就任したインド人民党率いる「国民民主連合」政権はシャンタ・クマールを委員長としてインド食糧公社の改革を検討するために委員会を設置し，委員会は2015年に報告書を提出したが，それはインド食糧公社，PDSの問題がもはや放置できない段階に達していることの表れでもあった。これらの問題は食糧穀物がインド食糧公社とPDSを通して消費者に届くプロセスを検討する中で鮮明になる。制度は州によっても異なり非常に複雑であるが，基本的にインド食糧公社が担当するプロセスと州政府関係機関が受け持つプロセスのふたつに分けられる（図1-2参照）。以下，ふたつの段階に分けて検討してみたい。

1．インド食糧公社による調達と保管，州政府機関への引き渡し

コメ，小麦の調達は，まず農産物コスト・価格委員会の勧告に基づいて政府によって最低支持価格が収穫期の前に公表されることによって始まる[14]。たとえば，2014/15年度については100キログラム当たり，籾米（普通）：1360ルピー，籾米（グレードA）：1400ルピー，小麦：1450ルピーとなっている[15]。この最低支持価格を基準に，インド食糧公社の調達は商品の特性に応じて次のように行われる。籾米，小麦の場合，基本的には，(a) インド食糧公社による直接買い付け，(b) インド食糧公社を代理して州政府関係機関が行いインド食糧公社に引き渡す，(c) 仲介手数料を公認される仲介業者を通して行う，という3つの場合に分けられる[16]。籾米，小麦の大口供出州であるパンジャーブ州，ハリヤーナー州の場合は(c)のタイプが主流であり，他の州では(a)，(b)のタイプが主流である。インド食糧公社や州政府関係機関は調達シーズンには「買い上げセンター」を「マンディ」とよばれる公認市場や他の要地に設置し，買い上げを行う。注意すべきは，農家はインド食糧公社および州政府関係機関，公認の仲介業者，または，民間のバイヤーどれでも価格をみて自由に販売できるが，インド食糧公社および州の関係機関は農家が持ち込むすべての量を基本的に最低支持価格で買い上げなければいけない，という点である。これよって収穫期に大量に市場に持ち込まれ価格が低下する穀物価格の下支えをするのである。一方，コメ（精米）は，各州政府の政令に基づいて精米業者が脱穀した一定割合を強制的に買い上げる制度もある[17]。精米業者には中央政府が定める「調達価格」で代金が支払われる。調達には他に「分散調達事業」（Decentralized Procurement Scheme）と呼ばれるものもある。これは1997/98年度から導入された制度で州政府関連機関が当該州において調達，保管，放出まですべて行う。州政府によって当該州内で事業を完結させることにより，事業の効率，途中経費の削減などをめざす形態で，形式的にはインド食糧公社の事業の一部として行われる。量的にはたとえば2011/12年度では，インド食糧公社から全州への「引渡量」（Offtake）

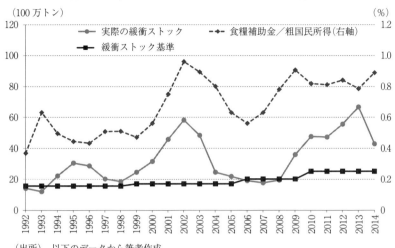

図1-3 小麦とコメ合計の緩衝在庫と緩衝在庫基準および粗国民所得に占める食料補助金（インド食料公社および州政府補助金合計）の割合

（出所） 以下のデータから筆者作成。
1) 緩衝在庫と緩衝在庫基準：データベース Indiastat (GOI 2015b, 122),（各年の1月1日時点での値）。
2) 粗国民所得に占める食糧補助金：データベース Indiastat (GOI Economic Survey 2015 Teble A1-A2)。

中に占める分散調達事業引渡量は，コメの場合20.9％，小麦の場合，9.4％となっている[18]。またもし必要であれば，国内調達に加えて，海外からの輸入が付け加わる場合があるが，これは図1-3で実際の緩衝在庫が基準付近にまで低下したときなどにとられる措置である。輸入は近年まれである。

調達された穀物はインド食糧公社などの倉庫に保管される。その総量が「中央プール」である。この中央プールから，古い在庫から順に各事業に放出される。放出先としてはTPDS用に州政府に放出されるのが最大の部分を占めるが，その時の価格が「中央放出価格」(Central Issue Prices) である。加えてその他の政府関連事業用[19]にも放出される。輸送は約9割が鉄道による (GOI 2015d, 6)。表1-1が中央放出価格である。2002年以降改訂されておらず，物価上昇を考えればその分，近年は低く抑えられて

表1-1 インド食糧公社が配分するコメ，小麦の中央放出価格の推移（ルピー/100 kg）

コメ ／ 期間	APL グレードA（普通*）	BPL 普通／グレードA	AAY 普通／グレードA
1997年12月1日 － 1999年1月28日	700（550）	350	－
1999年1月29日 － 2000年7月24日	1180（1135）	590	－
2000年7月25日 － 2001年7月11日	1130（1087）	565	300
2001年7月12日 － 2002年3月31日	830（795）	565	300
2002年4月1日 － 2002年6月30日	730（695）	565	300
2002年7月1日 － 現在	830（795）	565	300

小麦 ／ 期間	APL	BPL	AAY
1997年6月1日 － 1999年1月28日	450	250	－
1999年1月29日 － 1999年3月31日	650	250	－
1999年4月1日 － 2000年3月31日	682	250	－
2000年4月1日 － 2000年7月24日	900	450	－
2000年7月25日 － 2001年7月11日	830	415	200
2001年7月12日 － 2002年3月31日	610	415	200
2002年4月1日 － 2002年6月30日	510	415	200
2002年7月1日 － 現在	610	415	200

（出所） インド食糧公社資料より：http://www.fci.gov.in//upload/Public-dist/CIP%20of%20 WHEAT%20RICE%20and%20CG.pdf（2016/01/15閲覧）
（注） *ジャンムー・カシミール州，ヒマーチャル・プラデーシュ、ウッタラーカンド，シッキム，北東部の諸州に適用される価格。

いることは明らかである。

　インド食糧公社から TPDS 用に放出される食糧穀物の州間の配分は，先に述べたラクダワラ専門家委員会の貧困基準にそって各州の BPL 人口を算出し，それを基本として，さらに在庫量，過去の実際の引渡量などを参考として算出される。これが「配分量」（Allotment）でいわば引き渡しうる上限にあたる。インド食糧公社は原則としてこの配分量まで中央放出価格で各州に引き渡すが，実際には各州への引渡量は配分量よりも大体において少ない。物流としては，インド食糧公社の責任は，各州に設けられているインド食糧公社の倉庫（depot）に食糧を輸送し，州政府から代金の支払いを受け取った時点で終わる[20]。後の責任は州政府関係機関が引き継ぐことになる。倉庫は 2015 年時点で全国に 1841 カ所ある[21]。

　図 1-4 はインド食糧公社によるコメ，小麦の配分量および引渡量の推移である。配分量および引渡量のギャップはコメについては 2007〜2008 年，小麦については 2006〜2008 年に最低となっている。これは図 1-3 のよう

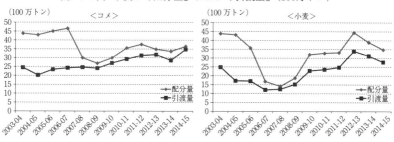

図1-4 米，小麦の「配分量」および「引渡量」（100万トン）

（出所）インド食糧公社の HP の年度別データ表（http://fci.gov.in/sales.php?view=36, 2016/01/15 閲覧）から筆者作成。
（注）TPDS，給食用，その他雇用・福祉事業用，分散調達事業などインド食糧公社所管の配分量の合計，および，実際の引渡量の合計。

に 2006 ～ 2008 年の時期に緩衝在庫が急減したことに対応して配分量が急減したからと考えられる。それ以降は在庫が回復するに応じて配分量および引渡量とも増加傾向を示している。

以上の TPDS や常態的な政府事業以外で重要な放出措置は「公開市場販売事業」（Open Market Sales Scheme（Domestic））と輸出売却である。公開市場販売事業は旱魃などで生産が減少したり，端境期などで国内市場で需給が逼迫したときなどになされる価格安定化のための放出である。公開市場販売事業では相対的に低く抑えられた価格で緩衝在庫が放出されるが，そこでは市場価格の安定化という目的と同時に，過剰在庫が大きな問題となっている近年は，在庫処分という性格も顕著になっている。在庫処分という性格は輸出売却の場合より鮮明である。

以上の籾米・コメ，小麦の調達のプロセスで最大の問題は政府が設定する価格の問題である。最低支持価格については 1980 年代以降，適切な水準に維持されてきたかどうか，疑念がもたれている。図 1-1 の最低支持価格は，確かに 1990 年代初めまでは低下傾向がみられるが，それ以降は大きく変動しつつも上昇傾向がみられる。この上昇傾向は，選挙前など，農民層の支持を当て込む中央政府の政治的意向が働いていることが指摘される（近藤 2015, 173）。さらに州政府によっては調達において州独自の「ボー

39

ナス」価格を中央政府の最低支持価格に上乗せすることもみられる[22]。最低支持価格の長期的上昇は農民へのインセンティブとなり，天候要因によって大きく変動しつつも，生産の拡大につながった。その結果，図 1-3 にみられるように小麦とコメ合計の緩衝在庫は大きく変動しつつ，基準をはるかに超えて増大した。この過剰な在庫の形成が流通・保管費用の増大，財政負担の増加をもたらしている。

　また，最低支持価格の受益者が，一部の大規模農民に限られている点を問題視する論点もある。全国標本調査機関（National Sample Survey Organisation）による 2012 年の調査を元にして上述のシャンタ・クマール委員会は，最低支持価格で実際に籾米や小麦を政府調達機関に売却して大きな利益を得ているのは全農家世帯の 5.8％であり，そのような農家とはパンジャーブ州，ハリヤーナー州，アーンドラ・プラデーシュ州などのごく限られた大農であることを指摘し，批判的見方をしている（GOI 2015d, 13）。

　また，中央放出価格，とくに BPL，AAY 向けの価格が最低支持価格の数分の 1 に抑えられていることは制度が拡大すればするほど補助金が急激に増大することを意味し，制度が貧困層を念頭におく食糧安全保障としても，大きな問題である。

2．州政府関係機関から公正価格店への分配と割当カード種類に応じての消費者への売却

　つぎに州政府レベル以下の流通の概要とそこに潜む問題を整理する。インド食糧公社から食糧穀物を受け取り管理する州政府関連機関や制度は州によって異なるが，基本的パターンは以下のとおりである。多くの場合，「民間供給」（Civil Supplies）を名称に含む「局」（Department），「公社」（Corporation）などが州政府担当機関である。しかし，インド食糧公社と州を日常的につなぎ PDS 行政全般に責任をもつ最も重要な州政府担当官は各県の「県供給官」（District Supply Officer）である。県行政のトップの県長官の直下に位置づけられる県供給官は各県の需給状況などを考慮して

インド食糧公社や州政府などの間を調整しインド食糧公社倉庫への搬入量などを決定する。そして，搬入された食糧は同倉庫から州政府管理下の「公認卸売業者」（Authorized wholesale Distributor）などを経て「公認小売業者」（Authorized Retail Distributors）＝公正価格店へ，そして最終的には消費者へと流通する。以上が基本的なパターンである。

腐敗，非効率といった問題の多くはインド食糧公社の引き渡しから公正価格店での消費者への販売に至る州レベルのプロセスで起こるといわれ，これを分析することが非常に重要である。ここでは最も重要な問題とされる「リーケッジ」と「包摂エラー」・「排除エラー」を軸に検討する。政府委員会報告に依拠して具体的に問題を指摘した後，どれだけ問題が広がっているか検討を行いたい。

政府資料で近年重要なのはD.P. ワドワ（D.P.Wadhwa）を委員長とするPDS検討委員会の報告書である。これはPDSの運営を問題とした公益訴訟に関して最高裁判所が状況を調査するため設立を命じたものである。ワドワ委員会はいくつかの主要州別に報告書を作成し，腐敗など数多くの問題点を指摘した。ここでは2009年から2011年にかけて公表された報告書などに拠って主要な問題点を把握する[23]。

まず，最大の問題は「リーケッジ」の問題である。これは主に闇市場への横流しの問題であり，PDSが批判される時必ず指摘され，PDS不要論／改編論の根拠とされる大きな問題である。リーケッジはPDSの各段階でおこるが，大規模なものは公認卸売業者の段階で起こる場合が多いといわれる。具体的には運送業者（トラック運転手など）と荷役労働者の共謀で荷が抜き取られ闇市場にまわされるという形をとることが多い。その背景には彼らに対する公認の仲介手数料が低く抑えられ，それだけでは経済的にやっていけないという背景があるともいわれる。関連して，品質の管理がずさんである，モニタリング，監視が行き届かず透明性に欠ける，何か問題が起こっても業者は官僚や政治家と結託し処罰を逃れることができる，業者は横流しなどで得たお金を官僚や政治家に渡すことで摘発を免れている，など根深い問題構造が指摘されている[24]。

問題は，以上のようなミクロな腐敗状況から生じるリーケッジがどの程

表1-2 PDSにおけるリーケッジの推定

州	推定されたリーケッジ（%） 2004-05	2011-12	リーケッジ減少率（%）
アーンドラ・プラデーシュ	23.2	22.0	5
アッサム	88.7	50.7	43
ビハール	91.0	24.4	73
チャッティースガル	51.7	9.3[a]	82
グジャラート	51.7	67.6	−31
ハリヤーナー	82.7	49.0	41
ヒマーチャル・プラデーシュ	27.0	27.1	0
ジャンムー・カシミール	23.0	−3.7[b]	116
ジャールカンド	85.2	44.4	48
カルナータカ	28.7	34.7	−21
ケーララ	25.6	37.1	−45
マディヤ・プラデーシュ	50.1	51.5	−3
マハーラーシュトラ	49.3	48.2	2
オディシャ	76.3	25.0	67
パンジャーブ	93.2	58.8	37
ラージャスターン	93.9	60.9	35
タミル・ナードゥ	7.3	11.9	−63
ウッタル・プラデーシュ	58.0	57.6	1
ウッタラカンド	59.4	34.9	41
西ベンガル	80.6	65.3	19
インド全体	54.0	41.7	23

（出所）　Drèze and Khera 2015, 40.
（注）　APL, BPL, AAY など全ての配給カードを対象として含む。
　a) 同州の場合は，中央プールと地方レベルの調達，両方を含む。
　b) ジャンムー・カシミール州の場合マイナスとなっているが，これは推定式に機械的にデータを当てはめた結果であろうと考えられる。

度広がっているのか，という点である。それに関してはインド食糧公社の引き渡しデータと全国標本調査機関のデータを突き合わせてその程度を推定するいくつかの研究成果が存在するが，現在最も洗練された推定がドレーズとケーラによって行われた推定であると思われ，ここでは両氏の成果を利用したい[25]。表1-2が両氏によって行われた州別のPDSのリーケッジの推定である。

　表から改めてうかがえる大きなポイントはリーケッジが深刻な問題であ

ることである。2004/05年度には54.0％，2011/12年度には41.7％のコメ，小麦が消費者に届く前に消え去っていることになる。2011/12年度には一定の改善をみているが，改善はビハール，チャッティースガル，オディシャといった特定の州[26]で劇的に改善したことに拠っており，他の州ではあまり改善されていない。他の特徴としてはタミル・ナードゥ州の状況が恒常的に良好であるという点が指摘できる。同州は行政全般で効率，アカウンタビリティなどが高いレベルにあると評価されているが，PDSについてもそれがいえる。しかし，それだけでなく，後で述べるように同州が普遍的PDSを採用していることもリーケッジが低レベルにあるひとつの大きな理由と考えられる。

　つぎに公正価格店を中心とする問題を検討する。TPDSの目的は経済的，社会的弱者層により優遇的な条件で食糧を配給することである。タミル・ナードゥ州を除くと，具体的には割当カードは，APLカード，BPLカード，AAYカードなどに分けられ，カードの種類に応じて価格・配給量が決まる。従って各世帯に正しい割当カードの配布が決定されることがまず基本となる。

　公正価格店レベルの制度の体系的評価を難しくしているのは，制度が州政府によってかなり異なっている点である。たとえば，TPDSを採用しているケーララ州では世帯員の数には関係なくカード種類別に各世帯への配給上限が決まる。コメの場合，１月にカード当たり，BPLの場合は１キログラム２ルピーで25キログラムまで，AAYの場合は１キログラム１ルピーで35キログラムまで，APL（普通）の場合は１キログラム8.9ルピーで９キログラムまでとなっている。また65歳以上でBPLの場合，「アンナプールナー」（Annapurna）カードとされ１月当たり無料で10キログラムまで配給される[27]。他の州の価格設定でもBPL，AAYの場合，表１－１の中央放出価格以下の場合がほとんどである。また，TPDSではなく普遍的なPDSを採用するタミル・ナードゥ州では，2011年６月のJ. ジャヤラリター州首相の告知によると，主食のコメについては，１月当たり世帯において成人１人当たり４キログラム，子ども１人当たり２キログラムの率で算出し，総計で最低12キログラム，最高20キログラムまで

の幅で無料で配給する。AAY 世帯の場合は 35 キログラムが上限となる。小麦の場合，1 キログラム当たり 7.50 ルピーの価格で，チェンナイおよび他の県都の場合は，10 キログラムを上限として，他の地域で 5 キログラムを上限として配給する[28]。このような体制が州首相に主導されて行われていることが象徴するように，PDS は政治的ポピュリズムによって「歪め」られているという批判がつきまとう。一定量とはいえ無料で配給するタミル・ナードゥ州の例は極端な例であり，あまりに経済性を無視した州政府の姿勢はモラルハザードを引き起こしているとの批判がある。

このように制度のちがいは大きいが，にもかかわらず全般的に共通した問題が以下のように見いだされる。最大の問題は，本来 BPL や AAY で無いにもかかわらず BPL カード，AAY カードが与えられる「包摂エラー」(Inclusion errors)，反対にこれらのカードが与えられるべき世帯にもかかわらず与えられない「排除エラー」(Exclusion errors)，不正に配給を得る「幽霊カード」(bogus cards) が出回っていることである。それに加えて横流し，配給上限までの穀物が得られない場合があること，品質の悪さ，公正価格店の開店時間がかぎられているなど公正価格店の運営の悪さや，まったく機能していない場合があること，政府が公正価格店にライセンスを発給するプロセスが恣意的で政治の関与があること，公正価格店運営主体としてパンチャーヤトに能力が無く非効率であること，公正価格店を監視する有効な体制が欠如していること，等の問題がある[29]。公正価格店レベルの問題の背景には政府の公認手数料だけでは経済的に引き合わない，配給物資以外は扱えず集客力に乏しいなどの要因があるとされる。

以上のミクロな問題状況を総括する指標としては，「包摂エラー」と「排除エラー」を考えることが重要である。表 1-3 はデータは若干古いが 2001 年時点でのふたつのエラーをサンプル調査によって明らかにしたものである。計画委員会が実施したこの調査によると，包摂エラーが高いのは，アーンドラ・プラデーシュ，カルナータカ，タミル・ナードゥ州など南部州である。ケーララ州も比較的に高い値である。包摂エラーは財政的には望ましいものではないが，人々の福祉という観点からは必ずしも否定的なものではない。しかし，排除エラーは本来 BPL や AAY のカードを

表1-3　TPDSにおける「包摂エラー」と「排除エラー」の推定（2001年）

(世帯数　%)

州	包摂エラー	排除エラー
アーンドラ・プラデーシュ	36.39	3.20
アッサム	17.16	47.29
ビハール	12.20	29.81
グジャラート	9.78	45.84
ハリヤーナー	14.16	27.90
ヒマーチャル・プラデーシュ	20.39	8.86
カルナータカ	42.43	23.38
ケーララ	21.04	16.28
マディヤ・プラデーシュ	12.49	19.61
マハーラーシュトラ	11.11	32.69
オディシャ	16.78	26.56
パンジャーブ	12.33	7.75
ラージャスターン	5.22	16.73
タミル・ナードゥ	49.65	―
ウッタル・プラデーシュ	13.25	26.75
西ベンガル	10.23	31.74

(出所)　GOI 2005a, 78.
(注)　調査対象期間は2001年5-12月，サンプル数は4800である。

使うべき貧困層が排除されるということを意味し，福祉という観点からは損失はより大きいといえる。表からアッサム，グジャラート，マハーラーシュトラ，西ベンガル各州は排除エラーの割合が高くTPDSの価値は大きく損なわれている。「包摂エラー」や「排除エラー」の蔓延は，普遍的PDSに比べて監視費用が高く運営が難しいTPDSの正統性に疑問を投げかける根本的な要因である。

　以上，ミクロなレベルからさまざまな問題点を検討し，さらに「リーケッジ」「包摂エラー」・「排除エラー」の広がりをマクロに検討した。このような深刻な問題に苛まれているTPDSは改革が必要なことはいうまでもない。しからば改革はどのような方向に進むべきか，その議論を次節で検討してみたい。

第3節 「公共配給制度」と現金直接給付の議論

　TPDS の改革をめぐる議論は近年盛んである。そこで常に問題とされるのは,「リーケッジ」や「包摂エラー」「排除エラー」,そして補助金がつぎ込まれることから発生する財政への圧迫の問題である。前3者は明確な欠点であり,改革の必要性について異論はない。しかし,補助金については,食糧安全保障という観点から一概に不必要な「無駄」ということはできない。ここでは食糧補助金の規模,そして TPDS がどの程度人々をカバーしているかというカバレッジの問題を確認した後に,PDS 改革の議論を検討する。

1.食糧補助金と TPDS のカバレッジ

　まず補助金の状況を検討するが,それには物流プロセスを価格面でたどる必要がある。簡便のため公開市場販売事業や輸出売却は考慮しないとすれば,次のようになる。
　インド食糧公社の調達では最低支持価格に,税,輸送や保管費用などを加えたものが「経済費用」(Economic cost) と呼ばれる。そして経済費用に緩衝在庫を維持するための運営費用を加えたものが総費用となる。インド食糧公社は中央放出価格で州政府関連機関に在庫を売却するが,中央放出価格は表 1-1 のようにかなり低く抑えられているから,結局,調達から州政府関係機関への引き渡しは価格面では先述のように大きく逆ざやになり,そこに補助金が発生する。図式的には以下のとおりである[30]。

　「経済費用(最低支持価格,税,輸送や保管費用など)」+「緩衝在庫運営費用」-「中央放出価格での収入」=「インド食糧公社への補助金」

　以上の補助金はインド食糧公社が中央政府から受ける分だけでなく,州

政府による補助金もあるが，量的には前者が非常に大きな部分を占める[31]。粗国民所得に占める食糧補助金（インド食糧公社および州政府補助金合計）の割合は図1-3に示されているが，同図の緩衝在庫の変動とほぼ平行する形で補助金は変動していることがわかる。補助金のレベルは近年，粗国民所得の約0.8％超のレベルで推移しており，財政的には大きな負担となっているといえるだろう。

問題はこのような大きな負担をさまざまな欠陥，無駄にもかかわらず，食糧安全保障の観点から正当化できるかどうかである。「包摂エラー」や「排除エラー」「リーケッジ」などの明らかな欠点が修正されたとしてもなおTPDSは正当化されるであろうか。PDSは複数の機能をもつから，機能ごとに考えてみると，明らかに正当化できる役割としては緩衝在庫制度がある。2010年時点での灌漑率45.7％（GOI 2015a, 39）という状況では，同制度は天候不順により生じる価格変動の安定化のために必須であり，その役割は政府が担わざるを得ない。

それでは食糧余剰州から不足州への移送，公正価格店，貧困層優遇措置としてのTPDSなどは維持する必要があるであろうか。これらは民間にまかせる，あるいはTPDSに基づく公正価格店よりも，貧困層に直接的に現金を給付することでより財政負担が少なく，かつ，効率的にできるのではないだろうか，このような点が今日問題となっているのである。このような論点を検証するためには現状でTPDSがそれを必要とする人々をどの程度カバーしているか確認する必要がある。

表1-4は全国標本調査機関の調査による「TPDSからの配給による支出階層別の消費量の比率」，そして表1-5は社会グループ別の「割当カード」種類である。低支出階層＝低所得階層と考えれば，TPDSの目的からすれば，経済的，社会的に弱い階層ほど，TPDSでカバーされていなければならない。

まず，表1-4から全般的な傾向として「農村部」の方が「都市部」よりもPDSへの依存率が高いことがはっきりしている。農村部が食糧穀物の生産地であることを考えると一見奇異ではあるが，農村部でも非農家人口はかなりの部分を占めるし，また人口の大きな部分を占める農業労働者，

表1-4　TPDSからの配給による消費量の比率：支出階層別（2011-12年）

「月1人当たり消費支出」(MPCE)でみた12分位クラス	TPDSからの配給による消費割合（%）			
	コメ		小麦／小麦粉	
	農村部	都市部	農村部	都市部
0 － 5％	39.87	31.91	27.16	22.98
5 － 10％	33.42	30.74	22.93	18.68
10 － 20％	29.97	27.06	20.51	16.11
20 － 30％	28.22	25.97	19.28	14.03
30 － 40％	26.31	22.88	18.61	11.38
40 － 50％	27.64	23.14	17.50	11.25
50 － 60％	26.89	19.29	18.72	8.81
60 － 70％	28.15	16.08	16.55	6.49
70 － 80％	27.61	12.05	15.13	4.34
80 － 90％	25.37	9.23	13.37	3.83
90 － 95％	24.39	6.28	11.81	2.65
95 － 100％	20.29	5.69	9.45	1.48
全クラス	27.92	19.64	17.32	10.12

（出所）　GOI（2015c, 18）。
（注）　サンプル世帯数　─　農村部：59,683，都市部：41,968。

零細農などは市場からの買い入れ部分が大きい。また，民間の市場は都市部より発達していない。これらの要因が大きな理由であろう。

　支出階層別に検討すると，「都市部」では米の場合，支出階層の最下位の20％の階層は消費量のうち約29％がPDS由来であるのに対して，上位20％の階層ではそれは約8％となっている。小麦／小麦粉の場合はより鮮明で，各々18％，3％である。一方，「農村部」では，コメの場合，最下位20％の階層では約33％，上位20％の階層でも約23％の割合となっている。小麦／小麦粉の場合は各々23％，12％である。上位階層といえどもAPLカードは保持しうるから，このデータのみでは上位階層が不正にPDSを利用しているとは一概にはいえないが，前節で広範な「包摂エラー」の存在が明らかな以上，上位階層のPDS利用の一定部分は不正利用によるものと判断してもよいであろう。

　この比較から都市部の方が農村部より支出階層別のTPDS利用度はより選別的で，経済的に低い階層への補助というTPDSの性格がはっきり

表1-5 社会グループ別の「割当カード」種類（2011-12 年）

(%)

社会グループ	種類別「割当カード」世帯割合									
	農村部					都市部				
	AAY	BPL	その他	割当カードなし	総計	AAY	BPL	その他	割当カードなし	総計
STs	7	49	25	18	100	3	20	37	41	100
SCs	8	47	32	12	100	3	21	46	30	100
OBCs	5	37	43	15	100	2	21	47	31	100
その他	3	26	58	13	100	1	8	56	35	100
計	5	38	42	14	100	2	16	50	33	100

（出所）　GOI 2015c, 28.
（注）　サンプル世帯数　―　農村部：59,683，都市部：41,968

しているといえる。そのような特徴が農村部では相対的にはっきりしないのはなぜだろうか。先述のように各カードの選定は村パンチャーヤトや村会で行われるから，これは村レベルの政治・行政の不正や不作為，監視体制の不備が結局のところ大きな要因と考えられる。

　つぎに社会グループ別に検討する。表 1-5 は歴史的に社会経済的に差別されて社会の最下層に位置づけられてきた「指定カースト」（SCs）や「指定部族」（STs），SCs/STs のような差別は受けてこなかったが社会的教育的に後進的な「その他後進階級」（OBCs），および，「その他」に分けて，保持するカードの種類の割合をみたものである[32]。SCs/STs，そしてOBCs において AAY と BPL カードの保持者が相対的に多いことは，TPDS の目的と整合的である。しかし，最も後進的と考えられる STs がとくに都市部で「割当カードなし」に分類される比率が目立って多いのは都市部で STs が TPDS において正当に把握されていないことを示していると考えられよう。その点において「排除エラー」の存在を強く示唆している。

　つぎに，州別にコメと小麦の供給元別消費割合を検討する。表 1-6 はコメ，小麦／小麦粉についての表である。南部の州やオディシャ，アッサムはもともとコメが主食で小麦の生産地ではないので，小麦の「自家生産」は非常に低い率であることを表の解釈では考慮する必要がある。これをふまえて分析すると次のようなことがいえる。ほとんどの州で農村部の方が

表1-6 コメおよび小麦の供給元別消費割合（2011-12年）

州	コメ								小麦							
	供給元別の米消費世帯割合（%）*		その他の全ての供給元		供給元別米消費量				供給元別の小麦消費世帯の割合（%）*		その他の全ての供給元		供給元別小麦消費量			
	PDS				PDS		自家生産		PDS				PDS		自家生産	
	農村部	都市部	農村部	都市部	農村部	都市部	農村部		農村部	都市部	農村部	都市部	農村部	都市部	農村部	
アーンドラ・プラデーシュ	86.6	45.2	95.3	89.6	32.5	22.2	12.7		10.5	6.9	50.8	68.4	13.1	7.4	0.1	
アッサム	52.7	26.5	93.7	90.5	24.5	12.0	39.5		6.8	1.4	55.9	69.2	9.1	1.2	0.0	
ビハール	45.0	19.0	92.6	94.8	21.8	10.8	30.3		44.6	18.9	93.5	96.4	17.6	7.5	30.4	
チャッティースガル	67.0	41.5	84.5	84.1	38.3	29.6	39.8		25.2	24.7	35.2	56.6	41.4	26.4	12.3	
グジャラート	34.9	5.0	86.7	92.3	16.6	3.8	19.1		31.6	5.7	75.2	93.3	18.1	3.3	18.7	
ハリヤーナー	0.8	0.1	86.9	93.3	1.4	0.0	23.6		19.3	8.9	91.4	92.7	14.4	9.5	40.0	
ジャールカンド	33.3	5.1	89.5	90.6	23.3	6.5	30.4		0.8	0.5	72.2	90.7	0.8	0.5	9.8	
カルナータカ	75.2	32.7	77.6	79.6	45.3	25.2	11.5		71.5	30.3	41.0	65.6	48.2	19.0	9.3	
ケーララ	78.2	60.5	89.5	86.6	35.5	30.0	1.2		54.3	43.2	44.7	57.7	56.0	39.7	0.0	
マディヤ・プラデーシュ	30.5	17.6	76.5	86.0	21.4	12.2	23.4		36.2	23.4	87.8	90.6	17.8	14.3	47.7	
マハーラーシュトラ	43.3	9.6	69.5	86.8	34.8	6.7	14.4		40.4	10.0	67.9	85.5	30.3	7.9	14.8	
オディシャ	54.4	17.9	91.6	87.0	30.1	15.5	32.8		10.6	12.2	50.1	65.4	0.0	18.9	0.0	
パンジャーブ	0.2	0.2	86.2	90.7	0.0	0.2	19.8		22.8	7.0	94.5	93.3	14.0	5.4	30.9	
ラージャスターン	0.8	0.8	57.3	76.3	1.7	1.5	3.1		28.7	16.9	84.8	90.5	14.3	8.0	39.6	
タミル・ナードゥ	89.1	66.6	82.0	83.2	52.7	43.2	3.7		61.8	49.0	17.5	33.9	82.4	60.8	0.0	
ウッタル・プラデーシュ	24.8	7.2	84.8	93.0	21.5	8.9	37.0		25.7	16.6	94.7	95.2	9.3	7.0	50.6	
西ベンガル	35.2	11.4	97.9	90.2	9.6	5.9	23.5		43.5	19.2	47.9	75.8	45.3	16.6	2.3	
全インド	45.9	23.3	84.6	87.6	27.9	19.6	24.2		33.9	19.0	67.4	76.4	17.3	10.1	36.2	

（出所）GOI 2015c, 19, 20.
（注）1）サンプル世帯数 ― 農村部：59,683、都市部：41,968。
2）*参照期間は調査日前30日間。

都市部より PDS に依存する割合は高い。これは表4の検討のところで説明した同じ理由からである。

　個別の州ではタミル・ナードゥ，カルナータカ，ケーララの各州が自家生産割合が低く，かつ，コメ，小麦／小麦粉とも PDS の依存度が高いという特徴を示している。とくにタミル・ナードゥ州は典型的である。これらの州は PDS 依存州ということができる。つぎに特徴的なのは，パンジャーブ，ハリヤーナー，ラージャスターンなどである。これらはコメについては PDS への依存度が最低で，小麦／小麦粉については一定の依存度を示している州である。これらの州はコメ，小麦ともインド食糧公社の調達基地ともいえる食糧生産余剰州であり，PDS への依存度は低く，民間市場への依存が大きいことを示している。

　それでは人々の PDS の購入割合＝ PDS のカバレッジはどのように変化してきたであろうか，表1-7は2004/05年度，2009/10年度，2011/12年度の PDS の利用率の推移を示している。これによると予想とは反対に，PDS の利用率はコメ，小麦／小麦粉とも近年着実に高まっている。利用率が改善しているひとつの大きな理由は，リーケッジなど腐敗行為が改善傾向にあるためと考えられる。元々，PDS の価格は民間市場の価格よりかなり安価に設定されており，リーケッジやさまざまな腐敗や品質の問題がなければ人々は PDS を利用するはずだからである。それは図1-5をみても理解できよう。

　図1-5は，PDS のリーケッジと PDS からの購入割合の関係を，州を単位としてみた散布図である。図は，とくにコメの場合をみれば明らかなように，かなり明確なマイナスの相関がある。リーケッジが下がれば人々の購入割合＝利用率もあがることは価格差を考えれば明らかである。しかし，逆の因果関係も考えられる。すなわち，人々の利用率が上がりそのパフォーマンスが政治的に重要となれば州政府は監視を強めリーケッジを抑えるよう努力するという因果関係である。とくにタミル・ナードゥ州などポピュリスティックな政策で人々の支持を奪い合う州ではそのような現象がみられるといってよい。

　いずれにせよ，この図からリーケッジと PDS の存在意義は密接に関係

表1-7　購入元別の月1人当たり消費量、および、PDSから配給された物資を消費した世帯の割合（全インド）

年度	2004/05 月一人当たり消費量 PDS	その他ソース	消費に占めるPDSの割合(%)	2009/10 月一人当たり消費量 PDS	その他ソース	消費に占めるPDSの割合(%)	2011/12 月一人当たり消費量 PDS	その他ソース	消費に占めるPDSの割合(%)	過去30日間でPDSから配給された物資を消費した世帯割合 (%) 2004/05	2009/10	2011/12
[農村部]												
コメ (kg)	0.839	5.537	13.2	1.408	4.594	23.5	1.670	4.306	27.9	24.4	39.1	45.9
小麦/小麦粉 (kg)	0.307	3.885	7.3	0.619	3.625	14.6	0.744	3.544	17.3	11.0	27.6	33.9
[都市部]												
コメ (kg)	0.530	4.181	11.3	0.814	3.706	18.0	0.882	3.605	19.6	13.1	20.5	23.3
小麦/小麦粉 (kg)	0.167	4.192	3.8	0.371	3.706	9.1	0.406	3.605	10.1	5.8	17.6	19.0

（出所）GOI (2015c, 16)。

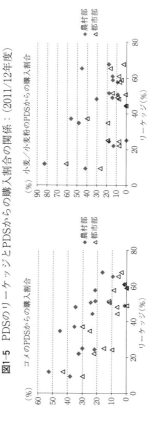

図1-5　PDSのリーケッジとPDSからの購入割合の関係：(2011/12年度)

（出所）表1-2、表1-6より筆者作成。
（注）各点は州を表す。表6にはヒマーチャル・プラデーシュ、ジャンムー・カシミール、ウッタラカンドが無いため対応するサンプルはない。

し，リーケッジは非常に重要な問題であることが理解できよう。最後にこのような現状をふまえて改革の議論の方向性をまとめてみたい。

2．PDS の改革の方向性

近年 PDS 改革の議論，とくに「現金直接給付」[33]の議論が本格化している背景には，食糧穀物供給がすでに過剰で緩衝在庫が累積しているにもかかわらず，リーケッジ，包摂エラー，排除エラーなどの問題などで貧困層に効率的に支援が届かないこと，食糧補助金が財政を圧迫するほど巨額になっていること，このような問題点が広く認識されるようになったことがある。そのような状況の中で近年情報通信技術の進歩により「e-ガバナンス」や銀行のオンライン化など情報インフラ整備による「金融包摂」(Financial Inclusion) が広がりつつあることが，改革が今や技術的に可能であるという認識を広めたのである[34]。

2005 年の政府委員会報告では PDS 改革の方向性として，食糧流通で民間部門を活躍させること，コメと小麦／小麦粉以外は PDS で扱う必要はないこと，公正価格店は経済的に成り立つために配給物資だけでなくすべての物資を扱うべきこと，食糧の配給は「食糧券」(food stamps) で行われるべきことが提言された。ただし，「TPDS」のインパクトは限定的とされ「普遍的 PDS」とどちらがよいか，議論は決着しなかった (GOI 2005b, 21, 36)。

また，2012 年に開かれた政府の現金直接給付委員会では他国での経験をふまえて，現金直接給付のメリットとして「貧困者の選別（ターゲッティング）が容易」，「給付がまとまった額であれば世帯の消費を押し上げる」，「貧困を解消するためのよい道具となる」，「天災などにも迅速に対応可能」，「現金給付のために構築されたシステムは他のセーフティネット事業にとってもインフラとなる（制度的「外部性」）」，「補助金改革のエントリーポイントとなる」という点を挙げた。そして，これが成功するための条件として，大きく分けて，銀行などによる金融包摂を基礎とする受益者への現金支払いシステムが構築されること，補助を受ける人（貧困層）を

捕捉するための「固有同定制度」(unique identification system) および「固有身分証明番号」(Aadhaar) とそのデータベースの整備が必要とされた (GOI 2012, 2, 5)。

　PDS改革の議論をさらに活発化させた動きとしては，国民会議派率いる「統一進歩連合」政権の肝いりで2013年に成立した「全国食糧安全保障法」がある。これは，農村部で75％，都市部で50％を占めるとされる低所得者層に対して1キロ当たりコメの場合3ルピー，小麦の場合2ルピー，そして雑穀の場合1ルピーという安価で，ひとり毎月5キロを上限に提供するというものであるが，そこで配給の要となるのはTPDSであった[35]。

　このような中，インド食糧公社の改革のために2015年に公表されたのが前述のシャンタ・クマール報告書である。報告書はリーケッジや巨額の財政負担の軽減のために「現金直接給付」を順次導入していくべきとし (GOI 2015d, 23, 46)，それによりPDSのさまざまな欠点を回避し，無駄な支出の大幅な削減が可能とした。もっとも貧困層を「ターゲッティング」するという仕組み自体には踏み込んではいない。

　ターゲッティングのメカニズムであるTPDSについては，それが開始された1997年の世銀の研究は早くもTPDSのさまざまな欠点を指摘し失敗を予測していた (Radhakrishna and Subbarao 1997, 75, 76)。TPDSが実施された早い段階の実証研究もその限界と失敗を指摘し，たとえばスワミナタンの研究はTPDSよりも普遍的PDSを支持した (Swaminathan 2003)。また，タミル・ナードゥ州の普遍的PDSを検討したナッキランは普遍的PDSのメリットを認めた (Nakkiran 2004)。また，ラーム等の研究 (Ram, Mohanty and Ram 2009) では，行政が如何にBPL世帯を捕捉できていないか明らかにされた。これらの研究のひとつの重大な指摘はPDSが安定価格でかなりの量を配給することによって民間市場の価格も安定させ，それが庶民の生活にセーフティネットを与えているが，TPDSではその機能が弱いという点である。

　一方，PDS改革について長年検討・発言しているケーラは，2014年の論文で，金融包摂，個人の捕捉システムが抱える問題に加えて，地域の民

間市場の成熟性，インフレ対策として物価インデックスに基づいて現金給付を行うことの困難性，現金給付が行われたとき社会的経済的弱者層が目的にそって支出するかどうかという「代替可能性」(fungibility) などの問題を指摘した (Khera 2014)。ケーラによれば，PDS が撤廃された場合は民間市場がどのように反応するか先験的には予言できないし，民間市場と銀行や郵便局が遠く離れた場所にあるならば農村貧困層にとって現金給付はより高価なオプションになるとする。さらに，「代替可能性」に関しては給付された現金が「アルコール」などの消費に回ってしまうのではないかとの可能性がある，「物価インデックス」については各地域でどの品目を基準にしてどれほどの時間間隔で行うかという問題があると指摘した。そして結論的に現行の PDS が良く機能している地域では人々は現物支給をベースとする現行体制を支持することを農村世帯の世論調査の統計的検証によって示した。

　以上のように改革をめぐる議論は多岐にわたる。しかし巨大な補助金負担の軽減という議論の大きな流れの中で，TPDS にせよ，現金直接給付にせよ，何らかのターゲティングは行うべきとの方向性のほうが優勢になりつつあると考えられる。包摂エラーや排除エラーが広範囲にわたっている現状を元に TPDS よりも「普遍的 PDS」の方がよいとする主張に対しては，ふたつのエラーは技術発展によって個人の捕捉がより正確になりつつあり，将来的には解消することが可能であるとの主張が優勢になりつつあるように思われる。また，PDS が市場価格の安定を保つ機能があり，よって TPDS よりも普遍的 PDS の方が好ましいという議論に対しては，全国食糧安全保障法がもし想定通りに実施されれば TPDS が人口の約 3 分の 2 を捕捉するはずであり，TPDS はそのような機能をはたしうるだろうと考えられる。

　それでは，ターゲティングを行うことを前提として，TPDS，現金直接給付のどちらの制度がよいであろうか。インド食糧公社や州政府の関連機関，公正価格店など巨大な食糧穀物の流通組織を必要とする TPDS はそれだけでも巨額の財政負担を必要とし，その点で現金直接給付の方が，金

表1-8 村におけるインフラへのアクセス状況：2004/05年度に行われたサンプルサーベイによる推定

(%)

	PDSの公正価格店	銀行支店	郵便局	バス停	固定電話
ジャンムー・カシミール	75	40	45	30	85
ヒマーチャル・プラデーシュ	46	19	46	58	98
パンジャーブ/チャンディガル	79	48	67	62	98
ハリヤーナー	81	47	58	63	100
ウッタル・プラデーシュ	79	16	43	19	91
ウッタラカンド	35	15	10	10	60
ビハール	67	38	61	39	84
ジャールカンド	77	8	15	58	62
ラージャスターン	53	22	55	52	82
マディヤ・プラデーシュ	51	21	36	39	69
チャッティースガル	53	8	24	41	57
西ベンガル	64	17	52	32	86
オディシャ	65	23	42	40	69
アッサム	74	8	16	13	76
北東部	67	30	33	48	70
グジャラート，ダマン，ダドラ	80	34	75	71	88
マハーラーシュトラ/ゴア	88	39	53	65	91
アーンドラ・プラデーシュ	93	33	81	68	94
カルナータカ	75	35	65	77	96
ケーララ	75	64	77	52	82
タミル・ナードゥ/ポンディチェリー	83	34	74	74	89

(出所) Desai, et al. 2010, 185.
(注) 全インドを対象にして農村部では1503村、都市部では971の都市区域に渡り，合計41,554世帯に対して行った質問票調査を基にした分析。各サービスを利用できるかどうか各世帯に尋ね，利用できると答えた世帯の割合。

融包摂などのインフラが整備され，給付された現金で必要な物資を容易に得られる民間市場が発達しているという前提が満たされるならば，メリットが大きいであろう。

　この点で興味深いデータが表1-8である。各州ごとに農村部における公正価格店と，銀行支店，郵便局，バス停，固定電話へのアクセス状況をみたものであるが，公正価格店へのアクセスがよい場合，他のインフラへのアクセス状況もよいことがわかる。「地域の民間市場の成熟性」もこれらのインフラと密接に相関することが予想される。従って，単純化していうと公正価格店の存在が密な地域では「金融包摂」も密で「民間市場」への

アクセスも容易であると考えられる。従ってそのような地域では仮に公正価格店を廃止してもこれらの経済社会インフラの密な存在によって「現金直接給付」への移行に大きな困難を生じさせないと予想できる。逆に公正価格店の存在が希薄な地域では，これらのインフラ全般が希薄であるから，移行は大きな困難を伴うだろう。そのような地域ではこれらインフラの整備が現金直接給付実施の前提となる。

　最後に現金給付に伴い貧困層の間では給付された現金が，たとえば，「アルコール」など本来の目的以外に消える「代替可能性」の問題，物価高騰の場合如何にして給付額を増額するかという「物価インデックス」の問題は，現金直接給付制度の批判材料になり得るが，どの程度の決定的批判材料となるか，既存研究からは評価は定まっていない。

　以上の議論から，「代替可能性」や「物価インデックス」の問題はあるが，そのようなデメリットを考慮しても，将来的に貧困者を個人レベルで捕捉する「固有同定制度」が整備され，銀行，郵便，交通などインフラが各地域で整備されれば，「現金直接給付」への移行は可能かつ望ましいものであろうか。可能かつ望ましいという議論が徐々に優勢になっているのが近年の状況であると思われる（Svedberg 2012）。

おわりにかえて

　TPDSが開始された1997年の政府ガイドラインでは，TPDSは民間の市場に取って代わるものではなく，それを補うものであるとされた（GOI 1997, 5）。しかし，2013年に成立した全国食糧安全保障法はPDSをセーフティネットの主役にするかの様相を呈している。貧困層優先と補助金削減という動機から始まったはずのTPDSの議論が全国食糧安全保障法という形で巨大化したのは，選挙政治，とくに貧困大衆の支持を重視する政権与党の意図があったことは間違いない。その結果として大きな構造的欠点が放置され，補助金の財政負担は巨額になった。2007年12月20日に当時の財務大臣P.チダンバラムは，PDSを通じて1ルピーを貧困者に支

援するのに3.65ルピーのコストがかるとしてPDSを批判した（Cyriac, Sam and Jacob 2008, 14）。たとえ近年PDSの利用率が高まっているとはいえ，構造的欠点や財政負担はもはや放置できないものとなっていることは間違いない。何らかの改革無くしては全国食糧安全保障法は意味を失うと考えるべきであろう。

　本章で議論したように，緩衝在庫の維持は不可欠の機能であり，それを政府（インド食糧公社）が担当することにはコンセンサスがあるといってよい。しかし配給のレベルでは制度のストリームライン化は必須である。現在，改革議論は徐々に「現金直接給付」という形に収斂しつつあると思われる。その背景には情報通信技術や金融包摂といった面でインフラが整備されてきたという状況がある。しかし，さまざまな公的インフラが整わない地域では民間の市場もうまく機能しないであろう。従って移行期の問題として，政府は現金直接給付の体制に移行する前に，一度は公的インフラ網の整備という形でその役割を果たさなければならない，というのが政府のおかれている状況と考えられる。

【注】
(1) 犠牲者の数は諸説ある。この数値はドレーズとセンの著作からである（Drèze and Sen 1995, 1）。
(2) アマルティア・センのいう「エンタイトルメント」の問題である（セン2000, 第6章）。
(3) Knight（1954, 49-57）を参照。ナイトによると，第2次世界大戦の初期には農業と食糧が州政府の管轄であったこともあって強い管理はなされなかったが，戦争による食糧調達の困難，日本軍の侵攻，ビルマからの米の輸入の停止，ベンガル飢饉などがあって，中央レベルで食糧管理行政が整備されていったという。制度の核心は価格の統制，および，中間業者の排除または統制による「調達」（procurement）と都市部中心の「割当」であった（Knight 1954）。
(4) 価格の統制，退蔵の摘発などは「1955年基本物資法」（Essential Commodities Act, 1955）を根拠として行われる。同法は「1939年インド防衛規則（Defence of India Rules, 1939）をその源とする。GOI 1979, Chapter 2を参照。
(5) 独立後，食糧物資の統制は1947年に一旦棚上げされたが，翌1948年に導入され，また1952年に棚上げされた。その後食糧生産が低迷した1957年に統制が復活している（Mooij 1999, 68-69）。
(6) たとえば1948年ごろの中央政府と州政府の食糧穀物の必要量は合計約700～800万トンであったのに対して，国内調達は380～460万トン，輸入による調達は

⑺　当時のアメリカは過剰生産となっていた小麦を処理するため，現地通貨で支払いを認める小麦輸出を行った。この法的基盤となったのが 1954 年の「公法 480」である。獲得された現地通貨は被援助国で積み立てられ必要に応じて使用された。この法律は食糧援助対象国として共産主義国を除外する条件を付けていたことからわかるように冷戦下で食糧援助を戦略的に使用することを意図していた。インドがこの時期に食糧穀物流通をどのような国家管理のもとに置こうとしていたのかに関しては Frankel (1978, 143-146)。

⑻　1964 年に食糧・農業大臣に就任した C. Subramaniam は農業の成長を妨げている要因として，資本投下の不足，採算のとれる価格が農家に保障されていないこと，科学技術が適用されていないこと，そして政府が過度にアメリカの公法 480 による食糧援助に頼っていることをあげた (Sharma 1999, 134)。

⑼　「食糧ゾーン」制度とは全国をいくつかの食糧ゾーンにわけ，ゾーン間の食糧流通を制限することで余剰ゾーンで公的機関が安く食糧を買い上げ，それを適切な価格で不足地域に供給する制度である。しかし，これは食糧余剰ゾーン「内」では食糧供給（価格）を安定化したが，ゾーン間の流通はうまくいかなかった。また，買い上げ価格を低く設定された余剰州の農民の生産意欲は減退し生産は停滞した。この制度は結局失敗し，1977 年には廃止される (Landy 2009, 79-83)。また食糧卸売の「国有化」も検討されたことがあるが，結局，実現はしなかった (Frankel 1978, 508)。

⑽　政府の専門委員会によって 1975 年には初めて「緩衝在庫」の「基準」(Norm) が明らかにされ，食糧穀物については運用在庫に加えて，緩衝在庫の水準は 1200 万トンとすべきとされた (GOI 1999, vol. II, paragraph 4.3.31)。「基準」は季節ごとに変化する。たとえば 2015 年 1 月に発表された基準は，4 月 1 日：2104 万トン，7 月 1 日：4112 万トン，10 月 1 日：3077 万トン，翌年 1 月 1 日：2141 万トンであった (GOI 2015d, 4)。

⑾　1,778 開発郡 (Block) で行われた。通常より，100 キログラム当たり価格を 50 ルピー下げて供給した (Nayyar 1998, 181)。

⑿　1996 年 6 月上旬に発表された統一戦線 (United Front) 政権の共通最小綱領では PDS は価格安定と貧困層への必需品の供給をはかるものとされ，貧困線以下の者には「特別カード」を支給して優遇し，富裕層は PDS から排除するとされた。TPDS は 1996 年 7 月に開催された州首相会議によって導入の方向で意見がまとまり，さらに 11 月に統一戦線運営委員会で左翼政党の強い突き上げによって導入が決まった。

⒀　以上は GOI 1997 の説明より。なお，ラクダワラ委員会の方法で全国標本調査の 1993/94 年度調査のデータを元に計算すると BPL は全人口の 32.27% とされた (GOI 1997, 39)。

⒁　実際に支払われる時の購入価格は「調達価格」(Procurement price) といわれ州政府が課す州税などを含むとされる。通常，最低支持価格より高い。

⒂　農産物コスト・価格委員会が勧告し，それをもとに政府が決定した価格である。籾米はカリフ作（夏作）前に公表される。小麦はラビー作（冬作）についてのみで

ある。同委員会の HP から（http://cacp.dacnet.nic.in/#，2016/02/13 閲覧）。
⒃　仲介業者は，"Kacha Arthias"（Commission Agent）とよばれ，州の法によって規制される。農家は市場に穀物を持ち込みオークションによって決まった価格で仲介業者を通して販売する。仲介業者は農家とインド食糧公社を取り持ちインド食糧公社から仲介手数料を得る。
⒄　"Levy rice" といわれる。
⒅　分散調達事業制度の説明については GOI 2015d, 2。分散調達事業が 100 万トン以上の規模で行われている州は 2011/12 年度では，オディシャ，西ベンガル，タミル・ナードゥ，チャッティースガルの各州，小麦の場合はマディヤ・プラデーシュ州のみである。インド食糧公社の HP の掲載データより（http://fci.gov.in/sales.php?view=36，2016/02/12 閲覧）。
⒆　重要なのは「給食」，農村開発関連の雇用事業への現物賃金などである。
⒇　分散調達事業などでは州政府の関連調達機関も調達を行う。これら機関がインド食糧公社倉庫に納める分も含む。
㉑　インド食糧公社資料によると，インド食糧公社が所有するものが 553，中央保管公社や州の保管公社などが所有するもの 1288 となっている（http://fci.gov.in/app/webroot/upload/Personnel/DPR%20Document.pdf，2016/02/16 閲覧）。
㉒　たとえば 2013/14 年度の籾米調達では 100 キログラム当たり，ケーララ州の場合 490 ルピー，チャッティースガル州 300 ルピー，カルナータカ州 290 ルピー，マディヤ・プラデーシュ州 150 ルピー，タミル・ナードゥ州 50 ルピー（普通グレード）のボーナス価格が上乗せされている（GOI 2015d, 19）。
㉓　筆者が入手したのは，ケーララ州，オディシャ州，マハーラーシュトラ州の 3 州に対する報告書である。
㉔　以上の叙述は以下の資料より構成した。GOI 2009, paras.: 2.7, 2.10, 2.17, 15. of "Broad Overview", 2.3 of Chapter 3, 4.9 of Chapter 6, 6.1 of Chapter 6. / GOI 2010a, paras.: 3.10.7, 6.1.1, 7.7, 8.3, 1. of Chapter 10 / GOI 2010b, pp.: iv, 6, 8, 34, 36, 59, 64, 87, 99, 159, 161, 283.
㉕　他にも推計は行われているがドレーズとケーラのものが現時点では最良と思われる。両氏は Gulati and Saini（2015）などを推定の不正確さなどでリーケッジが過大になっていると批判している。
㉖　これらの州では腐敗に厳しい州政権が成立したこと，技術的にリーケッジを防ぐ措置がとられたことなどによって大きな改善をみたと考えられる。後者に関してはチャッティースガル州の取組みが有名である。同州ではインド食糧公社倉庫からの車両輸送に GPS を組み込むことによって運転手などによる不正の監視を強化した。これが不正防止に効果的に貢献しているとされ他の州でも同様のシステムの採用が検討されているという。チャッティースガル州の取組みについてはケーララ州トリヴァナンタプラムの Institute of Management in Government の Dr. Jaya S Anand とのインタビューによる（2015 年 8 月 31 日）。
㉗　ケーララ州トリヴァナンタプラムの All Kerala Retail Ration Dealers Association の役員との筆者のインタビューより（2015 年 9 月 3 日）。"Annapurna" は穀物を司る女神という意味がある。

⑱　Tamil Nadu Civil Supplies Corporation の HP（http://www.tncsc.tn.gov.in/html/pds.htm, 2016/02/12 閲覧）より．
⑲　以下を参照。GOI 2009, paras.: 3.1 of "Broad Overview", 7 of V. of "Broad Overview", 3.1 of Chapter 2, 1.3, II, 2.5, 4.12 of Chapter 4, 1.3, 1.6 of Chapter 7 / GOI (Central Vigilance Committee on Public Distribution System) 2010, paras.: 18 of "Broad Overview", 3.10.13 of Chapter 3, 6.3.14, 6.2.20 of Chapter 6 / GOI 2010b, pp.: v, vi, 47, 49, 72, 132, 133, 169, 173, 186, 188, 206, 232, 234, 250, 263, 280, 285.
⑳　首藤氏の詳細な説明を参照（首藤 2006, 83）。
㉑　Department of Food and Public Distribution の資料によると 2009/10 年度から 2013/14 年度平均で，州政府の補助金の割合は，インド食糧公社＋州政府全体の補助金の 17.5 %である（http://dfpd.nic.in/writereaddata/Portal/Magazine/Document/1_29_1_Manual-XII.pdf, 2016/01/15 閲覧）。
㉒　憲法や行政において SCs は旧不可触民，STs は旧後進部族をさす。2011 年の人口センサスではそれぞれ，16.6％，8.6％を占める。OBCs は社会的教育的に後進的階層の内，SCs と STs 以外の人々である。数的には人口の過半数とも言われるが，中央や州政府の認定が必要なため正確な数的把握は難しい。
㉓　これは，ブラジルの"Bolsa Familia"，メキシコの"Opportunidades"などいわゆる「条件付き現金給付」といわれる事業の経験を参考にしている（GOI 2012, 2）。
㉔　このような議論が具体化した例としては，液化石油ガス（LPG）シリンダー購入時の補助金を，「固有身分証明番号」（Aadhaar）に基づき「現金直接給付」するシステムが 2013 年に開始されたことがあげられる。
㉕　この実施には州政府側の法整備が必要であるが，2016 年 4 月にはタミル・ナードゥ州以外の全ての州で整備が終わる見通しである（The Hindu, 2015/11/24（インターネット版））。

〔参考文献〕

＜日本語文献＞

近藤則夫 2015.「政治経済論――補助金と貧困緩和のポリティカル・エコノミー――」長崎暢子・堀本武功・近藤則夫編『深化するデモクラシー』（現代インド　第 3 巻）東京大学出版会 159-182.
首藤久人 2006.「公的分配システムをめぐる穀物市場の課題」内川秀二編『躍動するインド経済――光と陰――』アジア経済研究所 77-125.
セン，アマルティア 2000. 黒崎卓・山崎幸治訳『貧困と飢饉』岩波書店（Sen, A.K. 1981. *Poverty and Famines: an Essay on Entitlement and Deprivation*, Oxford:

Clarendon Press, 1981）.
藤田幸一 2014.「インド農業の新段階」柳澤悠・水島司編『農業と農村』（激動のインド第 4 巻） 日本経済評論社 389-422.
脇村孝平 2002.『飢饉・疫病・植民地統治――開発の中の英領インド――』名古屋大学出版会.

＜外国語文献＞

Asian Development Bank 2014. *Key Indicators for Asia and the Pacific, 2014.*（http://www.adb.org/sites/default/files/publication/43030/ki2014_0.pdf, 2015/09/22 閲覧）.

Cyriac, Shruthi, Vishishta Sam and Naomi Jacob 2008. *The PDS System in Kerala: A Review.*（CCS Working Paper No. 204）, New Delhi: Centre for Civil Society（http://ccs.in/internship_papers/2008/PDS-in-Kerala-204.pdf, 2015/07/22 閲覧）.

Desai, Sonalde B., Amaresh Dubey, Brij Lal Joshi, Mitali Sen, Abusaleh Sharif and Reeve Vanneman 2010. *Human Development in India: Challenges for a Society in Transition.* New Delhi: Oxford University Press.

Drèze, Jean and Amartya Sen 1995. *India: Economic Development and Social Opportunity.* Delhi: Oxford University Press.

Drèze, Jean and Reetika Khera 2015. "Understanding Leakages in the Public Distribution System." *Economic and Political Weekly* 50(7) February 14: 39-42.

Frankel, Francine R. 1978. *India's Political Economy, 1947-1977 : The Gradual Revolution.* Princeton: Princeton University Press.

Gulati, Ashok and Shweta Saini 2015. *Leakages from the Public Distribution System (PDS) and the Way Forward.*（Working Paper 294）. New Delhi: Indian Council for Research on International Relations.

Khera, Reetika 2014. "Cash vs. In-kind Transfers: Indian Data Meets Theory." *Food Policy*（46）: 116-128.

Knight, Henry 1954. *Food Administration in India 1939-47.* Stanford: Stanford University Press.

Landy, Frédéric 2009. *Feeding India: The Spatial Parameters of Food Grain Policy.* New Delhi: Manohar.

Majumder, Bhaskar 2001. *Public Distribution System of Essential Commodities as a Social Safety Net: A Study of the District of Allahabad, Uttar Pradesh.* Allahabad: Govind Ballabh Pant Social Science Institute.

Mooji, Jos E. 1999. *Food Policy and the Indian State: The Public Distribution System in South India.* Delhi: Oxford University Press.

Nakkiran, S. 2004. "A Study on the Effectiveness of Public Distribution System in Rural Tamilnadu," New Delhi: Planning Commission..（http://planningcommission.nic.in/reports/sereport/ser/std_pdstn.pdf, 2015/10/26 閲覧）.

Nayyar, Rohini 1998. "New Initiatives for Poverty Alleviation in Rural India." In *Economic Reforms and Poverty Alleviation in India*, edited by C. H. Hanumantha Rao and Hans Linnemann, New Delhi: Sage Publications, 171-198.

Radhakrishna, R., and K Subbarao 1997. *India's Public Distribution System: A National and International Perspective*. (World Bank Discussion Paper No. 380), Washington, D.C.: The World Bank.

Ram, F., S. K. Mohanty and Usha Ram 2009. "Understanding the Distribution of BPL Cards: All-India and Selected States." *Economic and Political Weekly* 44(7) February 14: 66-71.

Sharma, Shalendra D. 1999. *Development and Democracy in India*. Boulder: Lynne Rienner Publishers.

Svedberg, Peter 2012. "Reforming or Replacing the Public Distribution System with Cash Transfers?" *Economic and Political Weekly* 47(7) February 18: 53-62.

Swaminathan, Madhura 2003. "The Dangers of Narrow Targeting: An Assessment of the Targeted Public Distribution System." In *Towards a Food Secure India: Issues and Policies*, edited by S. Mahendra Dev, K.P. Kannan and Nira Ramachandran. New Delhi: Manohar.

United Nations (Department of Economic and Social Affairs, Population Division) 2015. "World Population Prospects - The 2015 Revision: Key Findings and Advance Tables." New York. (http://esa.un.org/unpd/wpp/publications/files/key_findings_wpp_2015.pdf, 2016/01/11 閲覧).

＜政府資料（GOI=Government of India）＞

GOI 1952. *The First Five Year Plan*. New Delhi: Planning Commission.

―――1961. *The Third Five Year Plan*. New Delhi: Planning Commission.

―――1965. *Report of the Jha Committee on Foodgrain Prices for 1964-65 Season*. (Chairman: L. K. Jha) Delhi: Department of Agriculture, Ministry of Food and Agriculture.

―――1979. *Report of the Committee on Controls and Subsidies – Vol. I*. (Chairman: Vadilal Dagli) New Delhi: Committee on Controls and Subsidies, Ministry of Finance.

―――1997. *Focus on the Poor - Guidelines for the implementation of the Targetted Public Distribution System*. New Delhi: Department of Consumer Affairs and Public Distribution, Ministry of Civil Supplies.

―――1999. *Ninth Five Year Plan 1997-2002. Vol. II*. (Planning Commission) (http://planningcommission.nic.in/plans/planrel/fiveyr/index9.html, 2016/02/09 閲覧)

―――2005a. *Performance Evaluation of Targeted Public Distribution System. (TPDS)* (Planning Commission) (http://planningcommission.nic.in/reports/peoreport/peo/peo_tpds.pdf, 2005/12/22 閲覧).

―――2005b. *Report of The Inter-Ministry Task Group on Comprehensive Medium Term Strategy for Food and Nutrition Security*. (Planning Commission) (http://planningcommission.nic.in/aboutus/taskforce/inter/inter_nutrn.pdf, 2015／12／16 閲覧).

―――2009. *Justice Wadhwa Committee on Public Distribution System - Orissa.* (Central Vigilance Committee on Public Distribution System) (http://pdscvc.nic.in/orissa-report.htm, 2015／12／03 閲覧).

―――2010a. *Justice Wadhwa Committee on Public Distribution System - Report on The State of Kerala.* (Central Vigilance Committee on Public Distribution System) (http://www.pdscvc.nic.in/pds%20report%20of%20kerala.doc, 2015／10／20 閲覧).

―――2010b. *Justice Wadhwa Committee on Public Distribution System - State of Maharashtra.* (Central Vigilance Committee on Public Distribution System) (http://maharashtratimes.indiatimes.com/photo.cms?msid=8158776, 2015／11／27 閲覧).

―――2012. *Introduction to Cash Transfers - A Background Note.* (1st Meeting on 26th November, 2012) (National Committee on Direct Cash Transfers) (http://finmin.nic.in/dbt/back_2611.pdf, 2016／2／10 閲覧).

―――2015a. *All India Report on Agriculture Census 2010-11.* (Department of Agriculture, Cooperation and Farmers Welfare, Ministry of Agriculture and Farmers Welfare) (http://agcensus.nic.in/document/ac1011/reports/air2010-11complete.pdf, 2016／01／15 閲覧).

―――2015b. *Annual Report 2014-15.* (Department of Food and Public Distribution, Ministry of Consumer Affairs, Food and Public Distribution), New Delhi (http://dfpd.nic.in/writereaddata/images/pdf/ann-2014-15.pdf, 2015／10／27 閲覧).

―――2015c. *Public Distribution System and Other Sources of Household Consumption, 2011-12.* (No. 565, NSS 68th Round (July 2011 - June 2012)) (National Sample Survey Office, Ministry of Statistics and Programme Implementation) (http://mospi.nic.in/Mospi_New/upload/report_565_26june2015.pdf, 2015／07／02 閲覧).

―――2015d. *Report of the High Level Committee on Reorienting the Role and Restructuring of Food Corporation of India.* (Chairman: Shanta Kumar) (http://fci.gov.in/app/webroot/upload/News/Report%20of%20the%20High%20Level%20Committee%20on%20Reorienting%20the%20Role%20and%20Restructuring%20of%20FCI_English.pdf, 2015／04／07 閲覧).

―――*Economic Survey.* 各年版. (Ministry of Finance).

＜データベース＞
Indiastat (http://www.indiastat.com/)

第2章

インドにおける医薬品供給サービス

上池　あつ子

はじめに

　医薬品は生命関連財であり，公共性が高い性質の財であるが，ほとんどの国において，民間の製薬企業が医薬品を研究開発，製造，そして有償で供給している。そして，多くの国では，医薬品の公共性を考慮し，医薬品の価格を公的に設定し，健康保険制度と併用することで，適正な価格で医薬品を供給し，国民の経済的負担の軽減に努めている。
　インドにおいても，1970年の医薬品価格規制令（Drug Price Control Order, 1970）の公布以降，現在に至るまで，政府が指定する医薬品の上限価格を設定し，規制している。インドでは，医薬品価格規制令によって医薬品の小売価格を直接統制することにより，医薬品価格を世界でも最も低い水準に維持してきた。しかしながら，医薬品価格規制令の対象となる医薬品数は，段階的に削減され，それに呼応する形で医薬品価格は上昇してきた。さらに，世界貿易機関（WTO）加盟に伴う2005年特許法改正による物質特許制度の導入によって，医薬品の価格上昇への懸念はいっそう大きくなった。インドでは医薬品の購入費が医療費の大半を占め，国民の大部分は医薬品購入費の大部分を自己負担している。近年，インドでも健康

保険が普及しつつあるが，国民の大半はカバーされておらず，また医薬品購入費は健康保険の対象外である。

　こうした状況において，とくに貧困層の医薬品アクセスの悪化が懸念されるようになった。医薬品アクセスを改善するために，インド政府は，2013年に新しい医薬品価格規制令を公布し，医薬品価格の大幅な引き下げに踏み切った。しかしながら，インドの所得水準を考慮すれば，依然としてインドの国民の大半，とくに貧困層にとって，医薬品の購入は大きな経済的負担である。こうした状況を緩和するために，州政府レベルでは，貧困層の医薬品の入手可能性を向上させるために，無償で医薬品を供給するサービスが実施されるようになった。また，中央政府レベルでも，公定価格よりもさらに安い価格で医薬品を供給するサービスが開始されている。こうした医薬品供給サービスは，貧困層の医薬品アクセスの改善に貢献すると期待されているが，こうした取組みについての啓蒙活動や周知が十分でないこと，サービスが実施されているのが公的医療機関に限定されていること，そして州間および地域間の格差などにより，必ずしも十分な成果を挙げていない。

　本章では，インドの医薬品供給サービスの現状とその課題を検討し，第1節では，インドにおける医薬品アクセスの阻害要因について検証し，第2節では，インドにおける医薬品供給サービスの事例について検討する。そして，最終節では，インドにおける医薬品供給サービスの課題について論じる。

第1節　インドにおける医薬品アクセスの阻害要因

　インドにおいて医薬品アクセスを阻害している要因として，第1に公共医療支出の水準の低さを指摘できる。独立以来，保健医療の改善を目的として，すべての国民が良質の医薬品を適正な価格で利用できるようにすることを政策課題として掲げてきたが，公共支出の水準でみた場合，インド政府の保健医療のアクセス向上に対するコミットメントは必ずしも高いと

はいえず，インドにおける保健医療サービスの提供は民間部門が担ってきたといっても過言ではない。インドの総医療支出は，国民総生産の 4.25％（2004/05 年度）に過ぎず，そのうち公共支出のシェアは 19.67％（中央政府が 6.78％，州政府が 11.97％），家計による自己負担が 78.05％である（Ministry of Health and Family Welfare 2009, 2）。インドの公共医療支出のシェアは，先進国やそのほかの開発途上国と比較しても低い（Selvaraj et al. 2014, 31）。

インドにおいては，公共医療支出の水準の低さに加え，健康保険制度が十分に普及していないことが，国民の医療費の高い自己負担につながっている。治療費の出所の内訳を示したものが図 2-1 である。治療費の出所で最も割合が大きいものは，家計の所得および貯蓄で，農村では 77％，都市では 87％である。借入による割合は，農村では 17％，都市では 7％である。所得階層の低いグループに借入の割合が大きい傾向が観察できる。貧困層の治療費の自己負担は，借入を伴うことも少なくなく，その経済的負担は大きい。

こうした医療費の自己負担を軽減する目的で，2007 年以降，中央政府および州政府による政府支援型健康保険制度が開始された。政府支援型健康保険制度のカバレッジは，2007 年には 5000 万人未満であったが，2011 年にはおよそ 3 億人に到達した（Selvaraj et al. 2014, 32）。

政府支援型健康保険制度は，貧困層世帯，とくに貧困線以下の世帯を対象としており，年間の保険料は非常に低額（年間 200 〜 300 ルピー（1 ルピー ≒ 2 円，約 400 〜 600 円）程度）か，あるいは納入の必要がない。政府系病院および一部民間病院での入院治療（とくに手術）に適用されるが，保険が適用される疾病が指定されている。保険の支給額の上限が決められているが，原則として加入者は，治療費の立替えの必要がない。しかしながら，政府支援型健康保険制度では，外来診療および院外処方された医薬品の購入費は適用外となっている。政府支援型健康保険制度は，医療費の大部分を占める医薬品購入費が適用対象外であり，医療費にかかる国民の経済的負担を大幅に軽減しているとはいえない。さらに，これら政府支援型健康保険制度は貧困線以上の世帯を対象としておらず，貧困線以上世帯

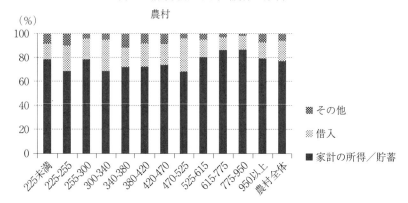

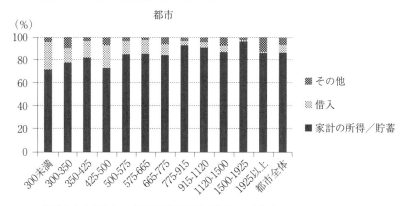

図2-1 治療費用の出所（農村・都市）

（出所）National Sample Survey Organisation（2006, 32）より筆者作成。

の医療費の自己負担はより深刻かもしれない。

　上述のとおり，インドにおける保健医療公共支出の水準は決して高くないが，医療アクセスおよび医薬品アクセスを改善するために，インド政府は，製薬産業の発展を促進することで医薬品の国産化を達成した。加えて医薬品価格を適正な水準に維持するための政策を実施してきた。まず，インド政府は，1911年特許・意匠法（the Patents And Designs Act, 1911）の

改正に踏み切り，1970年特許法（the Patent Act, 1970）を制定した（1972年施行）。1970年特許法の最大の特徴は，物質特許を認めず製法特許のみを認めた点にある。物質特許とは，医薬品の基となる物質である新規化合物自体を保護する特許である。一般に医薬品1製品はひとつの物質特許で保護され，物質特許の効力は同一物質であるかぎり，製法，用途とは無関係に，その物質の製造，販売，使用などにおよぶ。一方，製法特許は目的生成物を製造する方法に関する特許で，原料に使用する物質が新規な場合，処理手段が新規の場合，そして目的生成物を製造する際の収率が高い場合など技術的効果が顕著であるときに成立する。目的生成物が新規な場合も，第三者が別の製法を用いて製造した場合は，原則として製法特許が成立し，特許侵害にはあたらない。1970年特許法は，インドにおける知的財産権保護を弱めるものであり，とくに医薬品の開発においてそうであった。医薬品のイノヴェーションについては物質特許が付与されないため，他国で特許が付与されたイノヴェーションをインドで自由にコピーすることが可能になり，販売することが可能になった。1970年特許法は，他国で特許保護されている医薬品のリバースエンジニアリングを通じた代替的製法の開発を促進し，インド企業に医薬品の製造と研究開発の道を開いた。インドは，1980年代には，医薬品の輸入代替と国産化に成功した。また，1970年特許法は企業間の競争を促進し，結果的にインドにおける医薬品価格の下落に貢献した（Chaudhuri 2005, 310）。

　一方で，インド政府は，医薬品価格を直接規制するために，1970年に医薬品価格規制令を公布した。1970年以来，インドは医薬品価格規制令のもと，特定の医薬品の小売価格の上限を設定することで，医薬品価格を世界でも最も低い水準に維持してきた。

　図2-2は，医薬品の卸売物価指数と相対価格の推移を示している。1971年以降1990年代半ばまで，医薬品の相対価格は継続的に下落している。1970年特許法と1970年以降の医薬品価格規制令は，インドの医薬品価格を引き下げることに貢献してきたといえる。

　しかしながら，医薬品価格規制令は，1987年医薬品価格規制令（Drug Price Control Order, 1987）以降，価格規制の対象となる医薬品数が削減さ

れ，1995 年医薬品価格規制令（Drug Price Control Order, 1995）で 74 品目まで減少した。価格規制の緩和により，医薬品の卸売物価指数は 1990 年代半ばから，すべての財を上回る水準で急激に上昇し，医薬品の相対価格も上昇に転じている。加えて，1995 年に発効した「知的財産権の貿易関連の側面に関する協定（TRIPS 協定）」の義務履行により，2005 年，インドは 1970 年特許法を改正し，物質特許制度を導入し，特許期間を最低で 20 年間に延長した。2005 年の特許法改正により，新薬は特許保護の対象となり，インドへの新薬（特許医薬品）の導入の増加が予想され，特許医薬品の利用拡大による医薬品価格の上昇が懸念された。

　2000 年代に入り，医薬品価格規制強化の必要性が再認識され，新しい医薬品価格規制令の策定に向けて議論が重ねられた。議論のきっかけは，2002 年医薬品政策（Pharmaceutical Policy, 2002）をめぐる公益訴訟であった。2002 年医薬品政策において，医薬品価格規制の対象となる医薬品数をさらに削減することが提示されたところ，これに反発する医師らが，本政策が実施されたならば必須医薬品が価格規制の対象外となり，公益に反すると主張してカルナータカ州高裁に当該政策の実施の差止めを求める公益訴訟を提起した。カルナータカ州高裁は原告の主張を認め，必須医薬品を価格規制の対象にとどめるよう命じた。それ以降，医薬品価格規制の見直し，つまり価格規制の強化に向けて議論が繰り返されてきた[1]。そして，2011 年に国家必須医薬品リスト（National List of Essential Medicines, 2011）が完成したことをうけて，2012 年 12 月，全国医薬品価格政策（National Pharmaceutical Pricing Policy 2012）が発表され，新しい医薬品価格規制令の公布が決まった。価格規制の対象となる医薬品数は，1995 年医薬品価格規制令の 74 品目から国家必須医薬品リストに収載されている 348 品目およびその合剤に拡大された。合剤とは，何種類かの同じような有効成分，あるいは異なる有効成分をひとつの医薬品のなかに配合し，その効果を高める，あるいは副作用を抑え安全性を高めたものである。国家必須医薬品リストに合剤は含まれていないが，インドでは合剤の使用が増加しており，医薬品価格の水準を大幅に引き下げるために，国家必須医薬品リストに収載されている医薬品の合剤も医薬品価格規制令の適用対象にした。2013

年5月,2013年医薬品価格規制令(Drug Price Control Order, 2013)が発布された(8月施行)。2013年医薬品価格規制令による医薬品価格下落率は表2-1のとおりである。127品目で40％以上の下落が確認された(PTI 2015a)。

しかしながら,医薬品価格規制令の対象外におかれている医薬品(特許医薬品はすべて対象外)については,自由に医薬品の価格を設定できる[(2)]。インドでは,特許医薬品の価格を引き下げるあるいは利用可能性を高めるために,新薬メーカーである多国籍製薬企業が特許を申請しても特許を認めない,あるいは仮に特許が認められたとしても,異議申し立てにより特許を無効化するなど特許権を制限する事例がみられる(久保2011a,上池2013)。インドでは,特許権が制限されることで,特許医薬品の模倣品が安く販売されている。

また,2012年にはドイツのBayer社の抗がん剤「ネクサバール」(一般名ソラフェニブ)に対して,「強制実施権」(Compulsory License)を設定した(久保2012b,上池2013)。TRIPS協定では,知的財産権保有者に対する不当なライセンス契約について,それが競争あるいは技術移転を阻害する場合には,特定の条件のもとで,政府がそうしたライセンスを無効にすることを認めている。これが強制実施権である。一般に,緊急事態が生じた場合に特許権者の意向とは無関係に,政府が特定の企業に対して特許権の使用を認めて,医薬品や製品をつくらせることができる。インド特許意匠商標総局は,Bayer社が適正水準の価格を設定せず,インドで十分な量の薬を供給しておらず,2005年改正特許法第84条1項(d)「特許発明が適正に手頃な価格で公衆に利用可能でないこと」に該当すると判断し,強制実施権を実施した。これによって,ネクサバール(ソラフェニブ)の価格は大幅に(97％)引き下げられた。

特許医薬品を販売している欧米の新薬メーカーは,インドの所得階層に合わせた段階的価格設定を導入し,貧困層に対して相対的に低い価格で医薬品を提供しているし,インド企業が製造する特許医薬品の模倣品の価格も,特許医薬品に比べると安価である。しかしながら,特許医薬品の価格が引き下げられたとはいえ,インド国民にとっては,「手の届く」価格で

図2-2 医薬品の卸売物価指数と相対価格の推移（1971〜2009年）

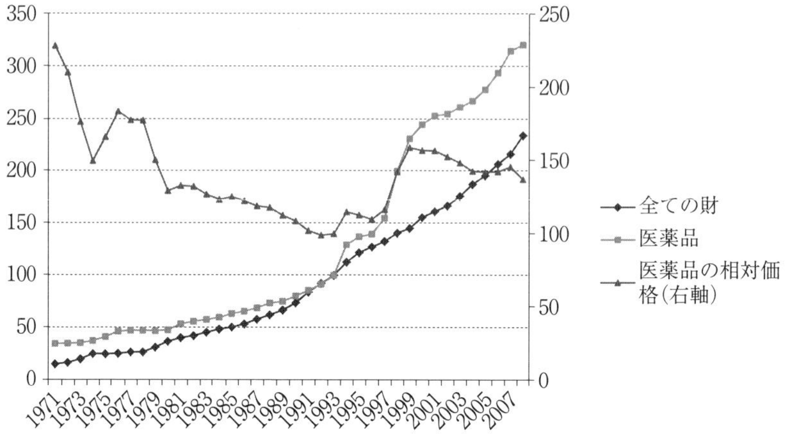

（出所）RBI（2006; 2007a; 2007b; 2008; 2009）より筆者作成。

表2-1 2013年医薬品価格規制令による医薬品価格の下落率

価格下落率	品目数
5％未満	51
5％以上10％未満	46
10％以上15％未満	55
15％以上20％未満	44
20％以上25％未満	65
25％以上30％未満	57
30％以上35％未満	30
35％以上40％未満	34
40％以上	127

（出所）PTI（2015）より作成。
（注）モディ政権発足以後，国家必須医薬品リストに収載されていない医薬品も価格規制の対象に加えられたことで品目が増加している。

はなく，依然としてインド国民の経済的負担は大きい。

　以上のとおり，インドにおいては医療費の自己負担率が非常に高く，健康保険制度も十分ではない。また，医薬品価格への規制が強化され，医薬品価格の水準は引き下げられているものの，貧困層にとって医薬品は依然

として高価である。医薬品購入費が医療費の70％以上を占めている（Selvaraj et al 2014, 32）状況において，インドでは，医薬品アクセスを向上させるために州政府が無償で医薬品を供給するサービスを開始している。次節では，こうしたインドにおける医薬品供給サービスの現状について検討する。

第2節　インドにおける医薬品供給サービス

　インドの医薬品供給サービスは，1990年代半ばに，タミル・ナードゥ州で始まった。現在では，多くの州がタミル・ナードゥ州の医薬品供給サービスを範に，修正を加えて，導入している。こうした州政府の取組みを促進するために，第12次5カ年計画（2012～17年）において，公的医療機関おいてすべての人々が無償で医薬品を利用できるようにするための計画が開始され，タミル・ナードゥ州を手本とした医療サービス公社の設立が奨励された（Planning Commission 2013, 29）。この計画が実施されることで，公的医療機関で受診する患者の52％に必須医薬品が無償で供給され，患者の医療費の自己負担の軽減が期待されている（Department of Health and Family Welfare 2011, 26-27）。州レベルにおける無償医薬品供給サービスが拡大する一方，中央政府は，2008年に国家医薬品価格局（National Pharmaceutical Pricing Authority）が医薬品価格規制令のもとで設定する公定価格よりもさらに低い価格でジェネリック医薬品を販売する薬局を全国規模で展開するJan Aushadhiスキームを導入した。本節では，インドにおける公共部門が実施する医薬品供給サービスについて，タミル・ナードゥ州の事例，タミル・ナードゥ州の経験をもとに，改良を加え，独自のサービスを提供するケーララ州の事例，そして低価格で医薬品を供給する中央政府のJan Aushadhiスキームについて検討する。

1．タミル・ナードゥ州医療サービス公社

　タミル・ナードゥ州の無償医薬品供給サービスは成功例と評価され，同州をロール・モデルとして，いくつかの州が無償医薬品供給サービスを導入している。以下では，タミル・ナードゥ州の事例について検討する。
　1994年7月，医薬品や医療機器を貧困層が利用できるようにすることを目的として，インド初の医療サービス公社であるタミル・ナードゥ医療サービス公社（Tamil Nadu Medical Services Corporation: TNMSC）が創設され，1995年1月よりTNMSCによるサービスが開始された[3]。
　TNMSCの誕生で，タミル・ナードゥ州の医薬品の調達と配給のシステムは大きく変わった。州独自の必須医薬品リストを作成し，そのリストに収載されている医薬品を調達する方式を導入し，調達については，二段階入札方式を導入した。入札の応募資格は，医薬品の製造管理および品質管理基準（Good Manufacturing Practice: GMP）の認証を受けていること，少なくとも3年間の営業実績があること，そして1年間の売上高が最低でも3000万ルピーあること，と設定された（Singh et al. 2013, 5-6, 9-10）。GMPとは，安心して使用できる良質の医薬品を供給するために，製造時の管理，遵守事項を定めた基準である。GMPは，1962年に米国で初めて導入され，世界保健機関（World Health Organization：WHO）が米国のGMPをベースに，世界保健機関のGMPを作成し，加盟国にGMP認証制度を採用することを勧告している。インドは，1986年にGMPの導入を決定し，2001年にすべての製薬企業に対してGMP認証の取得を義務づけた[4]。
　二段階入札方式とは，技術入札（Technical Bid）と価格入札（Price Bid）の二段階に分けた入札である。（Revikumar et al. 2013, 1698）。入札の過程は次のとおりである。まず，企業は入札の応募条件に関する情報，製造ライセンス情報，そして法的問題を抱えているか否かなどの技術的情報と入札価格をTNMSCに提出する。技術入札では，企業の技術的情報を確認するための抜き打ち査察が実施される。査察に合格すれば，企業はTNMSCに製品サンプルを提出し品質検査を受ける。そして品質検査に合

格した企業は，価格入札に参加できる。公開価格入札において，最も低い入札価格を提示した企業が受注資格を得る。落札企業は，入札後30日以内に受注量の20%を，60日以内に70%を納入しなければならない。落札企業が納入を履行できなかった場合，次点の入札業者に受注の権利が与えられる。納入期限に遅延した場合には，1日につき受注総額の1.5%が遅延料として企業に課される（Revikumar et al. 2013, 1698-1699）。納入業者の資格は1年間限定であり，毎年入札が実施される。(Veena et al. 2010, 379; Revikumar et al. 2013, 1695）。

　重複発注や在庫管理の不徹底による過剰在庫が原因の医薬品の消費期限切れによる廃棄問題や在庫不足を解決するための在庫管理方法が導入された。第1に，先に消費期限が切れるものから先に出していく在庫管理方法であるFEFO方式（"first expiry first out" practice: FEFO）が導入された。FEFO方式は，医薬品を保管する倉庫だけではなく，公的医療機関にも導入された（Veena et al. 2010, 379; Revikumar et al. 2013, 1696）。第2に，パスブック（＝元帳）方式（passbook system）の導入である（Veena et al. 2010, 379; Revikumar et al. 2013, 1696-1697）。病院と倉庫がそれぞれパスブックを保有することで在庫と医薬品の動きを容易に把握することが可能になった。また，2冊のパスブックには，1年間の予算配分が示されており，パスブックの導入により医薬品購入予算の配分が適切に行われ，予算執行を監督できるようになった（Revikumar et al. 2013, 1696-1697）。第3に，在庫状態を適正に維持するために，州内25カ所に倉庫を設置して倉庫チェーンを確立し，各倉庫に2名の薬剤師，倉庫運営や在庫管理に必要なデータ・オペレーター（IT技術者），そして2名のヘルパーを常駐させた（Revikumar et al. 2013, 1696-1697）。これにより，タミル・ナードゥ州の状況に即した医薬品の調達が実現し，医薬品の過不足が解消された（Veena et al. 2010, 379）。

　医薬品の品質を確保するために，TNMSCは厳格な品質管理体制を導入した。第1に，錠剤やカプセルなどはアルミ包装とブリスターパック（なかの医薬品が見えるプラスチックの包装）での調達が実施されるようになった。これによって，品質が確保され，医薬品の廃棄や医薬品の効能が失わ

れるなどの問題が解消された（Revikumar et al. 2013, 1698）。また，各倉庫には冷蔵場所・冷凍場所も設置され，医薬品の保存環境と衛生環境が向上した。第2は，品質検査制度の導入である。医薬品が倉庫に納入されると，すべての医薬品は，公開入札を経て選定された検査機関による品質検査を受ける。バッチから抽出された3つのサンプルが品質検査に合格した製品については，TNMSCが倉庫に病院への医薬品の配給指示を出す。保管期間中も，6カ月ごとにサンプル検査を実施し，品質確保に努めている（Revikumar et al. 2013, 1699）。第3は，ブラックリストの導入である（Veena et al. 2010, 379; Revikumar et al. 2013, 1697）。製品のサンプルが標準の品質を満たしていない場合，同じバッチからもうひとつのサンプルが抽出され，政府系研究所で再度品質検査を受け，合格すれば，出荷が認められるが，不適合と判断されれば，企業は当該医薬品の回収を指示される。品質検査で2度とも不適合と認定されれば，製造工程の査察後，その医薬品はブラックリストに収載される。また，提供されたサンプルが偽造医薬品である，不純物の混ざった医薬品である，あるいは不正表示されていることが判明すれば，その納入企業もブラックリスト入りする（Revikumar et al. 2013, 1697）。2016年2月18日時点で，ブラックリスト入りしている企業は15社，医薬品は75製品である。ブッラクリスト入りの期間（入札に参加できない期間）は，2年から5年である。最後に，医薬品の誤用・悪用を防ぐために，医薬品の包装にはTNMSCのロゴを必ず表示することにしている（Revikumar et al. 2013, 1695）。

　TNMSCは，徹底した品質管理と品質保証システムを構築することで，医薬品の品質の確保に成功し，州内の公的医療機関への信頼を回復し，ITを活用した効率的在庫管理システムの導入は，医薬品の重複発注をなくし，医薬品の消費期限切れによる廃棄などの無駄を削減することに成功した。また，TNMSCはタミル・ナードゥ州の医薬品価格の引き下げる効果をもっただけでなく，医薬品価格の安定化にも貢献した（表2-2, 2-3）。

　TNMSCによる医薬品供給サービスは，限られた財源のなかで充実した医療サービスを提供することを可能にし，タミル・ナードゥ州の健康保健水準の改善にも大きく貢献したと考えられる。

第2章　インドにおける医薬品供給サービス

表2-2　TNMSC 開業による医薬品の価格の下落（単位：ルピー〈名目〉）

	ピラジナミド 錠剤・10mg×10 抗結核薬	クロキサシリン カプセル・10mg×10 抗生物質	ノルフロキサシン 錠剤・10mg×10 抗生物質	アテノロール 錠剤 14mg×10 降圧剤	シプロフロキサシン 錠剤・10mg×10 抗生物質
1992-94年 (TNMSC 導入前)	135	158.25	290	117.12	525
2002-03年 (TNMSC 導入後)	62.8	72.6	51.3	14.68	88

（出所）Veena et al.（2010, 378）より作成。

表2-3　TNMSC 開業後の医薬品の価格の推移（単位：ルピー〈名目〉）

	パラセタモール 錠剤 10mg×10 解熱・鎮痛薬	コトリモキサゾール 錠剤 10mg×10 抗生物質	セフォタキシム ナトリウム 注射剤 100ml 抗生物質	シプロフロキサシン 注射剤 100ml 抗生物質	シプロフロキサシン 錠剤 10mg×10 抗生物質	ラニチジン 錠剤 10mg×10 消化性潰瘍治療薬
1998-99年	13.14	31	8.31	8	168	31.2
1999-2000年	11.95	27.85	5.67	7.5	129.6	28
2000-01年	11.5	27.3	5.24	7.2	99.9	26
2001-02年	11.42	27.82	5.08	6.75	93.03	23.9
2002-03年	11.24	27.82	4.94	6.74	88	22.34

（出所）表2-2と同じ。

写真2-1　KMSCL本社，ケーララ州ティルヴァナンタプラム市

2．ケーララ州医療サービス公社

　タミル・ナードゥ州をロール・モデルとした医薬品供給サービス導入の成功事例として評価されているのが，ケーララ州とラージャスターン州[5]である。ケーララ州は，タミル・ナードゥ州のモデルをさらに発展させた独自のサービスを展開している。以下ではケーララ州の事例について検討する。

　2007年，ケーララ州政府は，同州の最貧困層が，ジェネリック医薬品，医療機器，そして診断サービスを利用できるように，完全政府所有会社としてケーララ州医療サービス公社（Kerala Medical Services Corporation Ltd.: KMSCL）を創設した。2008年4月1日より操業を開始し，14のすべての県に倉庫を設置することによって，州内の1400カ所の医療施設のニーズに対応する（写真2-1）。

　KMSCLは，独自の必須医薬品リストを作成し，それに基づいて医薬品

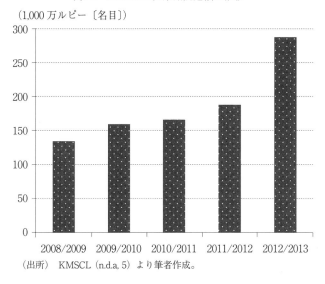

図2-3 KMSCLの医薬品調達額の推移
(1,000万ルピー〔名目〕)
(出所) KMSCL (n.d.a, 5) より筆者作成。

を調達する。KMSCL が調達において重点をおく分野は、ケーララ州の疾病発生状況を考慮して、狂犬病ワクチン、抗生物質、そして抗がん剤である[6]。同州の医薬品の消費量は、インド全体の平均量の3倍以上と多く、KMSCL 創設当時、必須医薬品リストに収載された医薬品の品目数は939品目であった（KMSCL [n.d.] a, 9, 3）が、現在は合理化され、359品目に削減されている（KMSCL 2015, 13-34）。調達する医薬品の品目数は減少しているものの、調達額は年々増加しており、サービスの拡大がうかがえる（図 2-3）。

KMSCL の入札方式は以下のとおりである。入札応募するためには、(1)有効な製造および販売ライセンスを保有している医薬品製造業者またはローン・ライセンス保有業者[7]と有効な輸入および販売ライセンスを有する輸入業者であること（流通業者や受託製造業者は入札に応募できない）、(2) 3年以上の営業実績があり、直近の3年間の売上高が年平均で2億5000万ルピー以上の企業であること、(3)有効な GMP 認証を保有していること（複数の製造施設を保有する企業は保有するすべての製造施設がインドの

GMP 認証を取得している必要がある）の以上の 3 点をすべて満たしていなければならない（KMSCL 2015, 38-39）。インドの製薬企業の 70%は，年間売上高が 1 億ルピー（1 ルピー≒2 円，2 億円）未満の零細・小中企業であるが，KMSCL が設定する売上高を有する企業は，インドの製薬企業の全体の 30%を構成する大規模の企業に該当する。年間最低売上高 3000 万ルピーの零細・小中企業に入札の門戸を開いているタミル・ナードゥ州とは対照的であるが，これは製品の品質において，大規模企業のほうがより信頼がおけると KMSCL が考えているためである。入札に参加する企業の 90%は州外の企業であるが[8]，州内に所在する零細・小中企業に対しては，直近 3 年間の年平均売上高が 500 万ルピー以上であれば入札に参加できるという特例が適用される（KMSCL 2015, 38）。

　入札方式は，二段階入札方式である。まず，入札公示前に入札前会議と呼ばれる入札説明会が開催される（KMSCL 2015, 48-49）。入札に参加する企業は，技術入札の書類には入札への応募資格を満たしていることを証明する企業の技術情報を，価格入札の書類には入札希望価格を記載する（KMSCL 2015, 49-53）。入札は，すべてオンラインで実施される（KMSCL 2015, 1）。技術入札の企業情報を評価するための査察が実施され，それに基づく勧告に従って入札可否の決定される（KMSCL 2015, 55-56）。

　入札業者は，入札前と後に，製造施設の査察を受ける必要がある（KMSCL 2015, 56）。ただし，米国食品医薬品局の GMP 認証および世界保健機関の GMP 認証を受けている企業は，製造施設の査察が免除される（KMSCL [n.d.] a, 6）。免除される理由として，これらの GMP は，インドのそれよりも厳格で，認証取得が困難であるためと推察される。製造施設の査察で，GMP 違反が認められた場合は，GMP 認証企業でも，入札資格をはく奪される[9]。また，落札後の査察で GMP 違反が認められた場合は，納入契約は破棄される（KMSCL 2015, 55）。

　入札後，KMSCL は，基本合意書と発注書を発行し，落札企業にそれら書類を送付する（KMSCL 2015, 61）。落札（納入）業者はそれら書類の受領後 25 日以内に，発送の暫定スケジュールを準備し（KMSCL [n.d.] a, 6），それに従って製品を納入する。製品の納入が期日までに実施されない，あ

るいは納入品が品質基準を満たしていない場合は，企業に課徴金が課される。たとえば，納入期日に遅れる場合，1日おきに調達価格の0.5%（最大で10%）が課される。また，納入量が契約で取り決められた量に満たない場合は，そのほかの入札者から調達される（KMSCL [n.d.] a, 6）。

KMSCL は，違法な企業からの調達リスクを最小限にするために，厳格な品質管理を実施している。供給された医薬品はすべて，国家検査測定員会の認証を受けた医薬品試験所および中央医薬品試験所による試験と分析を受ける（KMSCL 2015, 2, 73-74）。また，KMSCL の品質管理部門は倉庫の抜き打ち検査を実施する権限をもち，無作為にサンプルテストを実施できる（KMSCL [n.d.] a, 9）。

製品に欠陥が見つかった納入業者は，当該製品のコストを支払う義務を負い，入札業者の資格をはく奪されることもある（KMSCL 2015, 2, 73-74）。製品の欠陥（品質基準を満たしていないなど）がみつかった場合，当該医薬品およびその納入企業は，ブラックリストに収載され，最大で3年間入札資格を失う。ただし，ブラックリストに収載される前に，企業には15日以内に説明をする機会が与えられる（KMSCL 2015, 84）。また，入札を撤回，あるいは納入を履行できなかった企業もブラックリストに収載される。現在，ブラックリストには，医薬品33製品，企業13社が収載されている。

TNMSC と同様に，KMSCL も先に消費期限が切れるものから先に出していく在庫管理方法である FEFO 方式を導入している。また，QR コード（2次元バーコード）を導入し，適切な在庫管理の運営に活用するなど，在庫管理に IT を活用している。保管・貯蔵に関しては，各倉庫には，冷蔵室，冷凍室，そして湿度管理室など，保管に注意が必要な医薬品の管理体制も徹底している。これらの部屋への入室には，生体認証（指紋認証）による入室管理が実施されており，セキュリティも担保されている[10]。また，KMSCL が供給する医薬品のパッケージには，不正流用を防ぐために，「ケーララ州政府供給－非売品（Kerala Government Supply Not for Sale）」の文言の印刷が義務付けられている[11]。

ケーララ州では，KMSCL が提供する医薬品供給サービスとは別に，イ

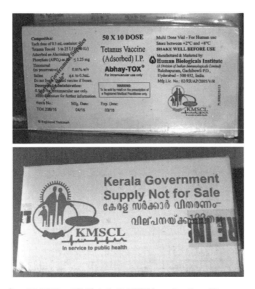

写真 2-2　上：KMSCL で供給される医薬品のパッケージ。
　　　　　　下：不正流用を防止目的の「ケーララ州政府供給−非売品
　　　　　　　　（Kerala Government Supply Not for Sale）」の文言の印刷。
　　　　　　（いずれも 2015 年 9 月，筆者撮影）

ンド初の医薬品供給サービスを独自に実施している。それは，ブランド医薬品（先発品）およびスペシャルティ医薬品（高価な医薬品）を非常に安い価格で提供する薬局，「Karunya Community Pharmacy」（KCP）である。Karunya は英語では "Compassionate" に相当するヒンディー語で，「思いやりが深い，善行を行おうとする」という意味がある。

　インドにおいては，効能や品質の信頼度の高さから，ブランド医薬品を希望する患者も少なくない。しかしながら，ブランド医薬品やスペシャルティ医薬品はジェネリック医薬品よりも高価であり，医薬品購入費の高い自己負担率を考慮すれば，その経済的負担は大きく，大半の国民はブランド医薬品にアクセスすることが難しい。KCP は，医療費の大部分を占める医薬品購入の自己負担支出を軽減するためのケーララ州政府による市場介入である（KMSCL [n.d.]b, 1）。

第2章　インドにおける医薬品供給サービス

写真2-3　左上：KCPの窓口。
　　　　　左下：KCP内で調剤する薬剤師。
　　　　　右：KCPの店舗前，ケーララ州ティルヴァナンタプラム市。
　　　　　（いずれも2015年9月，筆者撮影）

　KCP を開始するにあたり，ケーララ州政府は，インドで操業する製薬企業のトップに KCP への参加をよびかけ，KCP の理念に賛同した企業の参加を得て，2012年に KCP をスタートした。KMSCL の無償医薬品供給サービスでは，医薬品は「一般名」で提供されるが，KCP では，ブランド名で医薬品を販売し，製造する企業名とブランド名が明記された包装で販売される。KMSCL や KCP のロゴは包装に一切印刷されない。KCP が扱う医薬品は，国家必須医薬品リストに収載されていない医薬品で，これらの医薬品の最高小売価格の20％から最大93％程度安い価格で販売している（表2-4）。

　KMSCL は100％ケーララ州政府の資金で運営されているが，KCP は，KMCSL のコミュニティ薬局サービス部門（Community Pharmacy Services Division）が運営する独立採算制である。つまり，KCP が調達した医薬品を販売した利益で，KCP は運営される。KMSCL によれば，「KCP は KMSCL のビジネス」であり，企業側にとっても，ケーララ州への企業の進出や製品の浸透など利益をもたらすものであり，ケーララ州政府と企業はウィン・ウィン（Win-Win）の関係にあるという[12]。

　2012年1月，最初の KCP 薬局が州都ティルヴァナンタプラムの医科大

83

表2-4 主要な医薬品のKCP販売価格と最高小売価格の価格差

医薬品名	内容	最高小売価格	KCP販売価格	価格差(%)
DOCETEC 80mg注射剤（ドセタキセル）	抗がん剤	10,890	998.75	90.83
ONCOGEM 1000mg（ゲムシタビン）	抗がん剤	6,145	813	86.77
AZOPEN 1mg注射剤（メロペネム）	抗菌薬	2,200	1,694	23.00
RELIPOIETIN 4000 IU	ホルモン	1,400	247	82.36
COLSTIM 300IU（フィルグラスチム）	抗がん剤	1,130	189	83.27
IMAT 400mg錠剤（イマチニブ）	抗がん剤	168.93	37.25	77.95
免疫グロブリン5g注射剤	血液製剤	14,900	7,500	49.66
GEFTICIP 250mg錠剤（ゲフィニチブ）	抗がん剤	1,555	964	38.01
INSUGEN 30／70注射剤（インシュリン）	インシュリン	148.37	97	34.62
BICELTIS 440mg注射剤（トラスツズマブ）	抗がん剤	75,000	49,237.75	34.35
ALBUREL 20% 100ml（ヒトアルブミン）	血漿分画製剤	5,000	2,100.00	58.00
LOSAR H錠剤（ロサルタンカリウム）	降圧剤	8.75	6.55	25.14

（出所）　KMSCL, KCP Price List,
http://www.kmscl.kerala.gov.in/media/pl190313.pdf
（2016年1月28日閲覧）より筆者作成。

学に設置され，現在は，ケーララ州の政府系病院や医科大学に35カ所設置されている[13]。最初の1カ月の1日の売上高は5000ルピーであったが，現在は1日の売上高は100万ルピーに達している。初年度の総売上高は，10億ルピーであった（KMSCL [n.d.] a, 8）。

KCPでは，医師やコンサルタントで構成される専門家委員会の報告に基づき，8000種類のブランド医薬品を収載したリストを作成している。これらの医薬品の調達方法は，入札方式ではなく，製造業者との直接交渉

によって行われる。調達は，(1)調達委員会がKCPで利用可能な医薬品を決定し，(2)購入委員会の勧告に従って，価格交渉委員会が企業の幹部と直接価格交渉を行い，そして(3)価格承認委員会の承認後，発注書が購入部局から発行される，という手順で実施される（KMSCL [n.d.]b, 3-4）。

在庫管理については，KCP専用の倉庫が設置されており，企業から各倉庫に医薬品が納入される。医薬品の過不足が生じないように，在庫管理はFEFO方式で行われ（KMSCL [n.d.]a, 4），KCP本部がすべての倉庫，薬局間の医薬品の流通を統括し，監視している。消費期限切れで廃棄される医薬品は全体の0.01％程度である[14]。また，納入後90日以内に売れなかった医薬品は，納入企業に返品される。倉庫の医薬品の保管体制や入室管理などのセキュリティは，KMSCLの倉庫と同じである。

品質の確保については，納入企業の責任で行われており，KCPによるサンプルテストや製造施設の査察などは行われない。それは，KCPに医薬品を納入する主要企業は，世界の売上高上位20社に入るPfizerなどの欧米の新薬メーカーやSun Pharmaceuticalsのようなインド市場の上位20社に入る大企業であり，これらの企業は米国や世界保健機関のGMP認証を取得し，先進国市場でも確固たる市場をもっており，高い品質管理体制を保有していると考えられているからである。

KMSCLとKCPがそれぞれ異なるふたつのサービスを提供していることで，ケーララ州における医薬品の選択肢は広く，そういう意味でも同州の医薬品アクセスは改善されているといえる。

3．Jan Aushadhi スキーム

以下では，中央政府による公定価格よりもより安価なジェネリック医薬品を供給するサービス，Jan Aushadhi スキーム（Jan Aushadhi Scheme）について検討したい。

2008年，化学・肥料省医薬品局（Department of Pharmaceuticals, Ministry of Chemicals and Fertilizers）はJan Aushadhi スキーム（以下，スキーム）を開始した。Jan Aushadhi とは，「人々のための医薬品（Jan

Aushadhi = medicines for people）」という意味であり，スキームは，良質のジェネリック医薬品を低価格で販売することを目的としている。

　スキーム導入の背景には，当時，医薬品価格規制強化に向けた議論が行き詰まり，新しい医薬品価格規制令の策定が遅滞していたことがある。インド政府は，有償ではあるものの非常に低価格で医薬品を供給するサービスを導入することで，医薬品アクセスの悪化を抑制しようと試みたと考えられる。

　つぎに，スキームの仕組みについて概説したい。スキームを統括する機関として，2008年12月1日に，化学・肥料省医薬品局のもと，インド国営製薬企業局（Bureau of Pharma PSUs of India: BPPI，以下，「国営製薬企業局」）を創設した。国営製薬企業局のおもな役割は，Jan Aushadhi ストア（以下薬局）を通じたジェネリック医薬品のマーケティングと公営（国営・州営）企業や民間企業からの医薬品の供給の調整や薬局の運営の監督を行なうことである[15]。スキームは，国営製薬企業（Central Pharmaceutical Public Sector Undertakings）の企業の社会的責任活動の側面ももつ。スキームの当初の目標は，低価格のジェネリック医薬品を販売する店舗をインドの630県すべてに最低1カ所は設置し，2012年までには主要な町と村まで拡大することであった（Department of Pharmaceuticals 2013a, 3）。

　スキームは，医薬品を有償で供給することで「自立（自営）」の実現をめざし，「非営利・無損失」（No profit, No loss）を標榜している（Department of Pharmaceuticals 2013a, 4）。つまり，自立したビジネスモデルとして運営され，薬局を開店時の財政的支援[16]を除き，政府の補助金や支援に依存しない。

　スキームは，薬局は各州政府に店舗に必要な場所を県レベルの公立病院の敷地内に提供してもらうことを前提としていた。また，薬局の運営は，各州政府が任命した運営主体によって行われるが，運営主体として，非政府組織（NGO），慈善団体，そして赤十字や Rogi Kalyan Samiti（地域社会参加による公立病院の運営プロジェクト）のような公益団体が想定されていた（Department of Pharmaceuticals 2013a, 5-6）。運営費は医薬品にかかるトレード・マージン（trade margins）から捻出される。原則として医薬品

を供給するのは国営製薬企業であり，必要があれば中小の製薬企業からも調達される（Department of Pharmaceuticals 2013a, 5）。つまり，スキームとは，「国営製薬企業が製造する医薬品を『Jan Aushadhi ブランド』として薬局で販売する」という公共部門が主導するフランチャイズの薬局である。

スキームは，低価格で良質なジェネリック医薬品を販売することを目的としているが，その価格水準はどの程度なのだろうか。薬局で販売される医薬品の価格は，国家医薬品価格局が設定し，特定の医薬品の小売価格を設定するためのトレード・マージンは，薬局で設定される。薬局で販売される医薬品の価格は，市場価格の2分の1から最大で17分の1である（表2-5）。

インドの医薬品市場は，ジェネリック医薬品が支配的であるにもかかわらず，医薬品はブランド名で販売され，医師の処方もブランド名でされることが一般的である。スキームは，医師に一般名処方をうながすことも目標とし（Department of Pharmaceuticals 2013a, 4-5），「Jan Aushadhi」のロゴを明記したバイリンガル（英語とヒンディー語の併記）包装で，医薬品は「一般名」で表示され，販売される（Department of Pharmaceuticals 2013a, 6）。

スキームは導入の段階でつまずいたが，それには3つの要因が考えられた。第1に，医薬品の供給不足である。5社ある国営製薬企業は，319品目の医薬品を供給できる生産能力を有していない。また，5社の国営製薬企業のうち，3社は，1990年代に産業財務再建委員会（Board of Industry & Financial Reconstruction）よって経営不良企業の指定を受けており，再建の途上にある（Department of Pharmaceuticals 2014, 21-32）。実際に，国営製薬企業はスキームで提供を予定している319品目のうち85品目しか供給できなかった（Department of Pharmaceuticals 2013a, 8）。スキームの立案時において，国営製薬企業の生産能力は過大評価されていたと考えられる。

第2の要因は，医薬品の供給不足であるが，国営製薬企業の貧弱なサプライチェーン・マネジメントから生じている。国営製薬企業は，各薬局へ

表2-5 Jan Aushadhi スキームで販売される主要な医薬品価格と市場価格

	医薬品	用量	NPPAが設定した上限価格／主要銘柄の平均価格	Jan Aushashdhi価格	価格差
鎮痛剤・抗炎症薬	ジクロフェナク パラセタモール* ニメスリド トラマドール*	100mg 500mg 100mg 50mg	39.73 10 33.93 65.1	4.43 5.6 3.42 3.94	9倍 2倍 10倍 16倍
抗生物質	シプロフロキサシン アモキシシリン* アズロマイシン* セフィキシム* オフロキサシン*	250mg 500mg 500mg 100mg 200mg	47.37 64.7 218.1 81.8 52.1	16.54 37 105.09 30.12 17.13	3倍 2倍 2倍 3倍 3倍
胃腸系疾患治療	ドンペリドン* パントプラゾール* ラベプラゾール	10mg 40mg 20mg	24 50.96 57.84	3.29 7.72 6.12	7倍 7倍 9倍
心疾患治療薬／利尿剤	アテノロール* アムロジピン* アトルバスタチン エナラプリル* ロサルタンカリウム*	50mg 5mg 20mg 5mg 50mg	22 30.1 174.85 31.5 45.7	3.07 2.51 10.32 6.6 6.99	7倍 12倍 17倍 5倍 7倍
抗糖尿病薬	グリメピリド メトホルミン*	2mg 500mg	54 16.6	3.11 4.8	17倍 3.5倍
呼吸器系疾患治療薬／抗アレルギー薬	セチリジン* 咳止めシロップ	10mg 110ml	19.2 29.33	3.09 19.48	6倍 1.5倍

(出所) Department of Pharmaceuticals (2015, 35) より作成。
(注) *がついている医薬品の価格はNPPAが設定した上限価格。

医薬品を直接配達していたが，適切に供給が機能したことはなかった (Department of Pharmaceuticals 2013a, 8)。

第3の要因として，州政府が実施している医薬品供給サービスの存在がある。タミル・ナードゥ州など医薬品を無償で供給するサービスを提供する州は，スキームの導入を拒否してきた。すでに無償の医薬品供給サービスが成果をあげている州において，低価格とはいえ医薬品を有償で供給するスキームを展開する経済的理由はなく，場所の提供や運営主体の選定など州政府の協力が得られなかった（Department of Pharmaceuticals 2013, 8-9)。2008年以降，149の店舗が開店したが，2015年3月時点で，そのうち84店舗が営業しているにとどまった（Das 2015a）。2015年3月時点

第2章　インドにおける医薬品供給サービス

表2-6　Jan Aushadhi スキームのもと運営される薬局数

州	2015年3月時点	2016年2月時点
パンジャーブ	22	21
デリー	4	5
ハリヤーナー	2	4
ウッタル・プラデーシュ	1	5
ウッタラカンド	0	4
マディヤ・プラデーシュ	5	6
トリプラ	3	6
ミゾラム	0	1
アーンドラ・プラデーシュ	0	1
グジャラート	0	7
カルナータカ	0	1
ラージャスターン	0	1
マハーラーシュトラ	1	7
オディシャ	23	23
チャンディガル	3	3
ジャンムー・カシミール	8	11
ヒマチャール・プラデーシュ	10	12
ジャールカンド	24	12
ビハール	0	1
ケーララ	0	2
合計	106	133

（出所）　Bureau of Pharma PSUs of India（BPPI），
http://janaushadhi.gov.in/jan_aushadhi_stores.html
（2016年2月17日閲覧）より作成。

では，その所在地もパンジャーブ州，ハリヤーナー州，ジャンムー・カシミール州，ジャールカンド州，オディシャ州，ヒマチャール・プラデーシュ州など北部州が中心となっている（表2-6）。すべての県に最低でも1ヵ所ずつ薬局を開くという目標は達成されなかった。スキームの成功には州政府の協力が不可欠であるにもかかわらず，州レベルの医薬品無償供給サービスの存在を十分に考慮せず，州政府の協力に過度に依存するスキームの仕組みに問題があったといわざるをえない。

　2012年，スキーム再建のための改革がスタートした。薬局の展開を官民連携，あるいは個別の企業家との提携を通じて行うべきとの常設委員会

の助言を受け，化学肥料省医薬品局が2013年に新ビジネスプランを発表し，現在それに沿った再建が進められている（Department of Pharmaceuticals 2013, 9-10）。

まず，薬局の設置条件と運営主体の選定条件が変更された。病院内に薬局を設置するという条件を撤回し，病院外の設置も認めた。さらに，運営主体の条件は，最低3年間の福祉事業の運営経験があり，3年間の会計監査を受けていることとなった。薬局の開業申請の際には，(1)自己所有の場所あるいは適正な賃貸契約のもとに借上げた場所があること，(2)国営製薬企業局が認める基準を満たす場所であること，(3)販売ライセンスを取得していること，(4)薬剤師証明，そして(5)薬局を経営できる資金力（口座取引明細書・直近3年間の会計監査・融資延長に関する銀行の裁可証書）があることを国営製薬企業局に提示することが義務付けられた。また，失業中の薬剤師や医師，登録開業医に対して，薬局を運営するための優遇措置が供与されることで，薬局の運営主体のすそ野が広がった。(Department of Pharmaceuticals 2013a, 10)。

つぎに，2011年に完成した国家必須医薬品リストを考慮し，スキームで供給する医薬品の品目を319品目から360品目（表2-7）に増やし（Department of Pharmaceuticals 2013a, 11），2016年2月時点では，449品目に増加している。

スキームの失敗の要因である医薬品不足と貧弱なサプライチェーン・マネジメントを解決するために，民間企業からも医薬品を調達することになった。現実問題として，国営製薬企業が製造できるのは138品目であるため，残りは民間から調達せざるをえない。公開入札で，国営製薬企業以外の公企業（州営も含む）や民間企業から国営製薬企業局が直接調達することになった。また，店舗での医薬品の利用可能性を確認するために，ITを活用した経営情報システムを導入し，透明性のある入札と調達を通じた医薬品の供給をめざすことになった（Department of Pharmaceuticals 2013a, 11）。

調達先の医薬品製造業者には，世界保健機関のGMP認証を受けていることを義務付け，定期的なサンプル検査を実施し，サンプル検査で不適合

表2-7 Jan Aushadhi スキームで供給される医薬品

医薬品の分類	2015年3月時点	2016年2月時点
抗生物質	81	90
心疾患治療薬	42	63
胃腸系疾患治療薬	42	49
鎮痛剤・抗炎症剤・筋骨格障害治療薬	28	42
呼吸器疾患・抗アレルギー薬	27	34
抗糖尿病薬	18	25
抗感染症・抗真菌薬	23	24
ミネラル・ビタミン	15	23
中枢神経系疾患治療薬	16	18
外科用機器(針など)	0	16
抗悪性腫瘍剤	13	10
婦人科疾患治療薬	0	10
点滴・静脈注入液	12	7
抗マラリア薬	8	6
眼科薬	13	4
外科用麻酔	7	4
コルチコステロイド	6	4
経膚感染症治療薬	0	4
電解質	2	2
ホルモンおよびホルモン関連薬	1	2
ワクチン	1	2
その他	2	2
痛風治療薬	1	1
抗結核薬	0	1
抗がん剤	0	1
降圧剤	0	1
抗ウイルス薬	0	1
止血薬	0	1
口咽頭疾患治療薬	1	1
泌尿器疾患治療薬	0	1
ダイエタリーサプリメント	1	0
合計	360	449

(出所) Bureau of Pharma PSUs of India (BPPI), http://janaushadhi.gov.in/list_of_medicines.html (2016年2月17日閲覧) より作成。

となった企業はブラックリストに収載される。国営製薬企業局は独自に品質を検査するが，最終的な責任は医薬品製造業者に委ねられる(Department of Pharmaceuticals 2013a, 11)。

　価格の設定については，国営製薬企業が供給する138品目の販売価格については，国家医薬品価格局と協議して，国営製薬企業局が設定する。国営製薬企業以外の公企業と民間企業から調達される残りの医薬品の販売価格は，「入札価格＋トレード・マージン＋雑費（物品税，付加価値税）」をもとに設定される。第12次5カ年計画以降は，国営製薬企業局の運営費を賄うために，2%を超えない追加的マージンが徴収される。国営製薬企業局は「非営利・無損失」の原則で運営されるため，その時々の売上高に基づいて，トレード・マージンの比率が算出される（Department of Pharmaceuticals 2013a, 12)。

　以上のような再建努力にもかかわらず，明確な成果は出なかった。こうした状況において，2015年1月，モディ政権がスキームの再建に向けた新しい方針を示した。まず，ブランド医薬品との価格差が大きく消費量の多い医薬品，心疾患治療薬，糖尿病治療薬などの慢性疾患用治療薬や呼吸器疾患治療薬や抗生物質などの医薬品の供給に重点をおき，スキームが実施されている州でのサービス拡充に注力することとなった（Das 2015a; 2015b)。

　2013年の新ビジネスプランでは，病院外の薬局の設置を増やすことが示されたが，モディ政権は，さらに踏み込んで，一般の薬局でJan Aushadhiブランドの医薬品を販売できるようにする方針を示し，民間の医療機関でも，一般名処方を促進するためにスキームを活用することが提案された（Planning Commission 2013, 29)。民間部門での展開の第一歩として，2015年10月15日，国営製薬企業局は，ケーララ州の小売グループCISSILとMOUを締結し，CISSILがケーララ州で展開するスーパーマーケット内でJan Aushadhiブランドのジェネリック医薬品を販売することが決定し，2015年11月までに州内に100店舗オープン予定であるとされた（PTI 2015)。2016年2月時点では，ケーララ州の薬局は2店舗にとどまっている（表2-6）が，今後の展開が期待される。

　スキームは，タミル・ナードゥ州やケーララ州の医薬品供給サービスのような成功を収めることができていない。医薬品アクセスを向上させるう

えで，国営製薬企業の再建は重要な課題であるが，それをスキームの目標のひとつとしたために，非常に低価格のジェネリック医薬品を安定的に供給するというスキームの本来の目的の達成が困難になっている側面がある。公開入札での調達を拡大させ，民間企業のスキームへの参入を促す努力が必要であろう。その一方で，民間部門へのサービス拡大は，利用可能性の拡大に通じるため，評価されるべき点だろう。

第3節 インドの医薬品供給サービスの課題

　本節では，インドの医薬品供給サービスの課題を医薬品アクセスの向上という観点から考えてみたい。インドの医薬品アクセスを阻害する要因としては，第1節でも検討したとおり，第1に政府の医療支出の水準の低さがある。州政府が州の財源を用いて，医薬品供給サービスを実施することにより，保険医療支出水準は向上しているのだろうか。表2-8は，主要州の保健医療支出とそれに占める医薬品支出の割合を示している。

　保健医療支出の総額でみると，トレンドとして，すべての州で増加傾向にあり，1人当たりの支出額もすべての州で増加している。保健医療支出の総額では，2001/02年度，2010/11年度いずれもタミル・ナードゥ州が最も大きく，2010/11年度には2.3倍に増額されている。一方，ケーララ州でも，医薬品供給サービスを開始する以前の2001/02年度から，2010/11年度には保健医療支出が倍増している。またケーララ州は，1人当たりの保健医療支出でみると，2001/02年度も2010/11年度も最も高い。タミル・ナードゥ州，ケーララ州ともに，17州のなかでは保健医療支出の大幅な増額がみられ，1人当たりの支出，医薬品支出の割合も大きく，医薬品供給サービスの導入による保健医療支出の増額がみられる。また，タミル・ナードゥ州では，政府支援型健康保険制度も導入されていることも保健医療支出の増額につながっていると考えられる。

　医薬品を無償で供給するサービスにより，公的医療機関では必須医薬品を誰でも無償で利用することが可能になった。さらに，ケーララ州では，

表2-8 主要州の医療および医薬品購入支出

	2001/02年			2010/11年		
	保健医療支出全体 (単位:10万ルピー)	1人当たりの支出 (単位:ルピー)	医薬品支出の割合 (%)	保健医療支出全体 (単位:10万ルピー)	1人当たりの支出 (単位:ルピー)	医薬品支出の割合 (%)
アッサム	1,530	5.7	4.7	8,635	28.5	5.0
ビハール	2,203	2.6	3.1	13,350	13.8	7.0
グジャラート	2,693	5.3	3.7	15,431	26.4	7.6
ハリヤーナー	3,096	14.7	9.8	6,090	24.2	5.5
ケーララ	12,420	38.9	17.0	24,861	72.3	12.5
マハーラーシュトラ	20,305	20.8	11.3	20,882	18.7	5.2
マディヤ・プラデーシュ	7,921	13	11.8	12,213	17.1	9.3
パンジャーブ	916	3.7	1.4	1,545	5.6	1.0
ラージャスターン	9,045	15.9	9.3	3,854	5.7	1.5
ウッタル・プラデーシュ	7,104	4.2	5.2	31,481	15.9	5.3
ジャールカンド				2,716	8.7	3.4
西ベンガル	5,798	7.2	4.3	21,403	24.1	6.8
アーンドラ・プラデーシュ	12,704	16.6	9.6	23,458	27.9	10.0
カルナータカ	7,783	14.7	7.9	14,831	25.1	6.3
タミル・ナードゥ	18,097	28.9	15.3	43,657	65	12.2
ヒマーチャル・プラデーシュ				1,122	16.6	1.9
ジャンムー・カシミール				4,550	39.2	4.3
中央政府	72,649	7	12.2	253,368	21	15.0
全インド	188,903	18	9.6	503,447	43	13.0

(出所) Selvaraj et al (2014, 38)。

高価なブランド医薬品を市場価格よりも大幅に安い価格で利用できることになった。医薬品供給サービスは，患者の経済負担の軽減と医薬品アクセスの改善に貢献しているといえる。

しかしながら，依然として，タミル・ナードゥ州やケーララ州のように保健医療支出が相対的に大きい州でも，医薬品支出は，家計の保健医療支出の3分の2程度に上り，経済的に貧しいウッタル・プラデーシュ州やビハール州では医薬品支出は家計の保健医療支出の80％を占める（Selvaraj et al. 2014, 32）。こうした状況の背景には，国民の多くが公的医療機関よりも民間医療機関を利用している現状がある。インドでは，公的医療機関は数も多く，利用上の経済的負担も小さいにもかかわらず，民間医療機関を利用する国民が圧倒的に多い。全国標本調査機関（NSSO）の調査によれば，農村の78％，都市の81％が民間の医療機関を選んでいることがわかる（図2-4）。なぜ，インドでは公的医療機関よりも民間医療機関の利用が多いのだろうか。その理由として，待ち時間の長さ，医師の不在，診断・診療に必要な機器・設備が整備されていない，そして治療の選択肢が少ないなど，公的医療機関が抱える問題が指摘されている（IMS Institute for Healthcare Informatics 2013, 18-21）。つまり，インドの国民の多くが公的医療機関では適切な診療が受けられないと考えているのである。また，こうした公的医療機関への信頼の低さは，公的医療機関で供給される医薬品の品質に対する信頼の低さにもつながっていると考えられる。公的医療機関で提供される医療サービスおよび医薬品の品質への信頼の低さが，公的医療機関の利用を忌避し，民間の医療機関を選択するという国民の行動につながっていると考えられる。IMS Institute for Healthcare Informatics（2013, 23）によれば，調査した民間医療機関を利用する患者の85％，貧困層の患者の90％が，上記の問題が解決されれば，公的医療機関を利用したいと考えているとしている。

また，Selvaraj et al（2014, 40-41）は，2004年時点において，タミル・ナードゥ州でも公的医療機関において，無償（あるいは一部無償）で医薬品を利用する患者は25％に満たず，残りは民間の薬局を利用している状況にあり，現在もこの状況に大きな変化はないと指摘している。この背景

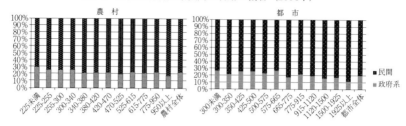

図2-4 所得階層別医療機関の利用の割合（2004年）

世帯の1人当たりの月間消費支出額（単位：ルピー）　世帯の1人当たりの月間消費支出額（単位：ルピー）

（出所）　NSSO（2006, 21）より筆者作成。

として，公的医療機関において，無償で利用できる必須医薬品が少ないとの問題も指摘されている（IMS Institute for Healthcare Informatics 2013, 18-21）。あるいは，公的医療機関での無償医薬品供給サービスの周知が十分ではなく，州内においてサービスの認知度が低いことが影響していると考えられる。公的医療機関で受診しながらも，無償医薬品供給サービスの存在を知らない患者が民間の薬局で医薬品を購入している可能性がある。

無償医薬品供給サービスを拡充・拡大することが，公的医療機関の医療サービスの信頼を回復し，その利用度の大幅な改善に結実し，結果的に国民の医療費の自己負担の軽減につながると考える。そのためには，供給できる必須医薬品を増やすだけでなく，無償医薬品供給サービスの認知度を高める努力も重要であろう。

また，NSSO（2015）によれば，民間医療機関の医療費は公的医療機関のそれの3倍以上であることから，民間医療機関でも無償の医薬品供給サービスあるいは安価なブランド医薬品が利用できるになれば，医薬品アクセスは大幅に改善し，患者の経済負担も大幅に軽減されるようになるだろう。Jan Aushadhi スキームは，再建プログラムのもと，民間の医療機関や薬局における利用拡大をめざしているが，ケーララ州における Jan Aushadhi スキームの成否は，公共部門が提供する医薬品供給サービスが民間部門に拡大する可能性を占う試金石となるだろう。

おわりに

　本章では，インドにおける医薬品供給サービスの現状と課題について整理した。医薬品供給サービスは，医薬品価格規制令を補完するかたちで，インドの医薬品アクセスの向上に貢献していくことは間違いない。インドのような非常に広大な国土を有し，社会的・経済的・文化的にも多様な国において，画一的な医薬品供給サービスは成果を上げることが難しい。実際に，州レベルでは，TNMSC をモデルとしながらも，州ごとの社会的・経済的環境，そして疾病の発生状況に合わせ，必要な修正を加え，無償医薬品供給サービスの導入が進められている。しかしながら，すべての事例が成功しているわけではないように，サービスの運営には，品質の確保，入札・調達の透明性，そして在庫管理など課題が多い。

　また，中央政府の野心的な計画として導入された Jan Aushadhi スキームは，州レベルの無償医薬品供給サービスが存在する一方、有償の医薬品供給スキームであることから，その存在意義が問われている。Jan Aushadhi スキームの再建プログラムのなかで，今後中央政府は，独自のサービスの供給をめざすべきだろう。たとえば，ケーララ州の KCP のように，医薬品価格規制令の規制対象外にある特許医薬品や高価な医薬品について企業と価格交渉し，政府調達を通じて非常に低価格で供給する，あるいは希少疾患用医薬品の供給に重点をおくなど，州政府が提供するサービスとの差別化を図っていく必要があるだろう。

　Jan Aushadhi ブランドの医薬品がケーララ州で民間のスーパーでも入手可能になったように，今後は，現在公的医療機関に限定されている無償医薬品供給スキームの民間部門への拡大も検討されるべきであろう。

　最後に，インドにおける医薬品アクセスの根本的問題として，医師によるブランド名処方が支配的であることが指摘されている。一般名処方がインドで支配的にならない要因としては，企業と医師との間の癒着，強力な業界のロビー活動が指摘されている。医薬品供給サービスの普及にともな

い，一般名処方が普及していくことが望まれる。

【注】
⑴ 2002年医薬品政策をめぐる公益訴訟とその後の価格規制をめぐる議論の詳細については，上池（2007, 68-74; 2013），久保（2011b; 2012a）を参照されたい。
⑵ 特許医薬品の価格規制についても議論されたが，現時点で特許医薬品の価格規制については実施されていない。詳細は，Department of Pharmaceuticals（2013b）を参照されたい。
⑶ Tamil Nadu Medical Services Corporation, http://www.tnmsc.com/tnmsc/new/html/aboutus.php（2015年3月9日アクセス）。
⑷ インドの医薬品の製造管理および品質管理基準（GMP）については，上池（2007, 56-63）を参照されたい。
⑸ ラージャスターン州の無償医薬品供給サービスについては，久保（2012c），WHO（2014）を参照されたい。
⑹ 2015年9月22日，KMSCLにおいて行った（筆者）ヒアリング調査による。
⑺ ローン・ライセンス（Loan License）制度は，医薬品・化粧品法の69‐Aに規定されており，ローン・ライセンスを保有する企業には，医薬品（最終製剤）を自社で生産する必要がなく，他の企業が製造した製品を自社名で販売する権限が認められる。
⑻ 2015年9月22日，KMSCLにおいて行った（筆者）ヒアリング調査による。
⑼ 同前注。
⑽ 同前注。
⑾ 同前注。
⑿ 2016年9月23日，KMSCLのKCP部局において行った（筆者）ヒアリング調査による。
⒀ KMSCLが直接経営する店舗とフランチャイズ店舗が存在する。
⒁ 2016年9月23日，KMSCLのKCP部局において行った（筆者）ヒアリング調査による。
⒂ Bureau of Pharma PSUs of India（BPPI），http://janaushadhi.gov.in/bppi.html（2015年3月9日閲覧）
⒃ 着手時に支払われる一度かぎりの財政的支援は，事業確立費用として20万ルピー（1ルピー≒2円，約40万円）が運営主体に支払われ，開業費として5万ルピー（約10万円）が各店舗に支払われる（Department of Pharmaceuticals 2013a, 6）。

〔参考文献〕

〈日本語文献〉

上池あつ子 2007.「インド医薬品産業が抱える課題」久保研介編『日本のジェネリック医薬品市場とインド・中国の製薬産業』アジア経済研究所 55-79.
─── 2013.「インドの特許・知財に関する問題点」『Monthly ミクス』No.544.
久保研介 2011a.「特許制度改革後のインド医薬品市場をめぐる政策動向」『アジア経済研究所海外研究員レポート』.
─── 2011b.「医薬品価格規制をめぐる政策議論」『アジア経済研究所海外研究員レポート』.
─── 2012a.「必須医薬品の価格規制を巡る最近の動向」『アジア経済研究所海外研究員レポート』.
─── 2012b.「医薬品特許の強制実施権設定に関する考察」『アジア経済研究所海外研究員レポート』.
─── 2013c.「医薬品の無料供給計画に関する考察」『アジア経済研究所海外研究員レポート』.

〈外国語文献〉

Chaudhuri, Sudip 2005. *The WTO and India's Pharmaceuticals Industry: Patent Protection, TRIPS, and Developing Countries*. New Delhi: Oxford University Press.
Department of Health and Family Welfare 2011. *Report of the Working Group on Drugs and Food Regulation for Twelfth Five-Year Plan*, New Delhi.
Department of Pharmaceuticals. 2012. *Annual Report 2011-12*. New Delhi.
─── 2013a. "Jan Aushadhi Scheme: A New Business Plan." New Delhi. http://janaushadhi.gov.in/business_plan.html（2016年2月17日閲覧）.
─── 2013b. "Report of the Committee on Price Negotiations for Patented Drugs." http://www.pharmaceuticals.gov.in/sites/default/files/Report%20of%20Committee%20on%20Patented%20drugs.pdf（2016年1月26日閲覧）.
─── 2015. *Annual Report 2014-15*. New Delhi.
Das, Soma 2015a. "Government to Prioritise Drugs, States to Revive Jan Aushadhi Pharmacies." *The Economic Times*, 2 January.
─── 2015b. "Government to Supply 500 Low-cost Jan Aushadhi Drugs in Local Stores from July." *The Economic Times*, 20 January.
IMS Institute for Healthcare Informatics 2013. *Understanding Healthcare Access in India*. Delhi: IMS Institute for Healthcare Informatics.
KMSCL（Kerala Medical Services Corporation Ltd.）2015. *E-Tender Document for the Procurement of Drugs Category I & II (for the year 2015-16)*.
─── [n.d.] a. *Kerala Medical Services Corporation Ltd. "In Service to Public Health."*

———— [n.d.] b. Karunya Community Pharmacy.

Ministry of Health and Family Welfare (NSSO) 2009. *National Health Accounts 2004-2005.*

NSSO (National Sample Survey Organization) 2006. *Morbidity, Health Care and the Condition of the Aged.* Report No. 507, NSS 60th Round.

———— 2015. *Key Indicators of Social Consumption in India Health.* Report No. NSS KI (71/25.0), NSS 71st Round.

Planning Commission 2013. *Twelfth Five Year Plan.* New Delhi.

Press Trust of India (PTI) 2015a. "Prices of 509 Essential Drugs Reduced, Says Pharma Pricing Authority." *The Economic Times,* 3 March.

————2015b. "About 3,000 Jan Aushadhi Stores to be Opened in Two Year." The Times of India, 15 October.

Reserve Bank of India (RBI) 2007. *Handbook of Monetary Statistics of India, 2006-2007.*

————2009. *Handbook of Statistics on the Indian Economy 2008-2009.*

Revikumar, K.G., S. Lekshmi, P.K. Manna and G.P. Mohantha 2013. "Tamil Nadu Medical Services Corporation-A Critical Study on its Functioning During the Period 1995-2012." *International Journal of Pharmaceutical and Chemical Sciences* 2(4): 1691-1705.

Selvaraj, Sakthivel, Aunp Karan, Maulik Chokshi, Habib Hasan Farooqui and Preeti Kumar 2014. "Economic Barriers to Access to Medicines in India." In *Access to Medicines in India*, edited by Sakthivel Selvaraj, Dinesh Abrol and K.M. Gopakumar, New Delhi: Academic Foundation, 31-49.

Singh, Praval Vikram, Anand Tatambhotla, Rohini Rao Kalvakuntla and Maulik Chokshi 2013. "Understanding Public Drug Procurement in India: A Comparative Qualitative Study of Five Indian States." *BMJ Open* 3(2) : 1-11. (http://bmjopen.bmj.com/content/3/2/e001987.full)

Veena, R., K.G. Revikumar, P.K. Manna and G.P. Mahantha 2010. "Emerging Trends in Medicine Procurement in Government Sector in India- A Critical Study." *International Journal of Research in Pharmaceutical Sciences* 1(3): 372-381

WHO (World Health Organization) 2014. *Universal Access to Medicines in India – A Baseline Evaluation of The Rajasthan Free Medicines Scheme.*

コラム　ポイントカードによる医薬品供給サービスの利用促進

　日本では，健康保険法第74条（一部負担金の支払い・徴収に関する事項）で，保険調剤は定められた金額を払わなくてはならない（保険薬局は一部負担金の支払いを受ける）とされており，保険調剤の減額は認められていない。2012年より，ドラッグストアなどで，医療用医薬品（処方医薬品）の購入に対して，ポイントを付与することについては，結果的に一部負担金の減免にあたるとして，原則として禁止されている（ただし，クレジットカードによる支払いによるポイントの付与は，患者の支払いの利便性向上を目的としたもので，保険薬局以外の者が付与するものであることから，認められている）。

　一方，インドのケーララ州のKMSCLは，KCPの利用を促進するために，2種類のポイントカードを，パンジャーブ国民銀行（Punjab National Bank）の協力を得て，導入している。ひとつめは，Family Medicine Cardと呼ばれる年金受給者，高齢者を対象とするカードである。カード申請の際に，デポジットとして2500ルピーを納める。購入時に，カードを提示するとKCP価格から2％割引が適用され，購入価格の1％のポイントが付き，このポイントが250ポイントに達すると，次回の請求から200ルピーが差し引かれる。さらに，購入した医薬品の自宅への宅配サービスも受けられる。もうひとつは，対象が限定されていないLoyalty Discount Cardである。1回の支払いが50ルピーからポイントが付与される。その他の特典は，宅配サービスがない点を除き，Family Medicine Cardと同様である。公的医薬品供給サービスにおける割引ポイントカードの導入は非常に画期的なことであり，ケーララ州が提供するサービスの大きな特徴となっており，

Family Medicine Card

KCP の利用促進にも貢献している。

　日本は健康保険制度が整備され，患者は医薬品の購入費の3割を負担するにとどまっている。つまり，患者が支払う費用は，一部負担金であり，一部負担金については定められた金額を支払うことが健康保険法第74条で義務付けられている。また，日本政府による近年のジェネリック医薬品利用促進政策で，ジェネリック医薬品の使用が増加しており，患者の医薬品購入の自己負担額は軽減されてきている。その意味で，ポイントカードによるポイント付与による値引きが原則として禁止されたと考えられる。一方，インドでは，健康保険が十分に整備されておらず，医薬品の購入も適用外であり，医薬品購入は患者の自己負担である。KCPのポイントカードは，一種の健康保険のような役割を果たすものと考えられ，今後，ケーララ州以外でもこうした取組みがみられるかどうか注目したい。

Loyalty Discount Card

第3章

インドにおける生活用水の供給

佐藤　創

━━━━━━━━━━━━━━━━━━━━━━━━━━━━━━

はじめに

　本章では，インドにおける生活用水，とくに飲料水へのアクセスの問題をとりあげる。水は生活必需品であり，水を消費しない家計はなく，水にどのようにアクセスできるかは家内労働のあり方に影響する。公衆衛生は安全で衛生的な水が確保できるかに依存する。また，水は農業，鉱工業，エネルギー産業，医療産業などの重要な投入財である。さらに，適切な排水・下水処理が行われることは衛生問題や公害の防止という観点から重要である。このように，水と社会経済活動のかかわりは，生活用水，農業用水，工業用水，排水・下水システムなど多岐にわたる。また，水不足が起こると，生活ひいては生命の維持の問題に直結するため，水が希少な場合には，どのような目的にどれだけの水を配分するか，適切に判断することが重要となる。

　水供給は当然ながら水という物質の特徴に規定される。たとえば，水は循環的であるものの低いほうに流れるため，地域間で，さらには国際的にシェアされねばならないことも少なくない。また，運搬するには水は重く，水源近くで消費されることが一般的である。さらに，水は砂漠地帯である

か多雨地帯であるか，モンスーン地域であれば乾季であるか雨季であるかなど，場所や時によってその価値は異なり，また，たとえば水道水であるかペットボトルであるかなどその供給方法によってもその価値は異なる。とくに重要なことは，水の供給は，浄水場や上下水道など固定資本の蓄積と整備に依存しており，その構築が重要だということである。そのため，水への投資は長期的な観点で行われざるを得ない。歴史的に，こうした特徴ゆえに，水の供給は通常独占事業，とりわけ政府の独占事業であることが少なくなく，民間企業の参入もまたこのような特徴により限界づけられてきたと考えられる。

インドでも独立以来，水資源の開発や水の供給は基本的に公共部門の責務とされていたものの，近年では，たとえば民間部門の参入や住民の参加を強調する考え方が取り入れられるなど，変化がある。その背景には，緑の革命（農業における高収量品種の普及）や都市化などの理由による水需要の増加に対して，質・量双方においてどう十分に供給を確保するかという問題への対処を迫られていることがある（GOI 2011, 2012, Shah 2013）。また，排水・下水システムのインフラ整備が十分に進まないために，河川などの表流水や地下水の汚染問題が依然として懸案となっており，地下水からの取水が過度に行われてきたために，その影響による水質の変化や地盤沈下，塩害などの問題があらわになっている地域もある[1]。さらにこうした水に関するインフラの整備が進まないことが干ばつや洪水の被害を増幅するといった問題もあり，インドでは水の供給や保全，利用のあり方についての議論が以前にもまして熱を帯びて行われているように観察される。

水部門に関する論点も多岐にわたるが，ダムや治水など水資源開発問題，灌漑や工業用など目的別による水の配分問題，あるいは州間に関する水の配分問題などについては他の文献に委ね[2]，本章では，生活用水の供給に絞って，どのような経緯で公共部門による供給システムに対して民間部門の参入といった方向での改革が取り入れられてきたのか，またそのような改革の方向性について現地ではどのような議論があるのか，さらに実際の改革についてはどのような事例があるか，といった疑問を考えていくための基礎的な情報を整理する。広大なインド各地で行われている生活用水

に関する供給改革の複雑な様相を理解するためには，歴史的な展開と改革の背景にある考え方を理解しておくことが重要だと考えるからである。

このような観点から本章では，飲料水を中心とした生活用水に焦点をあてて，その現状と変容をその背景にある考え方に十分に留意して検討する。第1節では，インドの水問題がどのような状況にあるのか問題の所在を整理する。第2節で生活用水の供給の法的な枠組みと政策的な展開を素描し，第3節でその背景にある水に関するふたつの考え方を検討する。第4節では，民間部門の参入を試みている事例を紹介しつつ水供給改革の実際を検討する。最後に本章の議論をまとめる。

第1節　インドにおける生活用水の現状

インドにおける水問題の特徴を把握するため，アジア諸国の水資源および水利用を表3-1に示した。これによると，インドは他国と比較して，1人当たりの水資源賦存量は少なく，また人口増加のために過去約30年弱の間にその値は3割以上も減少して，相対的に水利用への圧力が高いことがわかる。また，部門別の水使用状況では，2010年には，工業は過去およそ25年の間2.2%で変化がないのに対し，若干シェアが落ちたものの農業用が90.4%あり，とくに都市の利用が4パーセント・ポイント増えて7.4%になっていることが注目される。安全な飲料水へのアクセスをもつ人口の割合は，1992年の72.6%から2015年には94.1%に大幅に改善しており，この数値はインドネシア（87.4%）のそれを上回っており，中国（95.5%）に比べても遜色はない。このように，インドの水に関する国レベルに集計されている統計をみると，たしかに水需要の圧力は存在するものの，飲料水へのアクセスの問題は相当程度解消されたかのようにみえる。

しかし，こうした集計され縮約された情報にはいくつか注意すべき点がある。第1に，安全な飲料水へのアクセスの中身，つまりその供給の具体的な内容や水質について詳しくみる必要がある。家庭飲料水の水源を表3-2に示した。安全な飲料水へのアクセスがあるということのその内訳は

表3-1 アジア諸国の水資源および水利用

	インド		中国		インドネシア	タイ	マレーシア	ベトナム	日本
	1987年	2014年	1987年	2014年	2014年	2014年	2014年	2014年	2014年
水資源賦存量 (Km³/年)	1,911		2,840		2,019	439	580	884	430
地表水 (Km³/年)	1,869		2,739		1,973	427	566	848	420
地下水 (Km³/年)	432		829		457	42	64	71	27
1人当たり水資源賦存量 (m³/人·年)	2,341	1,545	2,516	1,993	7,986	6,525	19,213	9,553	3,386
	1986年	2010年	1985年	2005年	2000年	2007年	2005年	2005年	2009年
水使用量 (Km³/年)	497	761	481	554	113	57	11	82	81
農業用 (%)	94.1	90.4	86.3	64.6	81.9	90.4	22.4	94.8	66.8
工業用 (%)	2.2	2.2	7.5	23.2	6.5	4.8	42.8	3.7	14.3
都市用 (%)	3.7	7.4	6.2	12.2	11.6	4.8	34.8	1.5	18.9
1人当たり水使用量 (m³/人·年)	609	615	426	406	527	867	418	948	640
	1992年	2015年	1992年	2015年	2015年	2015年	2015年	2015年	2015年
安全な飲料水へのアクセスを持つ人口の比率 (%)	72.6	94.1	69.8	95.5	87.4	97.8	98.2	97.6	100.0
農村部 (%)	66.6	92.6	59.0	93.0	79.5	98.0	93.0	96.9	100.0
都市部 (%)	89.6	97.1	97.1	97.5	94.2	97.6	100.0	99.1	100.0

(出所) FAO, AQUASTAT database より筆者作成。
(注) 1) インド及び中国の水資源賦存量、地表水、地下水は、1987年、2014年で変化はない。
2) オーバーラップが存在するため、地表水と地下水の合計は水資源賦存量と等しくならない。

表3-2 家庭飲料水の水源（2001年および2011年）

(世帯割合, %)

	2001			2011		
	農村部	都市部	全インド	農村部	都市部	全インド
上水道	24.3	68.7	36.7	30.8	70.6	43.5
内，処理された水				17.9	62.0	32.0
内，処理されていない水				13.0	8.6	11.6
井戸	22.2	7.7	18.2	13.3	6.2	11.0
内，覆われた井戸				1.5	1.7	1.6
内，覆われていない井戸				11.8	4.5	9.4
人力ポンプ・管井戸	48.9	21.4	41.2	51.9	20.8	42.0
その他	4.5	2.3	3.9	4.0	2.5	3.5
合計	99.9	100.1	100.0	100.0	100.1	100.0
戸数（100万戸）	138.3	53.7	192.0	167.8	78.9	246.7

（出所）GOI, Ministry of Home Affairs（2012）*Census 2011 (Houses, Household Amenities and Assets, Drinking Water)* より筆者作成。
（注）合計の誤差は原資料のまま。

必ずしも住居内の蛇口へ配管された水道から水を得ていることを意味しないことがわかる。井戸から水を得ている世帯の割合は2001年から2011年の間に18.2%から11.0%に減少しており，人力ポンプ・管井戸から飲料水を得ている世帯数の割合が41.2%から42.0%にやや増えている。井戸の割合が減少した分，上水道によって飲料水をえている世帯数が2001年の36.7%から2011年の43.5%に増加して，人力ポンプ・管井戸から水を得ている割合をようやく超えている。ただし，2011年において，処理された水を上水道から得ている世帯は農村で17.9%，都市で62.0%，全インドで32.0%にすぎない。また，主要な水源までの距離は，2012年においては，住居および敷地内にある比率は農村において46.1%，都市において76.8%であり，そのほかの場合は水を汲みに行くという家内労働が相応の比重をもって存在していることがわかる（表3-3）。その場合は女性，女子の負担となっていることが多い。また，1999年の数値でありやや古い統計であるが表3-4に示したように，蛇口への配管がある場合でも24時間いつでも水が供給されているわけでは必ずしもなく，量が十分であるかは

表3-3　主要な飲料水源までの距離（2012年）

(世帯割合，%)

	住居内	住居外だが敷地内	200メートル未満	200〜500メートル	500〜1000メートル	1000〜1500メートル	1500メートル以上	n.r.	合計
農村	16.5	29.6	40.9	9.3	2.1	0.7	0.4	0.4	99.9
都市	45.9	30.9	18.2	2.9	0.6	0.2	0.4	0.8	99.9
全インド	25.8	30.1	33.7	7.3	1.6	0.5	0.4	0.5	99.9

(出所)　NSSO (2014) に基づき筆者作成。
(注)　合計の誤差は原資料のまま。

表3-4　上水の供給時間（1999年，都市数）

供給時間（1日当たり）	人口100万人以上の都市	人口10万人以上の都市	人口5万人以上の都市
1時間未満	—	2	1
1時間以上2時間未満	3	18	20
2時間以上4時間未満	8	50	39
4時間以上6時間未満	3	26	17
6時間以上	5	47	19
不確定，日によって変動，毎日ではないケース	3	21	19
サンプル合計	22	164	115

(出所)　NIUA (2005) より筆者作成。

また別な問題であり，家屋内へ配管され蛇口から水を得ている場合にも，その水圧は各戸ごとに屋上のタンクへ一度汲み上げて得ているケースがほとんどである（コラム1）[3]。

　第2に，社会グループによって水へのアクセスのあり方にいまだに少なからぬちがいもあることが明らかにされてきている（近藤 2012, Alankar 2013）。とくに今後問題の深刻化が懸念されている階層は都市貧困層である。人口の都市集中が進むなかで，大都市の水不足は深刻化しており，河川の汚濁も悪化している。もちろん，都市の規模や都市の自然立地の状況により，問題の性質は異なるものの（Shar and Kulkarni 2015），水にかかわる問題は都市に住む弱者層にとくに影響する。インドの都市化率は2011年においては31.1％であり，2010年のブラジル（83.3％），中国（49.7％），インドネシア（49.8％）の都市化率と比べてもいまだ低い状況にある[4]。しかし，表3-5から看取されるように，100万人以上の規模の

第3章 インドにおける生活用水の供給

表3-5 インドの都市化

	都市人口比率(%)	都市人口(100万人)	500万以上の都市			100万以上500万未満の都市			10万以上100万未満の都市			10万人未満の都市		
			数	人口(100万人)	都市人口に占める比率(%)	数	人口(100万人)	都市人口に占める比率(%)	数	人口(100万人)	都市人口に占める比率(%)	数	人口(100万人)	都市人口に占める比率(%)
1951	17.3	62.50	0	0.00	0.0	5	11.80	18.9	72	16.36	26.2	2720	34.34	54.9
1961	18.0	78.91	1	6.08	7.7	6	12.55	15.9	100	22.33	28.3	2223	37.95	48.1
1971	19.9	109.22	2	14.18	13.0	7	14.51	13.3	143	33.72	30.9	2405	46.81	42.9
1981	23.3	159.62	3	24.88	15.6	9	19.29	12.1	207	53.42	33.5	3027	62.03	38.9
1991	25.7	217.82	4	37.86	17.4	19	33.95	15.6	276	68.33	31.4	3401	77.68	35.7
2001	27.8	286.12	6	60.37	21.1	29	47.78	16.7	359	88.12	30.8	3984	89.85	31.4
2011	31.2	377.10	8	85.18	22.6	45	75.54	20.0	415	104.17	27.6	5698	112.21	29.8

(出所) GOI, Census of India, various issues. に基づき筆者作成。

都市が全都市に占める割合は 1991 年の 33.0％ から 2011 年には 42.6％ と 9.6 パーセント・ポイント，人口で約 8900 万人も増加している[5]。また，大都市でのスラムの人口比率は，2001 年のセンサスによると，ムンバイで 54.1％，コルカタ 32.6％，デリーやチェンナイ，プネーで 20％ あまり，8 大都市のなかではもっとも低いベンガルール（旧バンガロール）でも 10％ ほどを占めている。このように都市のスラムおよびスラム居住者は今後増加すると考えられ，またインドでは，水と薪の収集は女性，女子の負担であることが多いがゆえに，教育機会の喪失も含めて都市貧困層に属する女性の負担が懸念されている（Kher, Aggarwar, and Punhani 2015）。

　第 3 に，当然ながら地域差もある。表 3-6 に示したとおり，飲料水の水源に関する世帯割合を州のレベルでみると，ヒマーチャル・プラデーシュ州，ゴア州などは全世帯のうち 85％ あまりが上水道により飲料水を得ており，ビハール州では 90％ あまり，ウッタル・プラデーシュ州，西ベンガル州などでは 70％ 弱の世帯が人力ポンプ・管井戸に依存していることがわかる。井戸に飲料水を依存している州としてはケーララ州が 6 割を超えて突出している。飲料水を井戸から得ている場合には，その井戸が覆われていない場合，安全な水源とはみなされないため，統計をみると規模の大きな州ではケーララ州が安全な水へのアクセスにもっとも問題があると示されている（NSSO 2014）。自然環境や条件，歴史的な社会的慣習の差に加え，次節で説明するように生活用水の供給に関する立法権は州の専属管轄事項となっているため，州ごとの歴史的な対応の差にもあることが予想される。ただし，覆いなどで水源が保護されていない場合でも，衛生施設や下水が普及していれば，そうでないケースに比較して安全性は高いと一般には考えられる。そこで給水を直接の対象とする本章の範囲外の問題であるが，表 3-7 に衛生施設に関する状況を示した。ケーララ州については水洗トイレの普及率は相対的に高く 2001 年の時点で 65.2％ であったことがわかる。そのほか，ヒマーチャル・プラデーシュ州やパンジャーブ州で急速に水洗トイレが 2001 年からの 10 年間で普及しているのに対し，2011 年の時点でもビハール州やオディシャ州などいわゆる貧困州ではトイレへのアクセスのない世帯が 70％ を超えていることが確認できる。

第3章 インドにおける生活用水の供給

表3-6 州および連邦直轄地域別、飲料水の水源（2011年）

（世帯割合、％）

	上水道		人力ポンプ・管井戸		井戸	
上位5州	チャンディガル	96.7	ビハール	89.6	ラクシャドウィープ	71.8
	プディチェリー	95.3	ウッタル・プラデーシュ	67.9	ケーララ	62.0
	ヒマーチャル・プラデーシュ	89.5	西ベンガル	66.8	トリプラ	53.5
	ゴア	85.4	チャッティースガル	65.6	ジャールカンド	36.5
	シッキム	85.3	オディシャ	61.4	ナガランド	25.7
下位5州	ラクシャドウィープ	20.2	プディチェリー	2.5	ダマン・ディウ	0.7
	オディシャ	13.9	ミゾラム	1.7	シッキム	0.6
	ジャールカンド	12.9	アンダマン・ニコバル	0.5	パンジャーブ	0.4
	アッサム	10.5	ゴア	0.3	チャンディガル	0.1
	ビハール	4.4	シッキム	0.1	デリー	0.1
全インド平均		43.5		42.0		11.0

（出所）表3-2と同じ。
（注）なお連邦直轄地域はイタリックで示した。

表3-7 衛生設備へのアクセス (2011年)

(世帯割合，％)

		2001				2011			
		水洗トイレ	竪穴式トイレ	他のトイレ	トイレなし	水洗トイレ	竪穴式トイレ	他のトイレ	トイレなし
上位5州	チャンディガル	68.3	1.6	8.9	21.1	87.1	0.5	0.1	12.4
	デリー	45.5	16.4	16.1	22.0	85.7	1.8	2.1	10.5
	ケーララ	65.2	12.4	6.5	16.0	66.7	28.3	0.2	4.8
	ヒマーチャル・プラデーシュ	11.4	14.6	7.4	66.6	60.7	8.1	0.3	30.9
	パンジャーブ	20.4	24.3	12.1	43.2	59.3	19.2	0.8	20.7
下位5州	マディヤ・プラデーシュ	12.5	5.9	5.6	76.0	26.1	2.3	0.4	71.2
	チャッティースガル	8.9	2.4	2.9	85.8	21.0	3.5	0.2	75.4
	ジャールカンド	10.7	3.3	5.7	80.3	20.4	1.4	0.3	78.0
	ビハール	7.9	6.5	4.8	80.8	20.1	2.5	0.5	76.9
	オディシャ	8.8	4.0	2.1	85.1	17.7	3.5	0.8	78.0
	全インド	18.0	11.5	6.9	63.6	36.4	9.4	1.1	53.1

(出所) 表3-2と同じ。
(注) 上位下位については2011年の水洗トイレへのアクセスを持つ世帯数の割合でみたものであり、また世帯数が100万戸以上の州ないし連邦直轄地域のみ掲げている。なお連邦直轄地域はイタリックで示した。

第2節　インドにおける生活用水にかかわる法および政策の展開

　独立後のインドの水に関する責任は，ダム建設による水力発電や水源確保（生活用水や灌漑）については基本的に中央政府が担い，都市や農村の水管理は州政府が担い，いずれの場合も関連設備の所有は公共部門に属し，またその運営や整備も公共部門が担った。この枠組みは，憲法による立法権の中央と州への配分と，それに基づき制定された法令によるさまざまな行政機関への事務の配分に基づく（詳しくは序章コラム1参照）。水についての立法権は，「国会が法律により公益にかなうものとし，連邦により管理される範囲での州際河川及び峡谷の規制並びに開発」は連邦専属管轄（憲法第七附則第Ⅰ表56），「水，すなわち第Ⅰ表56の規定の制限内で，水の供給，灌漑及び水路，排水及び堤防，貯水及び水力」は，州管轄事項（第七附則第Ⅱ表17）である[6]。それゆえ，飲料水を中心とする生活用水に関する立法権は基本的に州にあり，中央政府が法律を制定するには憲法第252条により，複数の州の委任を受ける必要がある。実際に，中央政府レベルにおいてインドで初めて制定された環境法である1974年水（汚染防止及び規制）法（The Water (Prevention and Control of Pollution) Act, 1974）も複数の州から委任を得て制定された。

　このように，インドでは生活用水の供給にかかわる立法権は基本的に州政府にあり，それゆえ生活用水に関する行政権はこのような立法権の配分を前提として，それぞれの州の法令により定められることになる。そのため，インド全土に適用される生活用水の供給に関する一般原則や法律は基本的には存在せず，実際，独立後の中央政府レベルの生活用水に関する政策は，基本的に農業政策，とりわけ食糧政策に付随して展開した[7]。本節では，生活用水に関する政策の展開を瞥見する。

1．全国水政策（1987）の策定の頃まで

　農村部の生活用水について中央政府は1972年に，それぞれの州政府による農村飲料水供給事業を中央政府が間接的に財政面で支援するという枠組みをもつ（2009年まで展開）農村給水推進事業（Accelerated Rural Water Supply Programme: ARWSP）を開始した[8]。この事業では基本的には1人当たり1日40リットルが目標基準となっていた[9]。その後，さまざまな水資源問題が重要な懸案となり，また国際的にも水資源管理への関心が高まるなかで，インドにおいても中央政府レベルにおいて，全国水資源審議会（National Water Resource Council）が1983年に，水資源省（Ministry of Water Resources）が1985年に，全国水委員会（National Water Board）が1990年に設置された。地下水については1970年に中央政府が地下水管理に関するモデル法案を策定し[10]，1986年の環境（保護）法（The Environment (Protection) Act, 1986）に基づき中央地下水庁（Central Ground Water Authority）が設置された。さらに，水資源省により1987年に全国水政策（National Water Policy 1987）が発表された（GOI 1987）。

　また生活用水については，中央政府レベルでは，1986年より全国飲料水ミッション（National Drinking Water Mission（Technology Mission on Drinking Water and Related Water Management），1991年よりRajiv Gandhi National Drinking Water Missionに改名）が実施された。これは基本的にARWSPの基準を踏襲したものである。なお後に，農村開発省（Ministry of Rural Development）の下に飲料水供給部（Department of Drinking Water Supply）が1999年に設置され，2010年に飲料水・公衆衛生部（Department of Drinking Water and Sanitation）と改名，2011年に省へと格上げされている。このように生活用水を含めて水に関する政策的・制度的な整備が1980年代後半までに進んでいる[11]。

2. 1990年代における変化

これらの事業や政策の基礎にある生活用水の供給（そして下水の処理の普及）を進める方法に対する考え方が1990年代を境に変化しており，そのような変化において重要な役割を果たしたおもな出来事が三つある。第1は地方分権化の動きであり，1993年，94年に行われた憲法第73次，第74次改正が重要である。概してどの州政府も従来その権限や財源を地方公共団体に移譲することに積極的ではなかった。そのため，1991年の経済自由化の後，地方分権化を進めるために憲法改正が行われ，この改正によって地方自治体に州政府が移譲すべき権限が憲法のなかで明確にされ，州が制定する法律のなかで地方自治体の生活用水供給における役割を規定するものが増えた（序章のコラム2参照）[12]。

第2は都市インフラへの民間部門の参入促進である。たとえば，財務省が1994年に設置したインフラの商業化について検討する委員会（The Expert Group on Commercialization of Infrastructure Projects：通称「ラケシュ・モハン委員会」）の調査報告は広く知られており，これには都市部における生活用水の供給と衛生設備の問題が含まれ，民間企業あるいは官民連携（Public-Private Partnership: PPP）による民間部門の水部門への商業的な参加を強く勧告していた（NCAER 1996）。水部門の問題点として，料金が低く設定されていること，生産ないし供給コストが高いこと，供給途中でのロスが多いこと，需要管理が杜撰なこと，コストの回収が十分になされていないことなど，都市部の地方公共部門による水供給の独占が問題の核心にあるという考え方を示し，そのうえで，効率性，コストの回収，ガバナンスの強化などを民間部門の参入で高める方向性を示したのである。

第3は国際機関の協力による農村部における水供給体制の改革である。世界銀行（世銀）の協力で行われたSwajalプロジェクトは，1996年にウッタル・プラデーシュ州の農村において実施されたパイロット・プロジェクトであり，水の供給，利用，管理について，公共部門が行政事務の展開として行う供給牽引アプローチに代えて需要牽引アプローチを導入するよう

提唱するものであった（World Bank 2001）。需要牽引アプローチには，運用と管理に灌漑や水道システムの利用者の参加を試みたこと，また，新しいプロジェクトの新規建設コストの一部と管理運営のすべてのコストをパンチャーヤトの構成員が負担するよう求め，コストの回収をめざしたこと，などの点に特徴がある。このプロジェクトも，水の供給を公共部門が独占的に担うことは，建設においても保全運営管理においてもさまざまな不効率を招いているという認識を出発点としている[13]。

ラケシュ・モハン委員会の報告書や世銀の協力によるパイロット・プロジェクトの結果は，少なくとも政府側からはおおむね肯定的に評価され，そのアイデアは1987年の全国水政策を置き換えた新たな全国水政策（2002年）（GOI 2002）に反映された。また，第10次五カ年計画（2002～2007年）におけるSwajaldharaガイドラインの策定につながった（GOI 2003）。このガイドラインは農村における共同体ベースの給水プログラムであり，需要牽引アプローチに立って，PPPなどの枠組みにより民間企業の参入を促しつつ，建設などの投資コストや保全・運営コストの回収を図ることを重視しており，住民や民間企業の計画や運営への参加を強調し，政府の役割を抑制しようとする指向をもつ。

かくしてこのアイデアは全国に適用され，ARWSPに配分された予算の20％がSwajaldharaガイドラインに向けられることとなった。担当機関は農村開発省であり，政府側が90％のコストを負担し10％を共同体が負担するとされているが，ARWSPではそのような共同体の負担は予定されておらず，強制力もなく，多くの州でガイドラインの実施は難しいとの報告もあった。そこで，第11次五カ年計画（2007～2012年）中の2009年にはARWSPに替えて，全国農村飲料水事業（National Rural Drinking Water Programme: NRDWP）が採用され（担当機関は省となった飲料水・公衆衛生省），飲料水の改善を衛生設備改革や全国農村雇用保証計画（Mahatma Gandhi National Rural Employment Guarantee Scheme）と結びつけた。

都市部については，都市給水推進事業（Accelerated Urban Water Supply Programme: AUWSP）が1993/94年度から実施された。担当機関は都市開発省である。人口2万人以下の都市が対象（1991年当時2151都市が該当）

であったが，AUWSP は後に 2005 年から実施された中小都市のための都市インフラ開発計画（Urban Infrastructure Development Scheme for Small and Medium Towns: UIDSSMT）（人口 100 万人以下の 5098 の都市が対象）に統合された。UIDSSMT は，2005 年より 7 年の期間で実施されたジャワハルラール・ネルー全国都市再生事業（Jawaharlal Nehru National Urban Renewal Mission: JNNURM）を補完するものである（後に 2 年延長され 2014 年 3 月まで）。JNNURM 自体は 2001 年の時点で人口 100 万人以上の 63 都市を対象に上下水道の整備を優先することが明記され，予算の 40％あまりが配分される仕組みとなっているのに対し，UIDSSMT は JNNURM の対象とならない中小都市を対象とする。より具体的には，州政府が行っていた上下水道整備を市に権限委譲し，市に財源調達，計画，施行，管理などを任せることを企図しており，市は中央政府（旧計画委員会）にプランを申請し，補助金の交付を受けるという仕組みである。これらも全国水政策（2002）の考え方を反映して，PPP の促進を企図する内容を包含している[14]。

3．第 12 次五カ年計画（2012 ～ 17 年）における水問題の認識

こうした状況のなかで，中央政府は第 12 次五カ年計画（2012 ～ 17 年）において水問題に 1 章を割き，問題の所在や講じるべき措置を議論している（GOI 2013, Chapter 5）。そのおもな内容は 10 項目あり，以下に簡潔に列挙する（Shar 2013）。第 1，ダムや灌漑の建設ではなくその管理に力点をおいて水利用の効率性を高めるため，灌漑を管理する州・地方レベルの組織・制度的な能力を高めること。第 2，地下水の持続可能な利用を実現するために，地下水の現状把握技術の導入を進め，かつ利用者参加型の滞水帯管理体制を確立すること。第 3，農業への電力料金の補助が結果的に地下水の過剰取水につながっていることにかんがみ，この電力・地下水の関係を改善する改革を実施すること。第 4，水源の保全と地下水の補充を進めるために，全国農村雇用保証計画による事業を水資源政策と統合的に運用すること。第 5，農村においては飲料水の普及が灌漑用水と同じ水源

に依拠したまま進められることが多く，また下水・排水処理の導入は遅れているために飲料水の普及が水質の悪化と水源の枯渇を招いてしまうといった問題がみられたことから，飲料水と下水を総合的に考慮した新しいアプローチを導入すること。第6，同様に都市においても生活用水の提供と下水管理（さらには再生水の利用）を一体として考えるアプローチを採用して，給水の効率化を進めつつ，水道システムの普及を図ること。第7，工業用水の使用において排水管理を徹底し再生水利用の普及を図るため，パルプや繊維，鉄など水集約型産業に水利用状況を年次報告書に記載することを義務付けるなど，水消費の効率化を進めること。第8，洪水管理についても，ダムや堤防，ため池などの建設に頼る従来のアプローチを改め，それらの管理や居住地域指定，避難計画などを含む総合的なアプローチに転換すること。第9，水資源や排水に関するデータベースの構築と管理を進めること。第10，州・地方レベルの水にかかわる行政機関の組織改革や水管理にかかわる中央政府レベルの新法の制定を進めること。

　こうした改革案の基礎にある考え方は，これまで基本的には別個に展開されてきた給水と排水・下水にかかわる諸施策を有機的かつ統合的に関連づけて上下水道システムの普及と改善を進めていくこと，同時に，PPPなどの利用により水インフラへの投資やその管理運営，コスト回収についても効率性を高めていくことである。中央政府レベルの新法の制定としては，2013年5月に全国水枠組法案（The National Water Framework Law, 2013）が水資源省に提出されており，その内容はまた後述するが，基本的にこうした考え方を反映している。その後，周知のとおり，政権交代が2014年にあり，五カ年計画の策定を長年担当してきた計画委員会の位置づけにも変化がみられるなど，新政権の五カ年計画の取り扱いも不透明である。新政権はクリーン・インド・ミッション（Swacch Bharat Mission: SBM）を2014年10月2日から実施している。これには，屋外排泄の撲滅を2019年までに実現しようとの目標が含まれ，農村部と都市部に分かれており，農村部は飲料水公衆衛生省，都市部は都市開発省が担当している。しかし，2015/16年度にはこのSBM（農村部）とNRDWP（を担当する飲料水公衆衛生省）の予算が大幅にカットされるなど[15]，新政権のアプロー

チがどのようなものかはまだ確定はできない。ただし，その一般的な政策志向は，たとえば環境法改革や土地収用法改革の動きをみるかぎり，おそらく水についても民間部門の参入やコスト回収を重視する流れをより推進する方向であると考えられる。

第3節　基本権としての水へのアクセスと経済財としての水の管理

　以上，前々節および前節で整理してきたように，インドでは，生活用水のインフラが十分に整備されないままに，水部門への民間部門の参加が企図され，むしろそのことによりインフラの整備を進めようとしていることがわかる。水部門における民間の参入を進める政策は先進国でも広くみられるが，それは一度ほぼ体系としてインフラが完成したのちに，民間部門に委ねられる部分は委ねるという形で進んでいる点で，インドのケースとは異なる。それゆえ，貧困問題の依然として著しい状況のなかで，水のような公共性の高いものについて市場経済に委ねる方向性で改革を進めてよいのかというそもそもの議論に加えて，そのような改革に基本的には賛成だとしても政策のタイミングという観点からも，インドでは異論も強い。
　インドの水部門改革に関する議論を概観してみると，水に対する考え方にはふたつの異なる考え方が交錯している。第1は，水を基本的には財の一つとしてとらえ，その効率的配分という観点で管理しようとする考え方であり，前節の政策展開の描写のなかでも繰り返し確認された見方である。第2は，水，とくに飲料水へのアクセスを権利としてとらえ，その保障を実現しようとする考え方である。両者は必ずしも相互に排他的に対立するものではないと考えられる。しかし，一定の緊張関係にあることも確かである。このふたつの考え方がどのように展開してきたかを理解しておくことは，生活用水の供給問題の今後を考える上でも重要だと考えられる。そこで本節では，こうした政策展開の背景にある考え方について整理しておきたい[16]。

1.「経済財」としての水

　水は，20世紀においては，少なくとも1980年頃までは，商品というよりも公共性の高い財とみなされ，水の提供は概して政府の責任であり，水関連の設備の所有は公有であった。たとえば，イギリスにおいて給水や下水処理のサービスは，1945年の時点では給水で1000，下水処理で1400あまりの主体，そのほとんどを地方の公共団体が自然発生的に担っており，しだいに公衆衛生の関心が高まり，とくに第2次世界大戦後に中央政府のイニシアティブで統合されていったという経緯がある（Ofwat 2006）。飲料水は福祉，公衆衛生と環境の質に重大な影響するものとして理解され，政府は地方税や公債で財源を賄い水へのユニバーサル・アクセスを確保するために投資を進め，水道使用料の課金や料金の徴収も公営で行われたのである。しかし，1970年代に生じたケインジアン的な福祉国家観の凋落や市場至上主義的な思想の台頭は，先進国諸国において水に対する考え方においても変化をもたらした。水を公共性の高い財というよりも商品としてとらえ直す動きが顕在化したのである。

　その第1段階は1977年にはじめて国連において水に関して会議が行われ，1980年代を「国際飲料水の供給と衛生の10年」（International Drinking Water Supply and Sanitation Decade）とした頃から1992年のダブリン宣言の頃までと考えられる。1992年ダブリン原則により水を「経済財」（economic goods）としてとらえ，その効率的な配分により水の安全保障を達成しようとする考えが打ち出された[17]。同年に開催された国連環境開発会議（リオ・サミット）にこの原則は反映され，さらに1993年の世銀の水資源管理リポートが発表され（World Bank 1993），水を他の商品と同じような財としてみる視角が広まった。こうした流れをさらに進めた第2段階は，1990年代前半からハーグ会議（第2回世界水フォーラム）の2000年前後までであり，世界水理事会（World Water Council: WWC）が1996年に国際機関と民間企業の協力により設立され，水部門における市場の役割を重視する国際経済機関のプロジェクトが活発化した時期である。

第 3 段階は，1996 年に世銀と国連開発計画の支援のもとスウェーデン国際開発協力庁の一部門として設立された世界水パートナーシップ（Global Water Partnership）が 2002 年に国際機関となり，リオ原則で打ち出されていた統合水資源管理（Integrated Water Resources Management）をWWC とともに推進しはじめた時期である。これも民間部門の参加を促すものであり，WWC が三年ごとに主催する世界水フォーラムでは水へのアクセスを権利ではなく基本必需品（basic need）とするにとどめており，水を財としてとらえる考え方を基調としている。

2．権利としての水へのアクセス

これに対して，水へのアクセスを明示的に権利としてみる考え方がある。女子差別撤廃条約（The Convention on the Elimination of All Forms of Discrimination against Women（1981））は水の供給を含む適当な生活条件を享受する権利を農村の女子に対して保障する（第 14 条 2 項 h 号）。子どもの権利条約（The Convention on the Rights of the Child（1989））も児童に健康を享受する等の権利を保障し，その一環として生活用飲料水の供給のため適切な措置をとるよう締約国に義務付けている（第 24 条 2 項）。

こうした条約はあくまでも女子あるいは子どもの権利の一環として水へのアクセスを権利としてみたものである。これに対して，国連社会権規約委員会（UNCESCR）の「一般的意見 15」（General Comment）（2002 年）は法的拘束力はないものの，水に対する権利（the right to water）を国際人権規約 A 規約の第 11 条（生活水準についての権利）と第 12 条（健康を享受する権利）に基礎づけられた人権であると宣言した。さらに，国連は 2005 年から 2015 年を「『命のための水』国際行動の 10 年」（International Decade for Action 'Water for Life'）とすることを決定し，国連人権理事会（UNHRC）（2008 年）では水と衛生を提供する義務を国に課し，さらに，国際連合総会（2010 年）で，生活用水と下水への人権を明示的に認めるに至っている[18]。もちろん，水に対するアクセスを人権としてとらえることは，水供給のコスト回収を排除するものではなく，無料での水の提供や，

水供給の政府所有を命ずるものではない。しかし，あらゆる家計が，支出可能な程度の価格で，水にアクセスできることが人権のひとつであることを謳っている。

インドでは，実はこのような国際社会における動きに先んじて，安全で衛生的な水にアクセスする権利を基本権としてとらえている[19]。憲法の明文では水への権利は基本権とされていない。しかし，1991年に最高裁判所（最高裁）は，生命および人身の自由を定める憲法第21条には尊厳をもって生きる権利が含まれ，安全な飲料水へのアクセスを市民がもたないことは，この基本権の保障に反すると判示した[20]。また，1997年にマディヤ・プラデーシュ高等裁判所（高裁）は，飲料水の水質が悪いために健康に害をなしているという訴えについて，国には安全な飲料水を提供する義務があるとした[21]。さらに，最高裁は他の事件で，水は私有に適さない公共信託（public trust）の対象であるとまで解釈しており[22]，政府は水資源を所有しているというよりも，一般公衆に利用可能にする責務を信託されていると理解することが重要であると主張している。つまり，水資源は公衆に属し，営利目的の取引対象となる財としてとらえることには水は馴染まないと議論しているのである（Cullet 2011）。

しかし，こうした水へのアクセスを基本権としてとらえる考え方を具体化する立法措置は，上述したようにインドでは今のところ存在しない。その上，前節でみたように，1990年代半ば以降における水への政策アプローチは，効率性を重視し，投資コストの回収を重視するといった変化がみられる。それゆえ，最高裁の飲料水へのアクセスを基本権として位置づける見解と，諸政策の水問題へのアプローチが整合的なものであるかが議論となっている。

実際，第12次五カ年計画および2012年国家水政策の採用に至るまでには，目まぐるしい動きがあった。第12次5カ年計画策定のための水ガバナンスに関するワーキング・グループのサブ・グループが全国水枠組法を起草するためにR.R. Iyerを委員長として立ち上げられ，2011年10月に5カ年計画策定のための水および衛生に関する分科会に同法案が提出された。しかし，同法案は基本的には棚上げされ，2012年7月に新たな法案起草

のための新委員会がY.K. Alaghを委員長として発足し，2012年12月に水政策が発表され，新しい全国水枠組法案が2013年5月に提案されたのである。2011年版全国水枠組法案がいわば即座に葬り去られ，2013年法案が新たに策定された理由は基本的には本節で論じた生活用水に関する考え方のちがいにある。実際，両法案を比較してみると，2011年法案が概して水への基本権アプローチを志向しているのに対し，2013年法案は水を経済財＝管理対象としてみる考え方を基調としている[23]。

3．「参加型」について

こうした水に関する基本的な考え方のちがいと並行して，「参加」の考え方についての展開も重要であり，補足的にふれておく。植民地時代にイギリスから伝わった法制度では，灌漑に関する法律は政府がトップダウン式に管理方法などを決めることを予定しており[24]，地下水にかかわる法律は地下水の処分や利用を土地所有権者の権利とするもので[25]，住民や利用者による参加は予定されていなかった。この仕組みは実は今も基本的にはそのままであるものの，参加の考え方が1980年代以降，とくに水問題においても重視されることになった。

　参加を重視する見解にはいくつかの異なる流れがある（Cullet 2015）。第1は，国際機関によって展開されてきたいわゆる参加アジェンダである。1980年代の「国際飲料水の供給と衛生の10年」において国連は，大規模な水の供給事業から地域参加へのアプローチの変更をめざし，1990年代にはダブリン宣言が水の提供，管理，安全について女性の参加と民営化を謳った。このように，ドナーが80年代から参加型水供給に注力した。第2は，1993年，94年に実施された憲法改正による分権化の動きである。ダブリン宣言にも地方分権化が謳われており，90年代からは地方分権化からの参加型水供給というアイデアも進められるところとなった。第3は，環境法の展開であり，たとえば一定の事業に公聴会の実施を義務付けている1994年に本格的に導入された環境アセスメントの定着である。

　インドで展開している水に関する参加型のアプローチは，1987年版の

全国水政策では灌漑への農民・住民の参加が強調されており，多くの州にて法律でこれを組み込むところなっている。2002年版の全国水政策は受益者や利害関係者のプロジェクト立案への参加と民間部門の参加を議論し，「参加」の概念を広げており，さらに2012年版の全国水政策はグッド・ガバナンスの一部としての参加を提案し，とくに水管理への共同体による参加に注目している。ただし，参加型に適するケースであるかは水使用の目的や水使用の場所によって異なり，また，最高裁が1991年の判決で水へのアクセスを基本権であるとしたことと水の供給に関して参加型を進めるか否かは直接に結びつく問題ではない。

第4節　水供給システム改革の具体例

　水の供給という観点から重要なことは，上述したように，水処理施設や地下にある上下水道網など，水は資本集約的で投資額が大きく，こうしたインフラは長期間使用可能なことである。また，水にかかわるインフラへの投資は民間企業にとって魅力的であるとは必ずしもいえない。コスト回収に時間がかかるからである。実際，民間企業による水の供給事業への参入は，公共投資により水にかかわるインフラが出来上がっているところ，あるいはそれと併存しつつ，限られた形でのみ存在することが一般である。水にかかわるインフラの資金需要も税金や公債などで賄われてきており，PPPなどの形で民間企業の投資を呼び込む努力の重要性が強調されているが，その比重は先進国の経験では大きかったとは言い難い（Bayliss et al. 2013）。また民営化といってもさまざまな形態がある。水道網の所有権やその設備投資は公共部門が担い，その運営を民間に委託するオペレーション＆メンテナンス（O&M）のような形態は広くみられ，許認可を得た民間企業が浄水場等を建設し一定期間運営して費用を回収し所有権を他に移転するBOO/BOTのような事例[26]も小規模な農村の水道網などでみられる（Sangameswaran 2007）。

　インドでも，前節までにみてきたように，水供給システムの改革の骨子

のひとつは，都市の水道局には運営と管理を収入で賄えないなどの問題があるため，公共部門の役割を相対化し，PPPを利用するなど民間企業の参入を促し，あるいは消費者によるコスト負担や水供給運営体制の自主運営や監視を重視するものである。実際，インドのいくつかの都市ではすでに飲料水供給事業についてPPPが実施されており，たとえば，フランス系のヴェオリアがマハーラーシュトラ州のナグプール，タタ財閥系のJUSCOが西ベンガル州のハルディアにおいて参入している。インドの都市部における生活用水のPPP方式による供給例は1990年代には5件，2000年からの5年間で8件，2005年以降で13件と増加しており，PPPにより水の供給を受けている人口も500万人を2009年には超えている（WSP 2011）。このようにPPPを利用した水供給の改革はインドで重要な比重を占めるようになっている[27]。

　住民参加型のプロジェクトについては，農村部では，水資源管理改革の事例が多いが，飲料水プロジェクトでは，都市や先進国の管路給水型ではなく，分散型，小型の給水プラントや灌漑事業が中心であり，生活用水と生産（灌漑）用水の配分などにも力点があり，ドナーの支援によるプロジェクトなどさまざまな事例が報告されている。都市部については，問題は農村部とは異なり，たとえば，女性の参加要因や貧困層の参加はどのような条件や制度設計にすれば成功する可能性が高いのかといった研究があるが，住民参加がよりよい結果をもたらしているかどうか，研究はこれからという状況である（Das and Takahashi 2014）。また，住民参加型の需要牽引アプローチは助けをもっとも必要としている接続料や使用料を支払えない家計を排除しがちではないかという懸念もある（Das 2014）。さらに，より小規模の都市のインフォーマルな居住区についての状況は多種多様であり，また都市の貧困層自体もその特徴は単一ではなく，その個別の特性をみなければ参加型プロジェクトは成功しない，といった議論が交わされている（Kumar 2014）。

　もちろん，州や地方自治体が主導して，とくに貧困層の家庭に配管を促進しようとする試みもある。家庭内の蛇口に配管するには，費用と手続というふたつのハードルがあり，たとえばアーンドラ・プラデーシュ（AP）

州では，手続きを簡素化し，費用を削減しかつ使用料に補助金を出す施策を 2004 年に実施した（Devi and Purandare 2014）。具体的には貧困線以下の家計に 1200 ルピーで，かつ分割支払いを認める形で接続を促進する政策を採用し，これにより，無収水（non-revenue water）の削減などの効果もあったという。

こうした全インドで展開している多様な生活用水の改革事例を網羅的に紹介することは困難であり，ここでは，こうした改革例のなかで，もっとも重要かつ広範に展開されていくであろうと考えられる民営化ないし PPP の具体的なイメージをつかむため，デリー水道局（Delhi Jal Board）による事例を紹介しておきたい。

デリー水道局は 2011 年 9 月に，マルヴィヤ・ナガール地区など 3 地区において PPP による水供給システムの改善を図るパイロット・プロジェクトを実施することを発表した（Delhi Jal Board 2011）。パイロット事業の背景と目的は，慢性的な水不足に悩むデリーにおいて将来さらに水の需給が逼迫することが予想されることにある（DRA and STC 2011, Koonan and Sampat 2012）。デリー水道局はおよそ 1600 万人の居住者に水を供給しているが，そのうち，およそ 300 万人は正規の水の供給先とはなっておらず，また無収水は 65％にも及ぶ。これには水道網設備の劣化などにより漏れてしまう場合や公共の場の給水栓による水の提供，不法に取水している場合などが含まれる。さらなる人口の増加も予想され，それゆえに，効率的な水利用を進めることが不可欠であり，とくに無収水の削減を第 1 の目的に水道局は掲げ，無収水率を 5 年から 8 年の間に 15％までに引き下げるべく，PPP 事業を進めるとする。また，1 日当たりの給水時間はデリーではおよそ 3 時間であり，これを 24 時間とすることも改革の目的である。

このマルヴィヤ・ナガール地区の PPP 事業のためのコンサルティング契約の入札は 2010 年に DRA Consultancy Services が落札して，2011 年 8 月に報告書が提出された。コンサルティング契約は 2850 万ルピーであり，その内容は現状把握のための調査からデータベースの構築，水の不法利用の特定，システム改善プランの策定，さらには，PPP のためのフィージビリティ・スタディや JNNURM のフォーマットにのっとったプロジェク

トの準備なども含まれていた。マルヴィヤ・ナガールのプロジェクトの対象はおよそ14平方キロ，30万人の人口と，およそ3万の登録された水道への接続がある。

このマルヴィヤ・ナガール地区のPPPプロジェクトの総額は14億1千万ルピーと推定されている。漏水を抑えるためのパイプ交換とそれに伴う道路工事費など，また使用量の計測と課金，集金の徹底のためのメーターの普及と改善などがおもな内容である。さらに，こうしたシステム全体の運用保守の改革もプロジェクトには含まれ，料金の設定はデリー水道局が権限を維持するものの，課金や集金は民間に委託するという枠組みである。財源は，中央政府からおよそ50％，州政府より20％，デリー水道局が銀行ローンとPPPからそれぞれ15％を賄い30％を負担するという案である。このマルヴィヤ・ナガール地区の上下水道事業は，最終的に2012年11月にフランス系のSuez Degremont（74％）と地場のSPML Infra（26％）とのコンソーシアムが，9500万ドル，12年の契約で落札した[28]。

以上のようなPPPについていくつかの点が懸念として議論されていた（Koonan and Sampat 2012, Sohoni 2012）。第1，巨額のコンサルタント料を払って民間にプロジェクト設計の委託をすることは本当に必要であったのか，デリー水道局の人的資源の問題，第2，24時間の給水達成は貧困層居住区への供給の犠牲において行われるのではないか，無収水率の削減のためにすべての公的な給水栓（公園の蛇口など）の撤去が含まれているが弱者層貧困層にとって問題ではないのかという問題，第3，PPPを進めるなど水を経済財としてみることにより，水の利用にかかわる当事者を「サービス提供者」と「消費者」の関係として位置づけ，投資や料金の回収，水の効率的な利用に力点をおく結果，住民や市民としての水へのアクセスという視点が後退しすぎるのではないか，といった点である。このマルヴィヤ・ナガールのプロジェクトは2013年11月には入札に絡んだ不正の疑いで中央捜査局（Central Bureau of Investigation）の調査がはじまり（2014年夏には立件），2014年1月から道路掘削の許可が得られないなどの理由によりなにも進まない状況に陥って，目標からほど遠い状況にある[29]。

このように，PPP 事業の実施には問題も多く，公共部門が上下水道網の構築に今後も責任をもつべきとの見解もある（Koonan and Sampat 2014）。ただし，現実には，先にふれたとおり，PPP 方式を利用した水供給の改革が広く進められる方向性は変わらないであろうと考えられる。

　　結びにかえて

　以上みてきたところから判明したことは，インドの生活用水供給の改革は，基本的には，水の商品化，水部門への民間部門の参加という世界的な流れと軌を一にしているものの，もう少しニュアンスのある理解が必要ではないか，ということである。貧困問題の存在や国際社会に先駆けて安全で衛生的な水へのアクセスを基本権とした最高裁の存在など，より多面的にみておく必要があると考えられる。

　より具体的には，第 1 に，インドにおいて安全で衛生的な水へのアクセスの問題は，集計された数値では顕著に改善されたかのように現れており，実際改善されてきているものの，より詳しくその実体をみると，今なお重要な課題として存在し，とくに都市においてこの課題への取組みは今後いっそう重要となると考えられる。第 2 に，インドの生活用水に関する法の枠組みと政策の展開は，公共部門のうち州政府が立法や政策を担うことを前提とする仕組みから，政策の展開を中央政府がイニシアティブをとりつつ（集権化），州の下位にある地方公共団体が水供給の第一義の責任を担う改正を憲法で行っている（分権化）。第 3 に，同時に，公共部門以外の主体の参加を促しており，住民参加や民間部門の参入を進めている。第 4 に，その背景にある考え方として，国際社会における水に関するさまざまなアプローチの展開とも連動しつつ，インドでも，水へのアクセスを人権ととらえるアプローチと水を経済財としてその効率的配分をとらえるアプローチというふたつの異なる考え方が，必ずしも対立するものではないものの存在しており，後者が前面にでた展開となっている。第 5 に，国際機関や先進国の援助もこの分野では活発であり，インド全土でさまざまな

取組みが実施されているが，具体例の多くは，基本的には効率性，資金回収，といった水を経済財としてとらえ，民間部門の参加を重視する考え方の色濃い改革が現時点では広く散見される。第6に，インドにおいても，水をめぐる問題は，エコロジカルな観点あるいは技術的な観点から，水の供給，下水，再利用，需要管理といった問題を総合的にとらえるいわゆる統合的水資源管理の考え方が浸透してきていることがわかる。

　水については，水道インフラの整備やその所有まで民間企業に委ねるよう促すアイデアがある一方で，パリでは上下水道事業の再公営化が2010年に行われるなど，水の供給における公共部門の役割をどう考えるかという論点は途上国だけでなく先進国でも重要な問題であり続けている。広大なインドで試みられているさまざまな改革例は，その意味で，インドや開発途上国の問題にとどまらない論点や視角を提供するものであると考えられる。

【注】
(1)　後掲の図3-1に示したようにインドにおいて水の利用はおよそ90％が農業用，その大半が灌漑用である。その水源は河川・運河（ダム）か地下水であり，1970年代に始まった高収穫品種の導入を進めた緑の革命による農業部門の生産技術の変化において，揚水ポンプにより取水される地下水への依存が高まった。問題は，揚水ポンプの動力がディーゼルから電力へ移行し，1970年代後半に導入された農業用の電力補助金にある。電力料金が定額ないしほぼ無料とされているために，すでに地下水の過剰取水を引き起こしているだけでなく，水の出が悪くなるとさらに電動ポンプに頼るという悪循環がある。しかし，政治的な理由で農業用の電力補助金の改革は非常に難しい状況にある。より詳しくは，たとえば杉本（2011），福味（2013）を参照。
(2)　インドの水問題をテーマとする英文の著作や論文は相当な数にのぼるが，邦文の文献は水ビジネスの可能性という観点からのレポート類は増えてきているものの，あまり多くはない。水資源開発一般についての近時の動向は南埜・石上（2015），住民による水資源管理例について紹介したものとして山本（2011），バンガロールを事例として水利開発の地域の利害関係者間の調整と都市の成長の関係を論じたものとして南埜（2005a, b），州間の水資源争いについて考察したものとして多田（2005），またとくに下水処理の技術支援という観点から都市の水環境を論じたものとして榊原（2013）を参照されたい。
(3)　たとえば，デリー水道局のウェブサイトには地域ごとの給水時間を知らせる告示が掲示されている。日本人が居住することも多いディフェンス・コロニーの給水時間は2014年5月21日付の告示では，朝3時半から7時半となっている（http://

www.delhi.gov.in/wps/wcm/connect/DOIT_DJB/djb/our+services1/timing+of+water+supply+in+delhi: 最終閲覧日 2016 年 2 月 21 日)。また上水道が行き届いていない地区には，給水トラックが配車され，おおむね週1回のスケジュールである (http://www.delhi.gov.in/wps/wcm/connect/DOIT_DJB/djb/our+services1/schedule+of+water+tankers: 最終閲覧日 2016 年 2 月 21 日)。そのほか，三宅 (2015) は，水消費量と水配給ロス率，供給日数と供給時間を，バンガロールやデリーの例で示している。

(4)　UN Data より算出。なお日本の都市化率は 2010 年には 90.7% である。

(5)　日野・宇根 (2015) は，インドの都市化は，大都市形成に絞ると 100 万から 600 万に達するまでに要した期間が他国に比較し短いものの，どちらかというと緩慢で，総人口に対する移動人口の比率は 3% と低位で安定し，多くの若者が農村で生活していると想像されると指摘している。

(6)　ただし，共通管轄事項 (第 7 附則第Ⅲ表) にも水にかかわる項目がある (18「食糧及びその他の財の品質悪化」, 20「経済及び社会計画」, 38「電力」, 42「資産の収用及び徴用」)。また，憲法第 262 条は州際間を流れる河川に関する州間の争いにつき中央政府に法律を制定する権限を与えており，この規定にしたがって河川委員会法 (The River Board Act, 1956)，および州際水紛争法 (The Inter-State Water Disputes Act, 1956) が制定されている。

(7)　水政策の展開についてより詳しくは Asthana (2009 Chapter 4)，Madhav (2010)，Cullet (2010, 2011) を参照。本節の記述も別に断りのない限りこれらに依拠している。

(8)　ARWSP は第 5 次 5 カ年計画 (1974 〜 1979 年) で導入されたミニマム・ニーズ事業 (Minimum Needs Programme) に 1974 年度に置き換えられたが，1977 年度に再実施された。

(9)　また，水源による定義をも用いており，1.6 キロメートル以内，高低差 100 メートル以内でアクセスがあるとした。さらに，人と動物 (とくに牛) の関係を取り入れており，牛がいる地域ではさらに 30 リットルを足すこととしていた。

(10)　現在のモデル地下水法案は 2011 年版である。いくつかの州ではモデル法案を参考にして地下水の使用を規制するための法律が制定されている。

(11)　本章の範囲外であるが，下水，衛生設備についても，貧困層にトイレ建設の補助を展開する中央農村衛生設備事業 (Central Rural Sanitation Programme) が 1986 年に，総合衛生設備キャンペーン (Total Sanitation Campaign) が 1999 年に採用されるなどしている。

(12)　農村部の地方自治体の責務とされる事項に「飲料水」(憲法第 11 附則 11)，都市部の地方自治体の責務とされる事項に「家庭用，産業用および商業用の水の供給」(憲法第 12 附則 5) が定められた。たとえば，デリーについてはデリーの州議会により 1990 年代後半にデリー水道局法 (The Delhi Water Board Act, 1998) が制定されている。

(13)　世銀のインドの水部門に関する報告書は実に数多く存在する。1990 年から 2006 年まで確認できるものだけでも 27 の報告書がある (Asthana and Shukura 2014)。

(14)　JNNURM, UIDSSMT については，都市開発省のウェブサイトにそれぞれの概

要や様々な事業についての情報が掲載されている（http://moud.gov.in/schemes_programmes：最終閲覧日 2016 年 2 月 21 日）。

⒂　2015/16 年度の予算案で，20 のスキーム（SBM と NRDWP も含む）については中央政府の負担割合を減らすこととされた。

⒃　本節の記述は，別に断りのないかぎり，Sangameswaran（2007; 2014），Asthana and Shukula（2014）に依拠している。

⒄　ダブリンの国際会議で四つの原則が採択された。第 1，水の有限性，第 2，参加型の水資源の開発および管理，第 3，水の供給や保全における女性の役割の重視，第 4，「経済財」としての水，である。

⒅　United Nation General Assembly, Resolution adopted by the General Assembly on 28 July 2010, 64/292. *The human right to water and sanitation.*

⒆　インドにおいて最高裁が安全な水へのアクセスを憲法上の基本権としたことは，多くの研究者の注目を集めてきた。たとえば，Ramachandraiah（2004），Narain（2010），Cullet（2011）を参照。

⒇　たとえば，Subhash Kumar v. State of Bihar AIR 1991 SC 420, Hinch Lal Tiwari v. Kamala Devi AIR 2001 SC 3215, を参照。

(21)　Hamid Khan vs. State of Madhya Pradesh, AIR 1997 MP 191.

(22)　たとえば，M.C. Mehta v. Kamal Nath 1997（1）SCC 388 を参照。

(23)　2013 年法案も水へのアクセスを権利とし，水は公共信託法理に維持されるべきことを規定している。しかし，水問題に長年取り組み 2011 年法案を起草した Iyer は 2011 年法案ではエコロジー，調和，衡平，社会正義を原則としたのに対し 2013 法案は管理＝経済志向であり，水を単に資源としてみていると批判している。2011 年法案は http://planningcommission.nic.in/aboutus/committee/index.php?about=12stridx.htm#wr, 2013 年法案は http://www.indiaenvironmentportal.org.in/content/376776/draft-national-water-framework-bill-2013/ から 2016 年 2 月 21 日に最終閲覧。

(24)　たとえば，北部インド運河及び排水路法（The Northern India Canal and Drainage Act, 1873），パンジャーブ小運河法（The Punjab Minor Canals Act, 1905），ボンベイ灌漑法（The Bombay Irrigation Act, 1879），ウッタル・プラデーシュ小運河法（The Uttar Pradesh Minor Canals Act, 1920）であり，灌漑，より一般には表流水，の管理や統制を植民地政府に集約し，独占させている。

(25)　地下水について重要な立法はインド地役権法（The Indian Easement Act, 1882）である。土地所有権者に井戸やポンプを設置する排他的独占権を与えている。この仕組みは基本的には変わっておらず，地下水の減少ないし枯渇も対症療法的な措置に今のところ終始している（Asthana and Shukla 2014, 165）。

(26)　BOO は Build Own Operate，BOT は Build Operate Transfer の略であり，それぞれ建設・所有・運営方式，建設・運営・所有権移転方式である。

(27)　World Bank（2014）は Khandwa（マディヤ・プラデーシュ），Nagpur, Latur, Aurangabad（マハーラーシュトラ），Mysore（カルナータカ）の 5 つの都市で実施されている PPP による水供給改革を批判的に比較している。

(28)　Suez Environment, Press Release, 9 November 2012.（http://www.suez-environnement.com/news/press-releases/suez-environnement-wins-75-million-euro-contract-improve-water-distribution-service-district-delhi-india），（2016 年 2 月 21 日閲覧）。コンソーシアムは Malviya Nagar Water Services。

(29) *Business Standard*（7 August, 2014）などを参照。

〔参考文献〕

<日本語文献>

近藤則夫 2012.「指定カーストと飲料水――ウッタル・プラデーシュ州，ビハール州，西ベンガル州による予備的分析――」 辻田祐子編『インドにおける地域・階層間格差――最貧困ビハールのゆくえ――』調査研究報告書 アジア経済研究所 15-31.

榊原隆 2013.「インドの都市水環境の現状と望まれる技術支援」『水環境学会誌』36(11) 390-394.

杉本大三 2011.「農業」石上悦朗・佐藤隆広編『現代インド・南アジア経済論』ミネルヴァ書房 127-148.

多田博一 2005.『インドの水問題――州際河川水紛争を中心に――』青土社.

日根正輝・宇根義己 2015.「都市化と都市システムの再編」岡崎秀典・友澤和夫編『現代インド 4 台頭する新経済空間』東京大学出版会 151-171.

福味敦 2013.「電力セクターのゆくえ」水島司編『変動のゆくえ 激動のインド第 1 巻』日本経済評論社 265-304.

南埜猛 2005a.「水利の開発と調整――インド・バンガロールとカーヴェーリ川を事例として――」『兵庫教育大学研究紀要』(26) 75-84.

―――2005b.「インド・バンガロールにおける都市用水の現状と課題」『地理学評論』78(3) 160-175.

南埜猛・石上悦朗 2015.「資源開発とエネルギー問題」岡崎秀典・友澤和夫編『現代インド 4 台頭する新経済空間』東京大学出版会 131-150.

三宅博之 2015.「都市環境問題と環境教育――サステナブル・シティ（持続可能な都市）への移行に向けて――」岡崎秀典・友澤和夫編『台頭する新経済空間 現代インド 4』東京大学出版会 305-325.

山本勝也 2011.「インドにおける水資源問題――住民参加による水資源の行動管理について――」『同志社商学』62(5/6) 313-331.

<外国語文献>

Alankar 2013. "Socio-Spatial Situatedness and Access to Water." *Economic and Political Weekly* 48(41) Oct. 12: 46-54.

Asthana, Vandana 2009. *Water Policy Processes in India: Discourses of Power and Resistance*. Oxford: Routledge.

Asthana, Vandana and A.C. Shukula 2014. *Water Security in India: Hope, Despair, and the Challenges of Human Development*. New York: Bloomsbury.

Bayliss, Kate, Ben Fine and Mary Robertson 2013. "From Financialisation to Consumption: The Systems of Provision Approach Applied to Housing and Water." *FFSSUD Working Paper Series*, No.2.

Cullet, Phillipe 2010. "Drinking Water Reforms." In *Water Law for the Twenty-First Century: National and International Aspects of Water Law Reform in India*, edited by Phillipe Cullet, Alix Gowlland Gualtieri, Roopa Madhav and Usha Ramanethan. Oxford: Routledge, 160-181.

―――2011. "Realisation of the Fundamental Right to Water in Rural Areas: Implications of the Evolving Policy Framework for Drinking Water." *Economic and Political Weekly* 46(12) Mar. 19: 56-62.

―――2015 "Water Regulation and Public Participation in the Indian Context." In *Public Participation and Water Resources Management – Where Do We Stand in International Law?* edited by UNESCO, Paris: UNESCO, 20-29.

Das, Priyam and Lois Takahashi 2014. "Non-Participation of Low-Income Households in Community-Managed Water Supply Projects in India." *International Development Planning Review* 36(3): 265-291.

Das, Priyam 2014. "Women's Participation in Community-Level Water Governance in Urban India: The Gap between Motivation and Ability." *World Development* (64): 206-218.

Delhi Jal Board 2011. "Key Features of PPP Project for Improving the Efficiency of Water Distribution Network in Malviya Nagar UGR Command Area," http://www.delhi.gov.in/wps/wcm/connect/doit_djb/DJB/Home/Informative+Details+Relating+to+Important+schemes+and+Projects/（2015年3月10日閲覧）

Devi, Hijam Eskoni and Vaibhav Purandare 2014. "Access to Domestic Water Supply and Women Empowerment: Experience from Chhattisgarh and Madhya Pradesh." *Indian Journal of Public Administration* 60(3) July–Sept.: 503-514.

DRA and STC 2011. "Reduction in NRW/UFW with Improvement in Level of Service to the Water Consumers and Improvement of Un-Interrupted Water Supply under the Command Area of UGR & BPS, Malviya Nagar," http://www.delhi.gov.in/wps/wcm/connect/doit_djb/DJB/Home/Informative+Details+Relating+to+Important+schemes+and+Projects/（2015年3月10日閲覧）

GOI (Government of India) 1987. *National Water Policy (1987)*. GOI, Ministry of Water Resources.

―――2002. *National Water Policy (2002)*. GOI, Ministry of Water Resources.

―――2003. *Swajaldhara Guidelines*. GOI Ministry of Rural Development, Department of Drinking Water Supply.

―――2011. *Dynamic Ground Water Resources of India*. GOI, Ministry of Water Resources, Central Ground Water Board.

―――2012. *National Water Policy (2012)*. GOI, Ministry of Water Resources.

―――2013. *Twelfth Five Year Plan (2012-2017) (Volume 1)*. GOI, Planning Commission.

Kher, Jagriti, Savita Aggarwal and Geeta Punhani 2015. "Vulnerability of Poor Urban

Women to Climate-Linked Water Insecutities at the Household Level: A Case Study of Slums in Delhi." *Indian Journal of Gender Studies* 22(1) Feb.: 15-40.

Koonan, Sujith and Preeti Sampat 2012. "Delhi Water Supply Reforms: Public-Private Partnerships or Privatisation?" *Economic and Political Weekly* 47(17) Apr.28: 32-39.

Kumar, M. Dinesh 2014. *Thirsty Cities: How Indian Cities Can Meet Their Water Needs.* New Delhi: Oxford University Press.

Madhav, Roopa 2010. "Context for Water Sector and Water Law Reforms in India." In *Water Law for the Twenty-First Century: National and International Aspects of Water Law Reform in India*, edited by Phillipe Cullet, Alix Gowlland Gualtieri, Roopa Madhav and Usha Ramanethan. Oxford: Routledge, 109-137.

Narain, Vrinda 2010. "Water as a Fundamental Right: A Perspective from India." *Vermont Law Review* 34(4): 916-925.

NCAER (National Council of Applied Economic Research) 1996. *The India Infrastructure Report.* New Delhi: NCAER.

NIUA (National Institute of Urban Affairs) 2005. *Status of Water Supply, Sanitation and Solid Waste Management in Urban Areas.* New Delhi: NIUA.

NSSO (National Sample Survey Organization) 2014. *Drinking Water, Sanitation, Hygiene and Housing Condition in India*, NSS 69th Round (July 2012 – December 2012) New Delhi: NSSO.

Ofwat (Water Services Regulation Authority, UK) 2006. *The Development of the Water Industry in England and Wales.* London: Ofwat.

Ramachandraiah, C. 2004. *Right to Drinking Water in India.* (CESS Working Paper, no. 56) Hyderabad: Centre for Economic and Social Studies.

Sangamesaran, Priya 2007. *Review of Right to Water: Human Rights, State Legislation, and Civil Society Initiatives in India.* Bangalore: Centre for Interdisciplinary Studies in Environment and Development.

———2014. *Neoliberalism and Water: Complicating the Story of 'Reforms' in Maharashtra.* New Delhi: Orient Blackswan.

Shah, Mihir 2013. "Water: Towards a Paradigm Shift in the Twelfth Plan." *Economic and Political Weekly* 48(3) Jan. 19: 40-52.

Shar, Mihir and Himanshu Kulkarni 2015. "Urban Water Systems in India: Typologies and Hypotheses." *Economic and Political Weekly* 50(30) July 25: 57-69.

Sohoni, Milind 2012. "World Bank's Urban Water Report on India: Thinking Backwards." *Economic and Political Weekly* 47(47/48) Dec. 1: 22-26.

WSP (Water and Sanitation Program) 2011. *Trends in Private Sector Participation in the Indian Water Sector: A Critical Review.* New Delhi: Water and Sanitation Program.

World Bank 1993. *Water Resources Managements.* Washington D.C.: World Bank.

———2001. "Community Contracting in Rural Water and Sanitation: The Swajal Project, Uttar Pradesh, India." http://documents.worldbank.org/curated/

en/2001/06/1574610/community-contracting-rural-water-sanitation-swajal-project-uttar-pradesh-india（2015 年 3 月 10 日閲覧）
——— 2014 *Running Water in India's Cities: A Review of Five Recent Public-Private Partnership Initiatives*. Washington D.C.: World Bank.

＜ウェブサイト利用の統計類＞
FAO AQUASTAT database, http://www.fao.org/nr/water/aquastat/data/query/index.html?lang=en/
GOI various issues, Census of India, http://censusindia.gov.in/
UN Data, http://data.un.org/

コラム　屋上の水タンク

　インドの都市の風景を鳥瞰すると，各建物の上に大きなタンクがある（写真）。水が上水道を通じて供給される時間は限られており，一般家庭ではその時間に各家屋の地下にある貯水槽に水をため，つぎにこの水を電動ポンプで屋上のタンクに汲み上げる。この高さにより水圧を得て，このタンクからその建物の各蛇口に水が流れるという仕組みである。屋上のタンクは蓋がされていないこともあり，砂ぼこりなどが混じる。そのため，定期的にこのタンクを空にして掃除せねばならず，その日は蛇口からは水を得られない。また，停電があると，地下の貯水槽から屋上へ汲み上げるための電動ポンプを動かせないために，蛇口から水が出ないこともしばしば起こる。また，酷暑の季節にはタンクで水が自然に熱せられて相当に熱い水が蛇口からほとばしる。このプラスティック・タンクもさまざまなものがあるが，一般的には黒いものが多く，5000リットルほどの容量だと（直径約2メートル高さ2メートルほど），3万ルピーくらいの価格である。

写真　デリー市内の屋上の水タンクのある風景
（2011年5月15日筆者撮影）

第4章

インドにおける都市ごみ処理

小 島 道 一

はじめに

　人口密度の高い都市において，廃棄物の収集や処理・処分が適正に行われないと，公衆衛生上の問題を引きおこす。収集されない廃棄物が，道端などで燃やされれば大気汚染の原因となる。河川や湖沼などへ廃棄物が無秩序に投棄されれば，水質に影響をあたえる。排水路や河川への廃棄物の投棄は，水の流れが滞り洪水の原因ともなる。農村では，自然に分解する生ごみ等を堆肥にすることが容易であり，農村に比べると，都市部での廃棄物の収集，処分の問題は深刻となりやすい[1]。理論的には，各排出者に，適正処理・処分の責任を負わせて，市場ベースでの廃棄物処理・処分を行うような仕組みも考えらえられるが，不法投棄を防ぐためのモニタリングコストが高くつくと考えられ，歴史的に，都市ごみの収集，処理，処分は公共サービスの一部として政府が担ってきた。

　インドにおいて，都市ごみに関する収集等のサービスは，都市自治体による他の公共サービスと比べ，力が入れられてこなかった分野である。その理由としては，収集・運搬，中間処理（コンポスト（堆肥）製造，廃棄物固形燃料（Refuse Derived Fuel：RDF）製造，焼却・発電など），処分（埋立

をおこなうコストを，排出者から徴収するのが難しいためと考えられている（Sharholy et.al. 2008）。水供給であれば，水道料金を徴収することが可能であるが，廃棄物は不法投棄が行いやすく，廃棄物収集サービスの対価として，その処理費を排出者から徴収することが難しい[2]。交通インフラなど所得の向上につながる分野でもないため，重視されてこなかった。

　しかし，1990年代半ばぐらいから，都市ごみ収集・運搬，中間処理，処分の重要性が認識されるようになり，法令の整備，処理施設の整備等が進んできたが，依然としてごみ収集は十分でなく，堆肥化，焼却・発電など，処理方法についても模索が続いている。処分場についても，滲出水による地下水汚染などが表面化しているところがある。

　インドの都市ごみ処理については，英語では，さまざまな文献が発表されている。日本語の研究論文としては，三宅（1988），四蔵・原田（1998），西谷内（2009）がある。三宅（1988）は，1980年代のコルカタの廃棄物処理の体制，問題点を明らかにしている。また，四蔵・原田（1998）は，1990年代半ばの都市ごみ管理の現状と課題について概観している。西谷内（2009）は，インド北部のブリンダバンの都市ごみ管理の状況を紹介するとともに，清掃カーストの存在を含めた廃棄物に関連した社会ルールが，廃棄物問題の解決の障害となっていると指摘している。2010年以降，日本語では，短い紹介記事が業界誌に掲載（石田 2012; 田中 2014a; 2014b）されたりしている程度で，包括的にはほとんど紹介されていない。

　本章では，インドの都市ごみの収集，中間処理，処分について，その歴史的な展開，公共部門の役割，民間への委託などに焦点を当てながら，その現状と課題について検討する。第1節では，インドにおける都市ごみ処理について，その歴史的な展開について紹介する。第2節で現在の都市ごみ処理に関する制度的な枠組みについて述べる。第3節では，都市ごみの処理を，発生（排出），収集・運搬，中間処理，最終処分の4つの段階にわけて，その現在の状況を紹介する。第4節では，都市ごみ処理の民間委託について論じる。第5節では，都市ごみ処理の今後の方向性について，2016年4月に改正された法令等を参考に，展望する。

第1節 都市ごみ管理の歴史的展開

インドでは，独立の父，マハトマ・ガンディーの思想の影響もあり，都市と農村を比べると，各種の政策の重点が伝統的に農村におかれてきた（古賀 1986）。都市の公共サービスに関しては，あまり重視されてこなかったし，都市の公共サービスの中でも，都市ごみ処理については，上水などと比べると重視されてこなかった分野である。1993年に施行された第74次憲法改正で，都市自治体の役割が規定され，都市ごみ管理もその中に含まれた[3]。国の都市ごみの処理についての法令が公布されたのは，2000年である。ただし，都市ごみ処理の責任が都市自治体に負わされる前から，多くの都市自治体で都市ごみの収集・中間処理・処分が行われていた。とはいえ，その取組みは十分なものではなかった。

三宅（1988）は，1980年代半ばのカルカッタの廃棄物処理体制を検討し，収集車の稼働率が低く，収集が十分に行われていないことを指摘している。改善をめざした処理計画では，先進国を模倣した機械化がめざされているが，廃棄物の組成が異なり，また，作業員の作業効率が低い場合，効率の改善につながらない可能性があると指摘している。

インドで都市ごみの適正な収集・処分の必要性が強く認識されたのは，1994年である。同年に伝染病（肺ペスト）が広がり，50人以上が死亡し，輸出の減少，観光の不振などにより，インド経済に10億ドル以上の損害がでた事件からである。グジャラート州のスーラト（Surat）から伝染病が広がったが，その背景として都市ごみの収集が滞り，排水路がつまり，衛生状態が悪化したことが指摘されている（Ministry of Urban Development 2013; Furedy 1995）。

スーラトで伝染病が発生してから6カ月後の1995年1月にインドを訪問し，都市ごみ処理の関係者へのインタビュー等を行ったフレディは，固形廃棄物管理の優先順位が低いこと，都市ごみ処理の専門家が少ないこと，実務上の知識をもっている都市自治体職員が廃棄物の担当を長く続けられ

ないことをインドの都市ごみ管理の問題点として指摘した（Furedy 1995）。

　1995年にインド政府の計画委員会（Planning Commission）の高等権限委員会（High Power Committee）が都市ごみの処理の向上をめざしてまとめた報告書でも，スーラトだけではなく，インドの多くの都市で，都市ごみの収集・運搬，処分が適切に行われておらず，伝染病の原因となるなど，人々の健康にも影響していると指摘し，都市ごみ対策をすすめていく必要性が指摘されている（Planning Commission 1995）。

　1996年には，廃棄物処理のあり方を模索する公益訴訟が2つ始まっている。公益訴訟をきっかけに，法規制を含めたさまざまな検討が進んだ（本書，第7章参照）。裁判所の判断に基づき，1998年には，専門委員会がつくられた。現状の廃棄物の処理実態を調査すること，インド政府が直接的にあるいは間接的に利用できる経済的で衛生的な処理方法を提案すること，分別・収集・運搬・処分・リサイクルおよびリユースを環境にやさしい形で実施する方法を提案すること，都市自治体の条例や地域計画担当部局の権限を見直し，予算の確保や管理，モニタリングなどに向け改善策をとりまとめ提案すること，都市ごみの管理に関する基準や規則を検討・作成することなどが作業内容とされた。専門委員会が作成した報告書に対して各州からのコメントを求めたが，州から反対意見は表明されず，専門委員会が作成した報告書の提言を受けて，都市固形廃棄物（管理・取扱）規則（Municipal Solid Wastes（Management and Handling）Rule）が2000年に制定・公布された。都市固形廃棄物（管理・取扱）規則の内容については，次節で詳しく紹介する。

　中央政府が大都市の公共サービスの向上のために，本格的な支援を始めたのは，JNNURM（Jawaharlal Nehru National Urban Renewal Mission）と呼ばれる都市自治体等への補助制度を導入した2005年12月からである。この補助金は，道路，上水，下水などとともに，廃棄物分野の投資にも支出されている。上水や下水などと比べると，件数も額も少ないものの，2014年3月の都市開発省の資料によると，廃棄物分野で109件の事業を承認し，30件の事業が完了したという。中央政府の負担分の投資額は，153億ルピーに上る。JNNURMでは，公共部門へ民間投資を呼び込むこ

とも考えられており，官民連携事業も補助の対象となっている。廃棄物分野でも，さまざまな事業が提案され，収集・運搬，中間処理，最終処分などの分野で投資が行われるようになった。

　JNNURMは，2014年3月には終了したが，2014年5月の総選挙を受けて成立したモディ政権は，クリーン・インド・ミッション（Swachh Bharat Mission）を2014年10月から開始した。2019年のマハトマ・ガンディー生誕150周年を祝う取組みと位置付けられており，トイレなどの整備とともに，廃棄物分野の支援も対象となっている。同イニシアティブのガイドライン（2014年12月）では，都市自治体が作成する詳細計画は，採算が取れるものとすることが求められている。中央政府からの補助金（Viability Gap Funding：事業の採算性を満たすための補助金）は，投資の20%までとされている[4]。この資金は，収集・運搬のためのトラックの導入，コンポスト（堆肥）工場，RDF製造工場，廃棄物焼却・発電工場などの建設などに充てられる。ただし，予算が承認されたのは2015年2月であり，2014年10月から数カ月間は意識啓発を中心とした活動が行われた。その後，後述するように法改正に向けた準備，家庭からの収集の改善，処理施設の整備などに関する取組みが強化されてきた。

　以上のように，1994年のスラートでの伝染病発生をきっかけに，法令の整備が進み，大都市を地中心に都市ごみの収集，処理に関する取組みが徐々に強化されてきている。

第2節　都市ごみ処理の法的な枠組み

　インドにおける都市ごみの管理は，2000年に公布・施行された「都市固形廃棄物（管理・取扱）規則」（Municipal Solid Wastes（Management and Handling）Rule, 2000）に基づき実施されてきた。この規則が公布される前には，全国レベルで廃棄物の収集や処分の責任を誰が負うのかを規定している法令はなかった。都市自治体の責任を規定する法令の中で，衛生問題への対処が求められており，その一部として廃棄物の収集，処分に関する

責任を都市自治体が負っていると考えられていた。

都市固形廃棄物（管理・取扱）規則では，都市固形廃棄物の収集，分別，保管，運搬，中間処理，処分に責任をもつ Municipal Authority（以下，都市自治体と呼ぶ）に適用される（第2条）。都市自治体とは，Municipal Corporation（特別市），Municipality（市），Nagar Palika, Nagar Nigam, Nagar Panchayat, NAC（Notified Area Committee）を含む Municipal Council，あるいは，同様の法的なステータスの都市自治体機関で，都市ごみの管理や処理が任されている機関と定義されている（第3条 xiv）。廃棄物の中間処理・処分施設を建設する際には，州レベルの公害規制委員会あるいは，中央の公害規制委員会からの許可・承認を得る必要がある（第4条）。また，都市自治体は年次報告書を州公害規制委員会あるいは，中央公害規制委員会に報告書を提出する必要がある。

「都市固形廃棄物」は，都市および指定地域から排出される商業および生活廃棄物で，固形，および，準固形のものを含むと定義されている。有害産業廃棄物は，都市固形廃棄物から除外されている一方，処理済の医療廃棄物（Bio-Medical Waste）は，「都市固形廃棄物」として扱われるとしている（第3条 xv）。

また，同規則では，次の4点が実施目標として掲げられている。①2003年末までに廃棄物中間処理・処分施設を整備すること，②6カ月ごとに廃棄物中間処理・処分施設のパフォーマンスをモニタリングすること，③2001年末までに既存の埋立処分場をこの規則で求められている水準に向上させること，④2002年末までに将来の埋立処分場として使用できる土地を特定し，使用できるように準備することの4つである。

このように規定されているものの，埋立処分場の整備などは，徐々にしか進行しておらず，埋立処分場での環境汚染も問題となっている（第3節参照）。

なお，廃棄物の焼却・発電などの新しい技術が導入されてきたことなどを受け，都市固形廃棄物（管理・取扱）規則の改定が検討され，2013年に素案が作成され，パブリック・コメントが行われた。2015年6月にも，新たな改正案がまとめられ公開され，修正が加えられた後，2016年4月

に公布された(第5節参照)。

 日本では,1900年の汚物清除法が国レベルでの最初の廃棄物法令である。日本で制定された100年後にインドは法令を整備し,都市ごみの収集,処理の改善に乗り出した。次節でのべるように,都市ごみ処理にはさまざまな問題点が存在しており,法令の改善も必要となっている。

第3節 廃棄物処理の現状

 前節で紹介した都市固形廃棄物(管理・取扱)規則に基づき,都市ごみの処理が実施されている。都市ごみの処理のフローは,家庭などでの発生,収集・運搬,コンポスト製造や焼却・発電などの中間処理,埋立などの最終処分に分けられる(図4-1参照)。このフローに沿って,都市ごみ処理の現状についてみてみよう。

1．都市ごみの発生量

 2012/13年度の都市ごみの発生量は,日量13万3760トンと推定されている。このうち収集できているのは,9万957トンで,68%にすぎない。組成は,生ごみ(organic waste)が51%,リサイクル可能物(recyclable)

図4-1 都市ゴミ処理のフロー

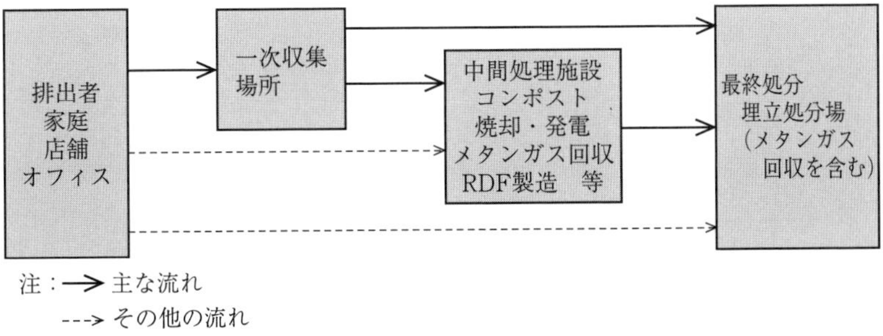

注：→ 主な流れ
　　 ---> その他の流れ

(出所) 筆者作成。

表4-1 主な州のクリーン・インド・ミッションの実施状況 （2015年12月）

	各扉収集100%の区の割合（%）	廃棄物発生量（トン／日）	廃棄物処理割合（%）	廃棄物処理率2016年3月目標（%）
アーンドラ・プラデーシュ	93.8	6,440	8	40
ビハール	16.1	3,703	0	30
チャッティースガル	25.6	1,896	0	10
デリー	73.9	8,400	52	75
グジャラート	92.9	9,227	28	44
ハリヤーナー	22.9	3,490	25	100
ジャンムー・カシミール	85	1,792	2	40
ジャールカンド	19.8	3,570	0	25
カルナータカ	75.4	8,784	34	40
ケーララ	61.1	1,576	50	70
マディヤ・プラデーシュ	52.5	5,079	14	35
マハーラーシュトラ	7.2	26,820	10	35
オディシャ	29.6	2,460	2	50
パンジャーブ	80.7	3,900	10	50
ラージャスターン	25.9	5,247	16	65
タミル・ナードゥ	67.2	15,272	16	25
テーランガーナー	87.3	6,628	49	60
ウッタル・プラデーシュ	4.3	19,180	13	27
ウッタラカンド	12.7	1,400	1	25
西ベンガル	39.3	8,675	6	8
インド合計 or 平均	43.7	147,331	17.96	37.09

（出所）　下記のウェブサイトのデータより作成。
https://swachhbharaturban.gov.in/writereaddata/Statewise_Status_of_Impementation.pdf
（注）　廃棄物の発生量が日量1,000トン以上の州・地域のみを取り上げている。「インド合計 or 平均」については、表に記載していない州も含む。

が17%，その他（inert & non-organic）が32%となっている。生ごみの比率が高いのに加えて，道路清掃により回収されたものも都市ごみと一緒に回収されているため石や砂などの不活性物質（inert）の割合が高いことが特徴といえる（Planning Commission 2014）。2015年の12月のデータでは，都市ごみの発生量は日量14万7331トンが発生量となっている。（表4-1参照）。2015年の都市人口の予測値（Central Statistical Office, 2013）に基づくと，1人当たりの都市ごみ発生量は，日量380グラムとなる。

　日本の2013年度の1人当たりごみ排出量は日量958グラムとなってお

り，インドの1人当たり都市ごみ排出量は，日本のおおよそ4割程度となっている。

2．収集・運搬

廃棄物の収集・運搬は，家庭から一次収集場所までと，そこからの中間処理施設や最終処分場までの2段階に分かれる。一次収集場所には，行政により，大型のごみ箱が置かれている（写真4-1参照）。しかし，1980年代には大型のごみ箱の設置場所が限られ，家庭がごみを一次収集場所まで運ぶ習慣はあまりなかった。道端に捨てられた廃棄物を，道路清掃人が集め，一次収集場所に運んでいる場合もあった。1990年ごろから，NGOや小規模事業者がラグピッカー（ragpicker）[5]を組織して，廃棄物を家庭から一次収集場所まで運ぶサービスを提供するようになった。チェンナイ（旧マドラス）では1989年から（Ministry of Urban Development 2005），ハイデラバードでは1992年から（Snel 1999）このようなサービスが行われている。プネーでは，ラグピッカーらの協同組合SWaCH（Solid Waste Collection and Handling）が，プネー特別市（Municipal Corporation）と契約し，協同組合のメンバー2300人が約38万世帯を対象に各扉収集（第5節参照）を行っている。また，一次収集場所まで運ぶ契約を2008年に結んでいる[6]。

各家庭から一次収集場所までの収集サービスの提供は，クリーン・インド・ミッションの中でも目標指標のひとつとして掲げられている。各扉収集を100％実施している区（ward）の割合は，全国で43.7％となっている。日量5000トン以上の廃棄物が発生している10州およびデリー特別連邦区の中では，アーンドラ・プラデーシュ（93.8％），グジャラート（92.9％），テーランガーナー（87.3％）が高い割合となっている。一方，割合が低いのは，ウッタル・プラデーシュ（4.3％），マハーラーシュトラ（7.2％）である。州によって，達成率は，大きく異なっている（表4-1参照）。

収集段階で分別収集が行われている場合もあるが，リサイクルできる再生資源と，リサイクルできない廃棄物，あるいは，生ごみと他のものの2種類にわける程度である。デリーでは，収集・運搬を委託された企業は青

写真 4-1 一次収集場所（奥の建物）からトラックへの廃棄物への積み込み。収集車についている装置で，ごみ箱を持ち上げ，詰め込む（2006 年 8 月，筆者撮影）。

色と緑色の2つのごみ箱を置くように求められている。緑色のごみ箱が生ごみなどの生分解性ごみ（biodegradable waste）用であり，青色のごみ箱がリサイクルできるものとその他のごみ用となっている。

　住民が分別を実施する障害のひとつとして，ごみを扱うのは，下位カーストだという意識がある（西谷内 2009）。JBIC（現 JICA）が 2006 年 3 月からコルカタで実施した廃棄物管理改善事業では，啓蒙活動員が，家庭や学校などをも訪問し，粘り強く意識変革を実施している[7]。

　分別収集を行っていない場合でも，リサイクルできる廃棄物（再生資源）が分別されていないわけでもない。販売できる古紙や廃プラスチック，ガラスびんなどは，家庭で分別されたり，家庭から一次収集場所までの収集を担っているごみ収集人によって分別され，売却されている。規制がなくても，市場メカニズムがはたらき，価格のつく再生資源が回収されているのである。Nandy et.al.（2015）は，古紙の 30 ～ 65%，廃プラスチックの 50 ～ 70%，ガラスびんがほぼ 100% 回収されていると推定している。また，地方政府が NGO と協力しながら，再生資源の回収に積極的に取り組むことも行われている。

ムンバイでは，2006年に建設廃棄物に関する規則がつくられ，建設廃棄物を他の都市ごみと分けて，収集・処分を行っている。後述のように生鮮市場で発生する生ごみのみを集め，コンポスト工場に供給する事業もベンガルール（旧バンガロール）などで実施されており，特定の排出者・廃棄物に絞った分別収集も行われている。

3．中間処理

集められた都市ごみは，そのまま埋め立てられ最終処分される場合もあるが，コンポスト製造，燃料化（RDF製造），廃棄物焼却・発電といった中間処理を行われる場合もある。中間処理施設については，2012年の時点で，インドには，279のコンポスト工場，172のメタン発酵プラント，29のRDFプラント，8つの廃棄物エネルギー化プラントがあるという（Planning Commission 2014）。また，いくつもの技術を組み合わせて廃棄物を処理している場合もある。2015年12月の時点で，コンポストやRDF製造，廃棄物焼却・発電など，中間処理されている割合はインド全体で18％ほどである。クリーン・インド・ミッションの中間処理目標値は，2016年3月までに，インド全体で37.1％となっている（表4-1参照）。

日本における都市ごみは，清掃工場とよばれる廃棄物焼却施設でおもに処理されている。現在（2016年5月時点），インドで操業されている大型の廃棄物焼却施設は，デリーの南部のティマプール（Timapur）で2012年から操業している廃棄物発電施設のみである（写真4-2参照）。この施設は，2007年に，デリー特別市（Municipal Corporation of Delhi）とニューデリー特別市（New Delhi Municipal Corporation）がBOOT（建設・所有・運営・譲渡）形式での建設を決め，入札の結果，Jindal Urban Infrastructure社が請け負うこととなった。2011年12月には，廃棄物の受け入れを開始し，2012年1月から発電を開始している。日量2050トンの廃棄物を焼却し，発電能力16MWとなっている。建設の段階でのプロジェクト・コストは，20億ルピー（約34億円）となっている（Athena Infonomics India 2012）。しかしながら，大気汚染防止に問題があるとされ，反対運動を受けており，

147

写真 4-2 デリー・Timapur の廃棄物焼却・発電施設（2015 年 10 月，筆者撮影）。

一時的に操業が止まったりもしている。廃棄物の処理費を政府から受け取らず，売電収入で操業コストを賄うという前提で入札が通ったプロジェクトである。しかし，応札時の売電価格が低く，十分な収入が得られていないという。また，京都議定書の枠組みのひとつであるクリーン開発メカニズムのプロジェクトとしても登録されており，カーボン・クレジット収入も想定されていたが，十分な収入とはなっていない。

現在，インドでは，廃棄物の焼却・発電施設が，急速に広まろうとしている。都市ごみから製造された RDF（日本ではフラフ燃料と呼ばれる，廃プラスチック・紙などが固められていない状態のもの）を燃焼し発電を実施する施設が東デリーに，また，RDF と都市ごみを混燃し発電する施設が北デリーで建設中である。どちらも，民間企業が投資し，官民連携の形で事業が進められようとしている。他の都市でも，廃棄物の焼却・発電プロジェクトが計画されている。

生ごみからコンポストを製造する事業は，さまざまなところですでに実施されている。比較的質のよいコンポストが製造できるのは，生鮮市場で

第4章 インドにおける都市ごみ処理

写真 4-3 ハイデラバード郊外のコンポスト製造工場（2015年10月，筆者撮影）。

発生した生ごみを原料として製造されているコンポストである。ベンガルールの生鮮市場から市政府によって回収された生ごみは，廃棄物埋立処分場の跡地に立地し Ramky Enviro Engineers 社が操業を行っているコンポスト工場に運ばれている。日量200〜220トンの生ごみが受け入れられている[8]（写真4-3参照）。

　生ごみ以外も含まれている家庭発生の都市ごみを受け入れ，コンポストとRDFを製造している施設もある。Ramky Enviro Engineers 社のハイデラバードの施設は，埋立処分場に隣接して立地し，同市で発生している日量3500トン（2014年）の廃棄物を全量受け入れ，スクリーンを使って，コンポスト用の有機物，RDF用の廃プラスチック等，それ以外の3つに分け，コンポストおよびRDFを製造している。コンポストは肥料会社に販売されるものも，同社のブランドでも販売しているものもあるという。

　都市ごみをいったん埋め立て，生ごみが分解してからコンポストとRDFを製造することも計画されている。ムンバイの Kanjumarg 埋立処分場では，埋立を行ってメタンガスを回収・焼却し，生ごみの分解が進んだ埋立後5年をめどに，埋め立てたごみを掘りかえし，RDFとコンポストを製造することを計画している。ブラジルですでに実用化されている技術で，廃棄物の収集・運搬を行ってきた Antony 社がノウハウをもつブラジ

ル企業と合弁会社をつくり，RDFとコンポストの製造施設の建設準備を進めるなど，埋立ごみを掘り返すための準備に入っている。

　以上のように，さまざまな技術，そして，技術の組み合わせが試されてきている。このような新たな技術の模索は1980年代後半から続いてきているが，失敗した事業も少なくない。その理由については，第4節で触れる。

4．埋立

　都市固形廃棄物（管理・取扱）規則では，衛生埋立という言葉はつかわれていないものの，地下水や表流水の汚染の防止，ごみの飛散防止，温室効果ガスの排出の防止，斜面の侵食防止など，環境対策や安全対策を施した埋立処分場への移行をうたっている。2008年に中央公害規制局がまとめた埋立処分場の評価ガイドラインでは，14カ所の埋立処分場が紹介されている。しかしながら，2000年代半ばには，90％以上の都市ごみは，不適切な形で処分されていたとみられている（Sharholy et.al. 2008）。埋立処分場を対象としたモニタリング・プログラムを実施しているのは，34州のうち9州にすぎない（Central Pollution Control Board 2015）。

　デリーの3カ所の埋立処分場からの浸出水を分析したGhosh, Gupta, and Thakur (2015) は，重金属の含有量は低いものの，発癌性などのある多環芳香族炭化水素などが多く含まれ，人の健康に影響を及ぼす水準となっていると指摘している。写真4-4は，Ghoshの分析対象の一つであるデリー南東部の埋立処分場である。斜度の管理などが十分行われておらず，ゴミ山の崩落も心配される状況である。また，ベンガルール郊外のマンダ（Mandur）埋立処分場では，地下水汚染等の環境問題が発生し，処分場周辺の住民が道路を封鎖し都市ごみの搬入を止め，街中にごみがあふれる事態がたびたび生じている[9]。

　衛生埋立への移行には，地球温暖化対策のための京都議定書で定められているクリーン開発メカニズムも追い風となった。埋め立てた廃棄物を土でおおい，発生したメタンガスを回収し，それを燃焼させることで，温室

第 4 章　インドにおける都市ごみ処理

写真 4-4　デリー Okhla の埋立処分場（2015 年 10 月，筆者撮影）。

効果ガスを削減することができ，京都議定書で削減義務を課せられている先進国から資金が得られる可能性があったからである。しかしながら，今までのところ，クリーン開発メカニズムに基づいた収入は限定的なものとなっている。

　クリーン・インド・ミッションのなかでは，衛生埋立処分場への移行は，目標としては掲げられていないが，第 5 節で触れる都市固形廃棄物（管理・取扱）規則を改正して成立した固形廃棄物管理規則では，衛生埋立への移行が柱のひとつとなっている。

　以上のように，都市ごみ処理は，収集・運搬，中間処理，最終処分のそれぞれの段階で，問題を抱えている。その改善を図るうえで期待されてきているのが，民間企業の参入である。次節では，都市自治体の民間企業等との連携，および，連携に対する中央政府の支援について検討する。

第 4 節　都市ごみ処理に関する PPP（官民連携）と中央政府の支援

　都市自治体は，第 3 節で述べた，家庭から収集拠点までの一次収集，収

集拠点から中間処理・処分施設までの二次収集，コンポスト化・RDF化・廃棄物焼却・発電などの中間処理，埋め立て処分を，自ら実施する場合もあるが，民間企業やコミュニティー組織，NGOに委託して実施している場合も少なくない。

　都市によって，また，時期によって民間企業に委託を行う範囲が異なっている。たとえば，ハイデラバードでは，1990年代には，コミュニティ組織やNGOが，人を雇い，家庭からごみを収集し，ごみ収集車が廃棄物を集める場所まで運ぶサービスを始めていた。家庭で生ごみ（biodegrade）とそれ以外（non-biodegradable）とに分別したものを，生ごみから，みみずなどを使ってコンポストをコミュニティ単位で製造することもなされていた。コミュニティ組織やNGOは，収集サービスを受ける家庭から1カ月につき10ルピー集め，高・中所得者居住地域での収集サービスの提供には，ハイデラバード特別市から1家庭につき1カ月5ルピーがコミュニティ組織やNGOに補助金が支払われていた。スラム地域でも同様の収集サービスを提供するコミュニティ組織やNGOもあったが，補助金は支払われていなかったという（Snel 1999）。

　1996/97年以降，徐々に民間企業への委託が進んできた。まず，約4万人の居住地域の道路清掃，廃棄物の収集・運搬に関して，民間企業に委託された。その後，2000年から2006年に，日量700トンのRDFを製造する委託が実施されるなど，委託内容が拡大してきた。2008年には，道路清掃，都市ごみの収集・運搬，中間処理，中継施設の操業・メンテナンス，処分まで一体的に民間企業に委託された。この委託に関する入札では，22社が参加を表明，うち6社に絞り込んだ後，最終的に，1社（Ramky Enviro Engineers社）が選ばれた。契約が結ばれたのは，2009年2月である。契約金額は，トン当たり1431ルピー（約2400円），契約期間は，25年だった。また，中央政府からプロジェクト・コストの35％，州政府から15％の補助金が民間業者に支払われる形となっている（Athena Infonomics India 2012; ICRA Management Consulting Services 2010）。道路清掃，都市ごみの収集・運搬から最終処分まで一体的に入札にかけられたのはインドでも初めてのケースであった。その後，収集・運搬については，

他の会社が実施する形で契約変更されているという[10]。

このような民間企業への廃棄物関連の業務に関する委託は，1990年代半ばには，推奨されていた。Planning Commission（1995）では，民間企業によるさまざまな都市ごみ処理技術を用いたパイロット・プロジェクトを政府が支援（encourage）すべきだと提言している。支援の内容として，廃棄物の供給を約束したり，処分場の近くに土地を提供したり，廃棄物発電により発電された電気を買い取るなどの措置が挙げられている。また，本格的な投資を民間企業が行う場合，BOT（建設・運営・譲渡）やBOO（建設・運営・所有）といった契約の可能性を探るべきだと指摘している。

2000年より前にも，中央政府からの大都市や中小都市への支援プログラムがなかったわけではないが，廃棄物分野では十分な支援がなされてこなかった。海外からのドナーの協力で1987年に建設された焼却施設も，ごみ質のちがいなどから，継続的に操業されることはなかった（Technological Advisory Group, 2005）。

2005年に始まったJNNURMでは，民間企業の投資も得て，大都市がインフラ投資を進めるきっかけとなった。道路，上・下水道などとともに，廃棄物処理・処分も，補助対象の分野となっている。この補助事業の資金を得るためには，地方政府による近代的な会計システムの導入，資産税の徴収の向上，衛生・廃棄物管理など13分野での改革の実施が求められている。都市の規模に応じて，中央および州から得られる資金の割合が異なっており，規模が小さい都市ほど，中央や州からの補助割合が増える形となっていた。

官民連携の形態は，さまざまな形が想定されている（表4-2参照）。日本では，廃棄物焼却施設に関する補助金は地方政府の施設に対して支出されていることから，民間事業者と地方政府が合弁企業をつくって処理施設を建設したり，都市自治体が民間に委託して建設した後，操業を別途，民間に委託する形が一般的であるが，インドでは，民間企業が設計段階から操業まで，一貫して事業を担い，民間事業者の施設にも補助金が支出されている。

JNNURM以外にも，廃棄物処理施設の建設等にあたって利用可能な支

表4-2　インドにおける廃棄物分野の官民連携の主な形態

収集，運搬，道路清掃	マネジメント契約／サービス契約／BOOT
中継施設の建設／MRTS＆運搬	BOOT/DBFOT
廃棄物処理施設	BOOT/DBFOT/BOO
衛生埋立施設の建設，埋立後のメンテナンス	マネジメント契約／DBFOT
統合的な都市ごみ管理システム（上記の組み合わせ）	主に，BOOT

(出所)　Department of Economic Affairs (2009) などをもとに作成。
(注)　BOOT: Built-Own-Operate-Transfer （建設・所有・運営・譲渡）
　　　BOO: Built-Own-Operate　（建設・所有・運営）
　　　DBFOT: Design-Built-Finance-Operate-Transfer
　　　（事業設計・建設・資金調達・運営・譲渡）

援枠組みが用意されている。農業省は，1992年から，肥料のバランスのとれた統合的な利用に関する中央支援スキーム（Centrally Sponsored Scheme）を設け，コンポスト化を推進している。都市自治体に対して，コンポスト工場の立ち上げに対して，500万ルピーを上限にその費用の3分の1を補助している。近年，民間企業に対しても補助が出されるようになっている。

　環境・森林・気候変動省は，都市ごみのコンポスト化に関する実証プロジェクトに対して，投資額の50％まで補助金を出している。また，廃棄物の組成調査やFS調査に対しても支援対象としている。新エネルギー・再生可能エネルギー省も，廃棄物のエネルギー化プロジェクトへの支援を始めている。また，税の減免なども廃棄物処理施設に対して適用されている。クリーン・インド・ミッションでも，第1節で述べたように，中央政府，地方政府からの民間事業者へ補助金が支払われるかたちとなっている。

　さまざまな施設が建設され操業されてきているが，操業がストップしているものも少なくないと指摘されている。コンポストやRDFについては，需要が限られていることが，操業が止まる背景となっている。化学肥料や他の燃料に比べて，品質に問題があったり，価格が安くないといった問題がある。質が低くなる背景のひとつには，分別収集が限定的にしか行われておらず，コンポストやRDFの質を低下させる廃棄物が混入しやすいこ

表4-3 Waste to Energy プラントの閉鎖の理由

施設の内容	ティマプール（デリー）焼却	ビジャヤワダ RDF焼却プラント	ハイデラバード RDF焼却プラント	ラクナウ メタン発酵	カーンプル RDF・コンポスト製造
投資家および公共部門のデューデリジェンスの欠如	Yes	Yes	Yes	Yes	Yes
定められた廃棄物の品質あるいは量をみたせなかった	Yes	Yes	Yes	Yes	Yes
建設廃棄物やダストなどが処理施設に持ち込まれ，操業が難しくなり，費用が増大する	Yes	Yes	Yes	Yes	Yes
コンポストあるいはRDFの市場がない	NA	NA	NA	NP	Yes
施設の立地場所についての反対	Yes	NA	NA	Yes	NA
プロジェクトの経済的な実行可能性がなかった	Yes	NA	NA	NA	Yes

(出所) Planning Commission (2014) 等をもとに作成。
(注) NA：Not Applicable（あてはまらない）
　　NP：Not Production（コンポスト，RDFの製造がない）

ともある（Saha, Panwar, and Singh 2010）。

　廃棄物の焼却・発電施設については，周辺住民の反対運動が起きている。裁判に持ち込まれているケースもあり，規制当局からダイオキシンの排出などの問題から一時的に操業を停止させられたところもある。

　さらに，都市自治体から民間事業者への支払いが遅れることが少なくないことも，継続的に事業を実施する障害となっている。また，長期の契約が結ばれていても，政府側の都合で契約変更がおこなわれることも少なくない。北デリーの民間の中間処理業者が受け取るごみ処理費は，インフレの可能性を考慮して3％上昇していく契約となっているが，ディーゼルなど運搬にかかる価格，最低賃金等が急激に上昇しており，メンテナンスなどの費用を切り詰めなければならない状況にあるという。廃棄物焼却・発電やRDF製造施設の操業停止理由としては，廃棄物の質や量が想定されていたものと異なっていたり，不燃物の割合が多いなどの問題があると指摘されている（表4-3参照）。さまざまな処理施設には，受け入れをできな

い廃棄物や受け入れが望ましくない廃棄物があり，適切な分別ができていなければ，民間事業者の採算があわなくなる可能性がある。

　以上のように，インドでは，民間企業が政府と連携しながら，都市ごみの収集・運搬，中間処理，最終処分といった業務を実施している。複数の地域で都市ごみの収集・処理を手がける企業も出てきている（コラム1参照）。しかしながら，都市自治体の民間企業への支払いが遅れるといった問題に直面している。都市自治体の能力強化も必要となっている。

第5節　今後の都市ごみ処理
―― 2016年固形廃棄物管理規則 ――

　第3節で述べたベンガルールなどでの廃棄物問題の深刻化，廃棄物発電への期待の高まりなどを受け，都市ごみの処理の今後の方向性についての議論が進んできている。第2節で紹介した都市固形廃棄物（管理・取扱）規則の改正をめざして，2013年版，2015年版と，改定案が2度まとめられ，パブリック・コメントに付されている。最終的に，2016年4月に改正が発表された。規則名は，「都市」がなくなり，固形廃棄物管理規則（Solid Waste Management Rules, 2016）となった。対象地域が都市のみだけではなく，拡大している都市域，インド国鉄の管理地域，空港，港湾などに広がった。新規則（以下2016年規則）と2000年に制定された都市固形廃棄物（管理・取扱）規則（以下，2000年規則）を比較しながら，また，近年のインドにおける取組みや議論をふまえながら，今後の都市ごみ処理の方向性を明らかにしたい。

　収集・運搬では，2000年規則では，各戸収集（house to house collection）とされていたところが，各扉収集（door to door collection）と書き換えられている。各扉収集は，家庭や商店の玄関・入口前および集合住宅等の入り口や1階の指定場所での回収を意味している。2000年規則では，各戸収集の中にコミュニティー単位でのごみ箱（community bin）の設置も含まれているのに対して，2016年規則では，各扉収集の説明の中で

"community bin"は，触れられていない。第3節1.で述べたとおり，クリーン・インド・ミッションでも，各扉収集が指標のひとつとして採用されている（表4-1参照）。

中間処理については，2016年規則で，廃棄物発電についての記述がより詳細なものとなった。2000年規則でも，都市ごみを処理する方法のひとつとしてふれられており，焼却・発電施設の排ガス基準値も粒子状物質，窒素酸化物など限られた項目について基準が示されていた。2016年規則では，二酸化硫黄，総ダイオキシン・フラン，水銀およびその化合物などが追加され，基準値に関する項目数が増えている。

この改正の動きに先立ち，計画委員会は，廃棄物を利用したエネルギー回収（Waste to Energy：以下WTE）に関してタスクフォースをつくり，統合的な廃棄物管理のあり方を論ずる中で，WTEを論じている。都市の人口規模別に廃棄物の発生量や組成が異なることから，都市を大きく4つに分け，廃棄物処理で用いる技術について，提言を行っている（表4-4参照）。人口100万人以上の都市を中心に，WTE施設の導入を提言するとともに，メタンガス回収，コンポストやRDF製造などを組み合わせた処理方法を提言している。また，廃プラスチックの油化についても新たな取り組むべき分野として導入を促す内容となっている。

さらに，2016年規則では，化学・肥料省肥料局の役割として，肥料会社にたいしてコンポストと化学肥料の販売比率に関するガイドラインを設定するなど，コンポストの需要を確保するための条項が盛り込まれている。RDFの製造施設から100キロメートル以内に立地し，燃料を使っている工場は，燃料の少なくとも5％をRDFにすることが求められている。

2016年の規則改正前に，示された2つの改正案に対しては，過去のさまざまな廃棄物処理事業の失敗例を十分に検証できていないとの批判もある。失敗の原因が何だったのかを明らかにし，対策をしっかり取らなければ，同様の失敗を繰り返すことになると指摘されている[11]。2016年規則は，コンポストやRDFの需要を喚起する措置を盛り込んでおり，期待できる部分もあるが，地方政府からの支払いが滞るといった問題には，十分対応できる内容になっていない。

表4-4 都市の大きさによる今後の処理技術

	廃棄物発生量／組成	処理技術
人口200万人以上	日量1100トン以上 生分解性ごみ 35-50%	統合廃棄物プラント（メタン回収，コンポスト，RDF製造） 廃棄物焼却 （RDF→セメント製造） プラスチック油化
人口100万人以上 200万人以下	日量550トン～1,100トン 生分解性ごみ 40-55%	統合廃棄物プラント（メタン回収，コンポスト，RDF製造） （RDF→セメント製造） プラスチック油化
人口10万人以上 100万人以下	日量30トンから550トン 生分解性ごみ 40-55%	発生源での分別 メタン回収，コンポスト製造 生ごみ以外はRDF化→発電施設あるいはセメント産業 いくつかの市で共同してRDFを十分に共同できればWTEプラント
人口10万人以下	日量30トン以下	メタン回収，コンポストおよびRDF製造 RDF→人口100万人以上の都市のWTE施設

（出所）Planning Commission（2014）をもとに筆者作成。

　また，2016年規則では，中間処理施設の建設，衛生埋立処分場への移行をふくめて，11項目で，期限が設定されている。中間処理施設や複数の都市が利用する共同衛生埋立処分場に適した場所の選定に1年，分別されたごみの各扉収集に2年，人口10万人以上の都市での中間処理施設の建設に3年などとなっている。2000年規則では，目標の実施について期限が定められている項目は4つと少なかったが，実現はまったくできなかった。これらの目標期限を守れるかどうかは，廃棄物処理の民間委託先が持続的に操業を行っていけるか，州や都市自治体が，予算を十分につけ，目標の達成に向けて努力をどれだけ行うかにかかっている。

　固形廃棄物管理に関する2016年規則が公布された時期にあわせて，E-waste（管理）規則（コラム2参照）が改正・公布された。また，建設廃棄物管理規則が制定された。これまで家庭等で発生する廃棄物と一緒に回収されていた廃棄物を分けて回収・処理することで，それぞれの廃棄物を

適正に処理することがめざされている。

おわりに

　1994年のスーラトでの伝染病の発生以降，1996年からの廃棄物処理をめぐる公益訴訟をうけて，2000年の都市固形廃棄物（管理・取扱）規則が制定され，都市ごみの収集，処理，処分に関する法的枠組みが整えられた。その担い手となっているのは，都市ごみ処理の責任を負っている都市自治体と，都市自治体からから委託を受けて廃棄物処理を実際におこなう民間企業である。1990年代半ばと比べると，都市ごみの収集・運搬・中間処理・処分に関するサービスは向上してきているといえる。

　しかしながら，収集・運搬，中間処理，処分，それぞれの段階でいぜん問題が存在している。収集・運搬については，収集対象地域の拡大が必要である。中間処理では，官民連携事業が持続的に実施できるように，処理費用の支払いを継続的に行うことができる政府側の体制つくりが重要となっている。また，中間処理施設の操業費用を抑えるために，分別収集の導入を進める必要がある。埋立処分に関しても，覆土・メタンガス回収などによる火災防止，浸出水の処理など，衛生埋立への移行が必要となっている。2016年春に，都市ごみに関する規則が改正され，さらに，建設廃棄物に関する規則が新たに制定されるなど，都市ごみの収集・運搬，中間処理，処分の向上をめざして，制度的な枠組みを整えてきている。

　実際に，このような都市ごみ処理の改善を進められるかどうかの鍵は，民間事業者の技術の評価，ステークホルダー間の調整など，都市自治体の能力を向上できるかどうかにかかっている。

【注】
(1) 多くの国で，農村で発生する廃棄物の対策は，後回しにされてきている。たとえば，中国では，固形廃棄物環境汚染防止法が1995年に制定されたが，農村の廃棄物処理については，言及されていなかった。2004年に改正（2005年に施行）で盛り込まれ，以降，農村部の廃棄物対策が徐々に始まってきている。

⑵ 日本では，半分以上の自治体が一般廃棄物の回収用プラスチック袋を指定し，収集料金を集めているものの，収集，中間処理，処分にかかる費用のごく一部しか回収できていない。多くの費用は税金で負担されている。
⑶ 1993 年に施行された第 74 次憲法改正で，都市自治体の責務が定義され，「公衆保健及び衛生管理，廃棄物管理」の項目も盛り込まれた（第 243 条 W および第 12 附表）。
⑷ http://moud.gov.in/sites/upload_files/moud/files/guideline.pdf
⑸ ウェイストピッカーとも呼ばれる。街中や埋め立て処分場で，買い取ってもらえる再生資源を集め，生計をたてている人々。
⑹ 都市開発省の資料を参照。https://swachhbharaturban.gov.in/writereaddata/Zero_garbage_modelPune.pdf。
⑺ JICA ウェブサイト参照。http://www.jica.go.jp/topics/2010/20100610_02.html。また，清掃カーストについては，鈴木 (2013) を参照。
⑻ 2015 年 10 月に実施した同社でのヒアリングによる。
⑼ New York Times "India's Plague, Trash, Drowns Bangalore, Its Garden City" 2012 年 10 月 26 日，The Times of India "Mandur Blocks Roads, 200 Trash Trucks Return" 2014 年 6 月 18 日を参照。
⑽ 2014 年 9 月に Ramky Enviro Engineers 社で実施したヒアリングにもとづく。
⑾ Foundation for Greentech Environmental Systems の Asit Nema は，2015 年 1 月，ハイデラバードで開催された "The 3rd International Brainstorming Workshop on Sustainable Municipal Solid Waste Management in India" の中で，コンポスト化，廃棄物発電，RDF 製造などの失敗事例を紹介し，十分な検証なしに，規則の改正等がなされようとしていると批判している。

〔参考文献〕

<日本語文献>
石田直美 2012.「インドの廃棄物処理の動向とビジネスチャンス」『日廃振センター情報』2012 年 1 月号 14-17.
古賀正則 1986.「インドの都市行財政制度」柴田徳衛・加納弘勝編『第三世界の都市問題』アジア経済研究所 95-129.
鈴木真弥 2013.「現代インドにおける都市下層カーストの就労・生活状況―デリー市の清掃カースト世帯調査に基づく一考察―」『中央大学政策文化総合研究所年報』(17) 175-196.
四蔵茂雄・原田秀樹 1998.「インドにおける都市ごみ管理の現状と課題」『環境システム研究』(26) 85-93.
田中勝 2014a.「インド 12 億人のごみ処理（上）」『いんだすと』29(1) 65-67.
――― 2014b.「インド 12 億人のごみ処理（下） 北部デリー市の場合」『いんだすと』29(2) 41-45.
西谷内博美 2009.「廃棄物管理における慣習の逆機能―北インド，ブリンダバンの事例

から―」『環境社会学研究』(15) 89-103.
三宅博之 1988.「第三世界における都市廃棄物処理の現状と問題点―カルカッタの事例―」『アジア経済』34(11) 25-42.

＜外国語文献＞
Athena Infonomics India Pvt. Ltd. 2012. *Public Private Partnerships in Municipal Solid Waste Management : Potential and Strategies.* Chennai: Athena Infonomics India Pvt. Ltd.
Central Statistical Office 2013. *Statistical Year Book, 2013.* New Delhi: CSO.
Central Pollution Control Board 2015. *Consolidated Annual Review Report on Implementation of Municipal Solid Wastes (Management and Handling) Rules 2000 – Annual Review Report: 2013-14.*
Department of Economic Affairs 2009. "Position Paper on the Solid Waste Management Sector in India." Ministry of Finance.
Furedy, Christine 1995. "Plague and Garbage: Implications of the Surat Outbreak (1994) for Urban Environmental Management in India." Paper Presented at Learned Societies Conference 1995, South Asia Council Meeting, Universite du Quebec a Montreal June 4-6. (http://www.yorku.ca/furedy/papers/ha/plague.doc)
Ghosh, Pooja, Asmita Gupta and Indus Shekhar Thakur 2015. "Combined Chemical Toxiological Evaluation of Leachate from Municipal Solid Waste Landfill Sites of Delhi, India." *Environmental Science and Pollution Research* 22(12) : 9148-9158.
ICRA Management Consulting Services 2010. *Toolkit for Public Private Partnership Frameworks in Municipal Solid Waste Management: Volume II – Case Studies of PPP projects.*
Ministry of Urban Development 2005. *The Report of the Technology Advisory Group on Solid Waste Management.* New Delhi: Min. of Urban Development.
Ministry of Urban Development 2013. *Surat Solid Waste Management under JNNURM.* New Delhi: Min. of Urban Development.
Nandy, Biplob, Gaurav Sharma, Soyu Garg, Sheweta Kamari and Tess George 2015. "Recovery of Consumer Waste in India – A Mass Flow Analysis for Paper, Plastic and Glass and the Contribution of Households and Informal Sector." *Resources, Conservation and Recycling* (101): 167-181.
Planning Commission 1995. *Report of the High Power Committee: Urban Solid Waste Management in India.* New Delhi: Planning Commission.
―――2014. *Report to the Task Force on Waste to Energy.* New Delhi: Planning Commission.
Saha, J. K., N. Panwar and M. V. Singh 2010. "An Assessment of Municipal Solid Waste Compost Quality Produced in Different Cities of India in the Perspective of Developing Quality Control Indices." *Waste Management* 30 (2): 192-201.

Sharholy, Mufeed, Kafeel Ahmad, Gauhar Mahmood and R.C. Tived: 2008. "Municipal Solid Waste Management in Indian Cities – A Review." *Waste Management* 28 (3): 459-467.
Snel, Mariëlle 1999. "An Innovative Community-Based Waste Disposal Scheme in Hyderabad." *Development in Practice* 9(1/2): 198-201.
Technology Advisory Group 2005. *Report of the Technology Advisory Group on Solid Waste Management.* New Delhi: Ministry of Urban Development.

コラム1　都市ごみ処理を請け負う民間企業

　インドにおいて，都市ごみの収集や中間処理，処分を請け負う企業が，複数の都市でビジネスを進めている。日本では，都市ごみの収集や中間処理，処分を請け負っている企業は，地域密着型の企業が多い。日本とは，かなりイメージが異なる。廃棄物処理に関するインドの代表的な会社としては，Ramky，Antony，IL&FS などいくつかの企業グループがあげられる。ここでは，Ramky と Antony を取り上げてみたい。

　Ramky Enviro Engineers 社は，もともとハイデラバードにおける有害廃棄物の処理ビジネスから始まり，都市ごみの運搬，中間処理，処分，さらには，不動産事業，都市開発などさまざまな領域に進出し，企業グループを形成している。海外展開も始めており，オマーンでの有害廃棄物処理の事業をはじめ，シンガポールやアメリカでも事業を行っている。また，ジャカルタの都市ごみ焼却・発電施設の建設・操業に関する入札にも，応札している。インド国内では，ハイデラバード，デリー，ベンガルールなどさまざまな都市で都市ごみ処理事業を手がけている。

　Antony Waste Handling Cell 社は，タンクローリーのタンクなど，ムンバイで特殊トラックの荷台部分を製造する企業が事業展開するなかで生まれた企業である。廃棄物収集用のトラックの製造も行っていたところ，トラックの納入先から廃棄物収集・運搬事業への参入を要請されたのをきっかけに廃棄物収集・運搬事業に進出した。最近では，ブラジルで利用されている技術を導入しながら，ムンバイでの埋立処分場の建設，運営を行ったり，デリー近郊の Noida での収集・運搬事業など，20 以上の都市で事業をおこなっている。

　これらの企業のほかにも，デリーの Okhla で廃棄物焼却・発電をおこなっている製鉄業を核とした Jindal グループ，デリーでコンポスト工場やや廃棄物焼却・発電施設の建設したインフラビジネスを手がけてきた IL＆FS グループなど，他産業からの参入も少なくない。これらの企業は，インドに限らず，海外も含め，広域で事業を展開している。

コラム2　電気製品のリサイクル

　日本では，家電リサイクル法，小型家電リサイクル法のもとで，電気製品のリサイクルが行われている。家電リサイクル法では，消費者が排出時に処理料金を支払い，また，小型家電リサイクル法では，消費者が回収ボックスに使用済みの小型家電を入れるなどの方法で，無償で廃棄するかたちとなっている。インドでは，廃家電は，有償で取引されるのが一般的である。賃金が安く，修理したり，解体後の部品や素材を販売したりすることができるからである。また，環境対策を十分に行わないため，そのためのコストを払わないですんでいる面もある。実際に，リサイクルの過程での環境汚染も報告されている。

　このような状況に対して，インド政府は，廃家電の回収に関する責任を製造業者に負わせる規則（E-waste（管理・取扱）規則）を2011年に定めている。各製造業者が回収計画を州政府に提出し，承認を受けることとなっているが，どの程度，回収を行えばよいのかに関する基準がなく，州政府と製造業者の間での合意がとれないことが障害となってきた。2016年4月に，政府は，E-waste（管理・取扱）規則が改正されE-waste（管理）規則が公布された。回収計画の承認は，中央公害規制局が実施することとした。2016年10月から施行される予定である。

　政府の認可を受けているE-wasteのリサイクル業者も，回収網の整備等に乗り出している。規則の改正により，不適正にリサイクルされる廃家電等を減らし，認可を受けたリサイクル施設で解体されるようになるかが注目される。

第5章

公立校における義務教育
――基礎教育普遍化と私立校台頭のはざまで――

辻 田 祐 子

○○

　はじめに

　本章の目的は，公立校における義務教育の現状と課題を，データと先行文献から整理することである。とくに，公共教育サービスの概要については公立校と私立校との比較を視座に据え，教育の質については公立校の抱える問題点について注目している。結論を先んずれば，近年就学率が上昇するなかで公立校は低経済社会階層の教育における重要な役割を担っている。しかし同時に上位経済社会階層を中心に公立校離れの傾向が顕著になっており，それはおもに私立校に比べて学習環境に恵まれず，平均的な学習習熟度が相対的に低い状況にあるためである，というのが本章から浮かび上がるインドの公立校の姿である。

　インドの義務教育は，2009年無償義務教育に関する子どもの権利法（The Right of Children to Free and Compulsory Education Act, 2009: 以下，RTE法）により6－14歳が対象とされる。しかし，この年齢層が必ずしもインド全域で義務教育に該当するわけではない。1976年以降，憲法上，教育に関する事項は中央政府と州政府の共同管轄事項と規定される。しかし，州政府に一定の裁量[1]が与えられている上に，長く各州政府（植民

地時代は藩王国やプロヴィンス）が教育の普及を担ってきたという歴史的な経緯から，各州独自の教育制度が発展してきた。RTE 法が制定された現在でもこうした州ごとのちがいが残されている。たとえば，1968 年の国家教育政策での提言以降，修業年限は 10 ＋ 2 ＋ 3 年（章末参考資料 1 参照）に統一された。しかしながら，初等教育と中等教育の一部に該当する 10 年間の初等，後期初等，中等教育の区別は州によりちがいがみられる（同参考資料 2 参照）。就学年齢（同参考資料 3 参照）は 5 歳の州もある。そのほかにも，学年暦，教授言語，英語教育，試験を含めたさまざまな規定が州政府により定められている。すなわち，インドにおいて義務教育とは日本のように必ずしも標準化されておらず，世代や地域によって多様なのである。

本章の構成は以下のとおりである。第 1 節では政府の義務教育普遍化への取組みについて概説する。第 2 節では公立校の概要を私立校と比較しながらデータと先行研究から示す。第 3 節で義務教育の直面する大きな課題である教育の質に関連する先行研究とデータを整理する。最後に本章をまとめる。本章では紙幅の制約のため国全体の概要を描くことを重点におくが，州，地域，経済・社会階層などによって義務教育を取り巻く政治，経済，社会の状況が異なることをあらかじめお断りしておきたい。

第 1 節　独立後の基礎教育普遍化への取組み

1947 年にインドがイギリスから分離独立したとき，英語で高等教育を受けたエリート層と現地語教育を受けた各地域の有力カースト層を除くと，大多数は読み書きのできない状態にあり，すでに国民の間に大きな教育格差が存在した（押川 2013）。独立後もその負の遺産を長く負うことになる。独立インドの国家建設の理念である「社会主義型社会」のもとでは経済成長と社会的公正の両立が掲げられた。そうしたなか，経済政策では過剰な規制が敷かれたのに対し，社会政策での政府の役割は消極的なものにしか過ぎず，基礎教育の普及は遅れた。一方で公企業を中心とする重工業化が進められた産業政策の下では自然科学系の高等教育の人材育成に重点がお

かれたため，高等教育分野には力が注がれた。これは，上位カーストを中心とするエリート層の間で独立以前から高まっていた高等教育への需要に応えることでもあった（Kumar 1998）。

独立後最初の憲法である1950年憲法では，その施行から10年以内に無償の義務教育を6～14歳の子どもに提供することが定められている。ただし，それは国家政策の指導原則に位置づけられ，努力目標でしかなかった。教育普及を担った州政府の多くでは義務教育法が制定されたが，その施行のためにはさらなる細則や命令の制定が必要であり，基礎教育を義務化することも可能であるという程度にとどまったのである。

独立後初めての国家教育政策（1968年）では，経済状態やカースト，宗教などの社会的な垣根を越えて近隣のすべての子どもたちが同じ公立校で学ぶコモン・スクール制度の導入が勧告され，不平等な社会を是正するための教育機会の平等が謳われた。続く1986年の国家教育政策でもあらためてジェンダー，カースト，宗教，地域，障害などによる教育格差の是正が強調されている。

しかしながら，教育普及には大きな国内格差が残された。とりわけ人口の多い北インド・ヒンディー語圏での基礎教育の普及の遅れは深刻であった。そのおもな理由としては，州政府の低い政治的コミットメント，低予算，中央からの財政移転上の制約，一般市民の教育に対する関心の低さと監視の欠如，などが指摘される。

その後1980年代後半以降，とくに1990年代から中央政府を中心とする基礎教育普及への本格的な取組みが加速化する。具体的にはおもに次のようなふたつの動きがみられた。

第一に，国際的な基礎教育普遍化への取組みに対応した動きである。1990年に採択されたユネスコの「万人のための教育」（Education for All: EFA）や2000年に採択された国連の「ミレニアム開発目標」といった国際的な基礎教育普遍化への取組みのなかで，インドでも1993/94年度から県初等教育プログラム（District Primary Education Programme: DPEP），その後2000/01年度から教育普遍化キャンペーン（Sarva Shiksha Abhyaan: SSA）などのプログラムが実施された[2]。これらのプログラム

を実施するための財源の確保も積極的に行なわれている。たとえば，1990年代に入ってインドは初めて初等教育への大規模な援助を受け入れ，さらに 2004/05 年度より中央政府により教育普及を目的とする税（Education Cess）の徴収がおこなわれてきた[3]。

　こうしたプログラムのもとでは，学校の新設，設備の改善，教員の訓練などの教育サービスの供給側への支援とともに，教育サービスの需要側への就学支援として，奨学金の支給，制服の補助，教科書の無料化など授業料以外の費用負担が行われた。また，就学率の向上や栄養水準の改善をおもな目的として無料の給食制度も導入されている。現在この制度は，公立校と政府から補助金を受ける私立校の初等教育と後期初等教育課程で学ぶ全生徒を対象とし，世界最大の給食制度とも称される[4]。さらに DPEP や SSA では公立校の説明責任や透明性を高めるため，保護者や地域住民が地元公立校の運営に携わる村落教育委員会などの組織化が進められた[5]。これは 1992 年の憲法改正においてパンチャーヤトと呼ばれる地方自治機関に初等・中等教育を含む教育の実施権限と責任が与えられた分権化の流れにも沿う動きである。

　第二に，教育に関する人権や法律面での変化である。1980 年代から 90 年代にかけての教育を権利としてとらえる国際的な潮流のなかで，インドでも教育を国民の権利とするよう求める市民運動が活発化した。1992 年，「子どもの基本的人権を保障する児童の権利に関する条約」（子どもの権利条約）が批准され，さらに翌 1993 年には教育を国民の基本的権利とする画期的な最高裁判決が下される。それを受けて 2002 年に 6 歳から 14 歳までの子どもの教育を基本的権利とする憲法改正がおこなわれた。これが 2009 年に RTE 法として立法化され，連邦レベルで初めて国民の基礎教育の権利を保障されたのである（2010 年 4 月から施行）。

　RTE 法ではおもに以下の内容が規定される。(1) 6 − 14 歳の子どもは無償の義務教育を受ける権利をもつ。国家はその権利を保障する第一義責務を負う。(2) 私立校は行政当局から施設や教員給与などの学校運営基準を満たした上で得られる認可を取得する。その入学定員の少なくとも 25％を無償教育枠として「弱者層」[6]に割り当てる。(3) 教育の質の向上や維持の

ため,すべての学校は教員,設備,授業などに関する一定基準を満たさなければならない,などである。

　以上のような基礎教育普及への取組み強化はある程度就学率にも反映されている。6－14歳の就学率は55.4%(1986/87年)から90.1%(2014年)まで上昇した[7]。これはとくに,女子,農村部,低カースト層,低所得層,後進地域など伝統的に教育を受けてこなかった階層や地域での就学が普及したことによるものである。しかしながら,現在でも地域,ジェンダー,経済社会階層間の就学率の格差は完全になくなったわけではない。こうした点をふまえた上で,次節では公共教育サービスの概要を以下に示す。

第2節　公共教育サービスの概要

1．公立校と私立校の分類

　インドの学校を運営主体別に分類すると,大きく公立校と私立校に分類される[8]。公立校は,中央政府,州政府,地方自治体,教育関連以外の省庁,公企業の管轄下にある学校などが含まれる。義務教育段階でもすべての公立校が同じような施設をもち,同じ水準の質の授業を提供しているわけではない。公立校には一定の序列がある[9]。

　私立校は政府から補助金を受ける学校(aided school)と受けない学校(unaided school)に区別される。前者は民間団体により経営されるが,教員給与を中心とする維持費が政府から支払われる。教員には公立校教員と同じ水準の給与が支払われるが,政府の監視下におかれ,運営面で多くの制約がある。後者は経営も資金も完全に民間によるものである。

　政府から補助金を受けない学校はさらに政府からの認可取得の有無で区別されることがある。本来すべての私立校は教員給与,敷地面積,施設など各州政府が定める規定を満たした上で州政府の認可を受けることになっている。しかし,これらの基準を満たすことができないのが無認可校である。

近年，私立校のなかでも注目されてきたのが低額私立学校 (Low-fee Private Schools：LFP 学校) である[10]。LFP 学校の多くは認可の基準を満たすことができないために無認可校が多い。しかしながら公立校の質に満足できない層の需要を満たす形で増加したとされる[11]。教員が学校に来ない，あるいは授業が行われていないなど，地域の公立校が教育機関として適切に機能していない場合，少なくとも教員が教室に来て授業が実施され，生徒の規律の取れている LFP 学校（を含む私立校）は親にとって授業料を払ってでも通わせたい相対的な価値のある学校である。また，これらの学校のなかには実態はともかくとして英語での教育を謳う学校が少なくない。通常，公立校では現地語で授業が行われるのに対し[12]，将来の雇用機会拡大などに期待を込めた英語での教育も LFP 学校での教育を保護者にとって魅力あるものにしている（小原 2014）[13]。

Tooley らは，多額の補助金を投入して公立校での無償教育を提供するよりも，LFP 学校の増加によって学校間の競争が高まり，質の高い教育の普遍化を効率的かつ安価に達成できると唱える（Tooley and Dixon 2007; Tooley, Dixon and Gomathi 2007）。他方，LFP 校については経営基盤が脆弱であり，いつ閉鎖になるかわからないと地域住民からみられている一面がある。また，LFP 学校の宣伝効果もあり，「私立校では公立校よりも良質な教育が提供される」という見解が LFP 学校にも該当するのかどうかを確かめることなく低経済社会階層の間にまで浸透している。このような LFP 学校で提供される教育の質や，これらの学校に通学することのできる経済社会階層の観点からアクセスの公正性については疑問も投げかけられている。それらの点については，以下で検討する。

2．学校種別の就学状況

まず公立校と私立校の学校数の推移について確認しておこう。全インド教育調査（第6次までは All India Educational Survey，第7次より All India School Education Survey と呼ばれる）によると，初等教育，後期初等教育のいずれの教育段階でも公立校，私立校ともに増加している（表5-1）。近

第5章　公立校における義務教育

表5-1　学校数の推移

ラウンド	年	初等教育				後期初等教育			
		公立校	被補助私立校	無補助私立校	合計	公立校	被補助私立校	無補助私立校	合計
3	1973	425,412 (93.35)	22,844 (5.01)	7,473 (1.64)	455,729 (100.00)	70,346 (77.58)	16,096 (17.75)	4,239 (4.67)	90,681 (100.00)
4	1978	446,096 (93.99)	20,982 (4.42)	7,558 (1.59)	474,636 (100.00)	88,164 (78.43)	18,997 (16.90)	5,243 (4.66)	112,404 (100.00)
5	1986	492,189 (93.09)	22,949 (4.43)	13,592 (2.57)	528,730 (100.00)	104,433 (75.12)	22,658 (16.30)	11,925 (8.58)	139,016 (100.00)
6	1993	525,412 (92.10)	21,557 (3.78)	23,486 (4.12)	570,455 (100.00)	129,352 (79.45)	15,520 (9.53)	17,933 (11.02)	162,805 (100.00)
7	2002	577,788 (88.75)	23,609 (3.63)	49,667 (7.63)	651,064 (100.00)	178,004 (72.56)	18,088 (7.37)	49,230 (20.07)	245,322 (100.00)
8	2009	664,999 (87.54)	26,484 (3.49)	68,203 (8.98)	759,686 (100.00)	279,412 (76.36)	22,742 (6.22)	63,748 (17.42)	365,902 (100.00)

(出所) National Council of Educational Research and Training *All India Educational Survey/All India School Education Survey* 各年版より筆者作成。
(注) カッコ内はシェア（％）を示す。第3次ラウンド以前は学校種別の学校数のデータを得ることができない。

年インド全体では 25 歳以下人口が半数強（2011 年センサス）を占め，教育の普遍化にはこうした若年層，とくに就学年齢人口の増加に対して学校の新設が不可欠だったと考えられる[14]。また公立校のみで基礎教育の普遍化を達成するのは困難であり，州によっては私立学校の認可基準が緩められた（De et al. 2011）。私立校増加の背景には，前述のとおり教育サービスの需要側だけでなくこうした教育サービスの供給側の事情もあったのである。民間部門による教育サービスの拡大は，経営母体，授業料，教授言語など多くの面での多様化やエリート校から LFP 学校までの階層化，序列化を伴っている。

公立校数のシェアは低下傾向にあるとはいえ，執筆時点でデータの利用が可能な最新年の調査である 2009 年では初等教育で 87.5％，後期初等教育で 76.4％を占める。ただし，私立校数は少報告であると考えられる。本来，すべての私立校は行政による認可を必要とし，RTE 法でもあらためて認可の取得が義務付けられた。しかし，実態としてはいまだに多くの無認可校が存在するとみられるからである[15]。

つぎに，公立校と私立校の生徒のシェアを確認しておこう。図5-1 は全国標本調査（National Sample Survey）（2014 年）から 6 − 14 歳の就学状況を推計したものである[16]。就学者（就学率 90.1％）のうち，公立校には 62.3％（6 − 14 歳人口の 56.4％）が就学している。ただし，就学者に占める公立校のシェアは 76.0％（1986/87 年）から 62.3％（2014 年）まで低下した（図5-2）。他方，私立校には就学者の 37.2％，6 − 14 歳人口の 33.6％が通学している。そのうち 9 割近くが認可校（被補助校＋無補助認可校）に通学している。

私立校就学者の増加は，おもに政府から補助金を受けない私立校の生徒増によるものである。1986/87 年調査では私立校の分類がおこなわれていないが，就学者に占める補助金を受けない私立校の生徒の割合は 11.0％（1995/96 年）から 26.9％（2014 年）に上昇した（図5-2）。

学校種別の生徒のシェアをさらに詳しくみてみよう。主要州のなかでは西ベンガル州，アッサム州，オディシャ州，ビハール州で公立校通学者の比率が高い（図5-3）。このうちアッサム州を除く 3 州は有料の塾に通う農

第 5 章　公立校における義務教育

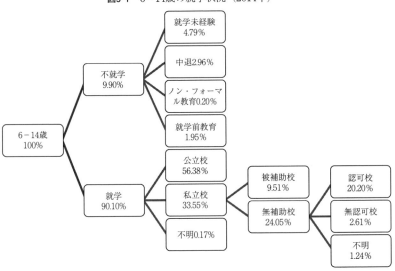

図5-1　6-14歳の就学状況（2014年）

（出所）　National Sample Survey 71st round schedule 25.2（2014）unit: level. より筆者推計。
（注）　就学者の在籍する教育水準の内訳（合計 100％）は，初等教育（56.38％），後期初等教育（26.38％），中等教育（15.19％），その他（2.05％）である。

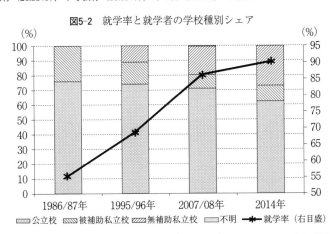

図5-2　就学率と就学者の学校種別シェア

（出所）　National Sample Survey Data（unit level）42th round schedule 25.2; 52nd round schedule 25.2; 64th round schedule 25.2; 71st round schedule 25.2 より筆者推計。
（注）　1986-87年調査では補助金の有無による私立校の区別はされていない。

173

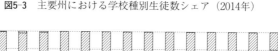

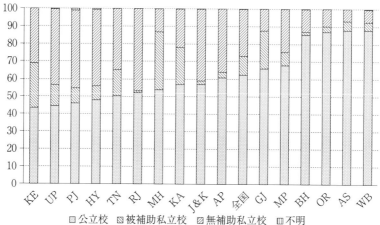

図5-3 主要州における学校種別生徒数シェア（2014年）

（出所）図5-1に同じ。
（注）KE＝ケーララ州，UP＝ウッタル・プラデーシュ州，PJ＝パンジャーブ州，HY＝ハリヤーナー州，TN＝タミル・ナードゥ州，RJ＝ラージャスターン州，MH＝マハーラーシュトラ州，KA＝カルナータカ州，JK＝ジャンムー・カシュミール州，AP＝アーンドラ・プラデーシュ州，GJ＝グジャラート州，MP＝マディヤ・プラデーシュ州，BH＝ビハール州，OR＝オディシャ州，AS＝アッサム州，WB＝西ベンガル州。

村部の子どもの比率が全国で最も高い州である（Banerji and Wadhwa 2013）。これらの州では私立校ではなく塾という形での民間部門の役割が大きいことがわかる。

　1人当たり所得の高い州のうち，グジャラート州では比較的公立校の生徒のシェアが高いのに対し，パンジャーブ州，ハリヤーナー州，マハーラーシュトラ州での公立校のシェアは全国平均を下回っている（図5－3）。また，1人当たり所得の低い州では，ウッタル・プラデーシュ州は公立校のシェアが全国平均より低く，ビハール州では高い。農村部のなかでは公立校が適切に機能しているかどうかが私立校の立地に関係することが指摘される（Muralidharan and Kremer 2009; Pal 2010）。私立校への就学にはさまざまな要因が影響を与えていると考えられるが，州の経済力と平均的な公立校の質の関係は必ずしも大きくない可能性がある。

図5-4 ジェンダー，地域，社会階層別学校種別生徒数シェア（2014年）

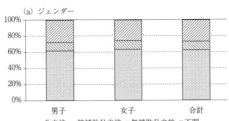
（a）ジェンダー

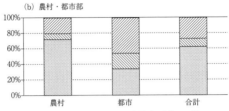
（b）農村・都市部

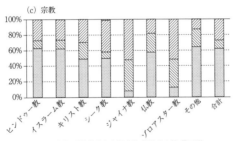
（c）宗教

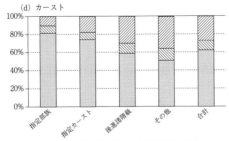
（d）カースト

（出所）図5-1に同じ。

図5-5 経済階層別学校種別生徒数シェア

(a) 1976/87年

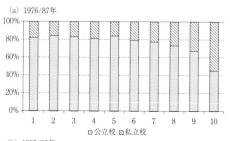

(b) 1995/96年

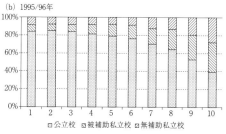

(c) 2007/08年

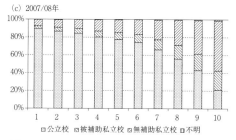

(d) 2014年

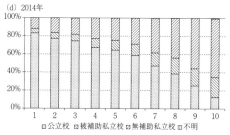

(出所) 図5-2に同じ。
(注) 1人1月当たり消費支出が最低10分位（1）〜最高10分位（10）を示す。1986/87年調査では補助金の有無による私立校の区別はされていない。

ジェンダー，農村都市の地域，カースト，宗教も私立校の就学には無視できない要因である。図5-4から，女子より男子，農村部より都市部，下位カースト層より上位カースト層，ヒンドゥー教より一部のマイノリティ（キリスト教，シーク教，ゾロアスター教，ジャイナ教）の私立校通学者が多いことが確認できる。伝統的に就学率の相対的に高い社会階層や地域では，公立校離れの傾向が明らかである。

　LFP学校を含めた私立校をめぐる重要な議論のひとつとなってきたのが，どのような経済階層が私立校に通学しているかという点である。図5-5によると，家計の経済力が上がるほど公立校離れが進む傾向がみられ，その傾向は近年ますます顕著になっている。一方で就学の裾野がより低い経済階層まで広がったこともあり，下位経済階層では公立校への就学者の比率が高くなる。LFP学校推進論者が唱えるほど低所得層が私立校に通学している状況にはない。とりわけ最貧困層では（LFP学校を含めて）私立校に通う可能性は相対的にきわめて低いのである。さらにカーストと経済力にはある程度の相関関係がみられるため，上位カースト層では私立校に通わせる経済的な余裕があるだけでなく，子どもを私立校に通学させることは下位カーストと一線を画し，ステータス・シンボルや社会的名声を維持するための重要な手段となっている（Srivastava 2013）。

　こうした経済，社会階層間での就学する学校格差を少しでも縮小させるため，RTE法では政府から補助金を受けない私立校に対して入学定員の25％を無償教育枠として「弱者層」に留保することを定めている。しかしながら，留保枠は厳密に実施されているわけではない[17]。同様に，入学の際に保護者や生徒の選抜を行ってはならず，授業料以外の費用の徴収を行ってはならない規定も遵守されていないと報告される[18]。

第3節　公立校教育の質

　インドの基礎教育普遍化が進まないのは，親の教育への無関心，児童労働などの教育サービス需要側（親，子ども，世帯）の問題であると考えら

れていた。しかし，1990年代に教育普及の遅れる北インド農村部公立校を対象に実施された調査では，不十分な設備やいつ行われるかわからない授業など，農村部の公立校がいかに劣悪な学習環境におかれているかが明らかにされ，不就学には行政や学校など教育サービスを供給する側にも責任があることを示唆して注目を集めた（詳しくは PROBE Team 1999 を参照）。全国標本調査でもドロップ・アウトの理由として子どもが勉強に関心をもてないことが最大の理由として挙げられている。勉強への無関心にはさまざまな要因が考えられるが，それは劣悪な学習環境にも起因するとみられる。

そこで本節ではインドの義務教育の直面する喫緊の課題として教育の質を取り上げる。なかでも(1)基本的施設・設備，(2)教員，(3)学校での学習，(4)学力の4つに絞り，公立校に関するデータと先行研究を整理する。

1．基本的施設・設備

RTE法では教員数，設備，授業などに関する最低基準が定められている。そのうちいくつかの履行・達成状況（2014/15年度）を表5－2に示した。ただし，本データには全校が網羅されているわけではない。また学校の自己申告に基づいているため過大報告，評価の可能性がある。さらに重要なのは問われているのは量であって質ではない。たとえば，トイレが設置されていたとしても，ドアはついているのか，水はあるのか，掃除されているのか，すなわち生徒が果たしてトイレを使用できる状態なのかどうかは，本データから窺い知ることはできない。実際，NGOによる調査では，RTE法施行後でも公立校の設備や学習環境を取り巻く惨憺たる状況について明らかにされている（写真）[19]。

公立校と私立校を比較すると，補助金の有無にかかわらず私立校の方が公立校よりも教員数，設備で恵まれた環境にあることがわかる。公立校の数値をみると，生徒数の多い学校ほど教員数が規定に達していない。同データによると教員1人当たりの生徒数（公私立校の全国平均）は35人である。次項で解説するように先生の欠勤だけでなく，病気，家事，労働，

第5章　公立校における義務教育

①生徒全員に机と椅子のある学級（2009年8月筆者撮影）。

②校舎のない学校（2009年8月筆者撮影）。

③校長宅が学校（2009年3月筆者撮影）。

写真5-1　公立校の学習環境（ビハール州農村部）。

表5-2 RTE 法規定の

			公立校[11]		
			学校数 (A)	達成校数 (B)	達成率 (%) (B/A)
教師	1－5年生	在籍生徒60人まで：教員2人	608,125	513,372	84.42
		在籍生徒61〜90人：教員3人	158,107	110,719	70.03
		在籍生徒91〜120人：教員4人	105,061	62,808	59.78
		在籍生徒121〜200人：教員5人	131,023	69,680	53.18
		在籍生徒150人以上：教員5人＋校長	138,149	21,516	15.57
		在籍生徒200人以上：校長を除く教員1人あたりの生徒数40人以下	74,140	37,133	50.08
	6－8年生	各学級に数学，社会科，(外) 国語教師	—[10]	—	—
		35人につき1人の教員	—	—	—
		100人以上在籍校：フルタイムの校長	127,769	65,073	50.93
		100人以上在籍校：パートタイムの美術，保健体育，労働教育担当教員	—	—	—
設備		以下の設備を含むいかなる天候にも耐えうる校舎			
		教員1人につき1教室	1,075,523	614,059	57.09
		オフィス兼校長室兼倉庫[1]	1,074,939	490,656	45.65
		バリアフリーによるアクセス[2]	1,074,227	738,890	68.78
		男女別のトイレ[3]	1,037,400	962,163	92.75
		全生徒を対象とした安全で適切な飲料水設備[4]	1,075,416	1,029,285	95.71
		給食調理室（校内で調理する場合）[5]	1,069,502	1,052,213	98.38
		校庭	1,075,354	580,457	53.98
		境界を壁またはフェンスで囲まれた安全な建物[6]	1,075,262	626,552	58.27
授業日数・時間	1－5年生	年間200日	907,396	866,253	95.47
		年間800時間	907,396	886,337	97.68
	6－8年生	年間220日	1,074,227	738,890	68.78
		年間1,000時間	363,946	340,897	93.67
週あたりの教師の労働時間		授業準備を含めて45時間（初等教育）[7]	907,356	6.25	(1.20)
		授業準備を含めて45時間（中等教育）[8]	363,926	6.16	(1.55)
教材		必要に応じて学級ごとに支給	—	—	—
図書室		新聞，雑誌，全教科に関する本の所蔵[9]	1,075,361	906,437	84.29
遊具，スポーツ用具		必要に応じて各学級に支給	—	—	—
学校運営		学校運営委員会の設置	1,075,395	1,017,079	94.58
		学校発展計画の策定	1,070,405	105,759	9.88

(出所) District Information System for Education 2014-15 より筆者推計。
(注) 1) 校長室の有無。2) 車椅子用スロープの有無。3) 共学校における女子トイレの有無。4) 何らかの飲料
7) 初等教育学年担当教師の1日当たりの平均労働時間。8) 後期初等教育学年担当教師の1日当たりの平均
11) 中央政府学校を除く。12) 無認可校を除く。13) 合計には中央政府学校，無認可校，マドラサなどを含む。

第5章 公立校における義務教育

達成状況（2014-15年度）

被補助私立校				無補助私立校 [12]				合計 [13]		
学校数 (A)	達成校数 (B)	達成率 (%) (B/A)		学校数 (A)	達成校数 (B)	達成率 (%) (B/A)		学校数 (A)	達成校数 (B)	達成率 (%) (B/A)
37,735	35,337	93.65	***[14]	86,539	81,800	94.52	***	750,408	646,680	86.18
6,136	5,072	82.66	***	32,452	29,901	92.14	***	202,723	150,057	74.02
4,203	3,380	80.42	***	28,825	25,428	88.22	***	142,391	94,627	66.46
7,967	6,175	77.51	***	51,378	42,904	83.51	***	197,140	123,587	62.69
15,423	2,638	17.10	***	91,958	14,554	15.83	***	255,599	40,308	15.77
10,738	7,080	65.93	***	63,447	37,279	58.76	***	154,729	85,558	55.30
−	−	−		−	−	−		−	−	−
−	−	−		−	−	−		−	−	−
26,228	17,881	68.18	***	58,282	32,234	55.31	***	217,983	117,813	54.05
−	−	−		−	−	−		−	−	−
66,691	48,378	72.54	***	262,132	158,746	60.56	***	1,445,747	850,215	58.81
66,686	46,127	69.17	***	261,725	214,922	82.12	***	1,444,607	772,856	53.50
66,593	32,353	48.58	***	259,044	97,092	37.48	***	1,439,886	876,884	60.90
61,919	56,021	90.47	***	258,850	252,766	97.65	***	1,398,291	1,301,604	93.09
66,691	64,442	96.63	***	262,002	259,215	98.94	***	1,445,484	1,388,845	96.08
63,751	58,399	91.60	***	〜	〜	〜		1,133,253	1,110,612	98.00
66,687	54,243	81.34	***	261,883	207,629	79.28	***	1,445,251	864,365	59.81
66,682	49,536	74.29	***	261,878	229,581	87.67	***	1,445,125	932,470	64.53
34,744	29,064	83.65	***	227,078	212,075	93.39	***	1,207,403	1,139,963	94.41
34,744	33,716	97.04	***	227,078	219,264	96.56	***	1,207,403	1,173,486	97.19
66,593	32,353	48.58	***	259,044	97,092	37.48	***	1,439,886	876,884	60.90
45,935	44,189	96.20	***	169,650	162,372	95.71	***	598,649	563,573	94.14
34,738	6.52	(1.43)	***	226,809	6.12	(1.34)	***	1,207,035	6.21	(1.27)
45,930	6.31	(1.27)	***	169,588	6.21	(1.30)	***	598,557	6.16	(1.50)
−	−	−		−	−	−		−	−	−
66,687	56,820	85.20	***	261,863	202,236	77.23	***	1,445,232	1,186,360	82.09
−	−	−		−	−	−		−	−	−
66,682	53,813	80.70	***	〜[10]	〜	〜		1,445,217	107,655	7.45
66,676	41,555	62.32	***	〜	〜	〜		1,445,235	174,775	12.09

水設備の有無。5）給食実施の有無。6）何らかの境界壁かフェンスの有無。労働時間。9）図書室の有無。10）−はデータなし，〜は対象外を意味する。カッコは標準偏差。
14）*** は公立校との差がないという帰無仮説を1%水準で棄却。

181

幼い妹弟の世話，家畜の世話，季節労働移動の親についての移住，さぼりなどのさまざまな理由により生徒の欠席も少なくない。そのため，授業の際の教師1人当たりの生徒数は日によって変動があると考えられる。

公立校では教室，教室以外の部屋（校長室），校庭，敷地の境界など基本的な設備が整備されていない学校が少なくない。他方で授業時間についてはほとんどの学校でRTE法のガイドラインが遵守されていると申告される。管轄地域の政府，両親・保護者，教員から構成される学校運営委員会は，約95％の公立校で設置されている。同委員会は学校運営の監視，学校発展計画の策定，政府などから提供される資金の使用に対する監視の役割を担っているが，そのうち政府からの補助の基礎となる学校発展計画を策定した公立校は1割にも満たない状況が浮かび上がる。

2．教員

（1）教務の実態

公立校教員は地味な職業であり，教えることに高い志をもつ者は多くない（Kumar 1991）。しかし私立校に比べるとはるかに高い給与水準[20]など，相対的に雇用労働条件にめぐまれた公務員であり，現在でも教育を受けた地元支配階層出身者が多いといわれる[21]。近年，特定の社会集団を人口比率に応じて優先的に公共部門で雇用する措置である留保制度（reservation）や，以下に解説するように非正規教員の採用により，教員の出身社会階層の多様化が一定程度進んでいる。それでも指定カースト，部族出身の教員ともに総人口に占める人口比率を下回る[22]。

公立校教員の配置をみると，都市部や地域の支配階層が住む地域の学校には政治的コネをもち，経済力のある教員が配置され，対照的に遠隔地農村には政治的にも経済的にも力のない教員や新規採用教員が送り込まれる傾向がみられる（Vasavi 2015）。たとえばグジャラート州の新任教員は3年間部族地域に配属されるが，従わない場合には5年分の給与を課金される制度がある（Dyer 1996）。教員は配属や異動をめぐって労組活動や有力政治家，行政官との関係構築に時間を費やさなければならない立場におか

れている（Majumdar and Mooij 2011）。

　多くの途上国では教員や医療従事者などの教育や保健などの公共サービスを末端で担う人材の職務放棄が公的資源の有効利用や効率的な人的資源開発を妨げていることが指摘されてきた（Chaudhury et al. 2006）。インドの公立校においても教員の欠勤やたとえ出勤していても授業が放棄されている状況が明らかにされている。たとえば，抜き打ち訪問による農村部公立校調査では，25％の教員が欠勤しており，45％の教員しか授業をおこなっていなかった（Kremer et al. 2004）。私立校教員の出勤や授業の実施状況は公立校をやや上回る程度でしかなかったが，同じ村に公立校がある場合には私立校の教員の出勤率が高くなる（ibid.）。これは，私立校は公立校が機能していない村に立地する可能性が高いためと説明される。

　このように欠勤や怠業ばかりが注目され，何かにつけて批判の的になる公立校教員に対する同情の余地がないわけではない。公立校教員は選挙，政府統計調査，政府開発事業など教務以外の多くの公的業務を末端で担う戦力とみなされ，学校においても毎月行政に報告するための大量の書類やデータの作成に追われる。また，地域の行政官から達成不可能とも思える出席，成績などの目標値が与えられると，データの改ざん，試験の解答を教えるといった不適切な行為を行わざるをえなくなり，生徒や保護者の尊敬や信頼を失うこともあるという（Mooij 2008）。近年，中間階層以上では公立校離れの傾向が強まり，公立校の生徒の多くは保護者が相対的に低水準の教育しか受けていない階層である。生徒の家庭学習への親の支援を期待できないなかで，学校での学習理解を深めるためにはいっそう授業の工夫が求められるようになっている。しかし，公立校では資源が限られており，しばしば相対的に劣悪な環境で授業を行わなければならない。Kumar（2008）は次のように述べている。

　　教員を批判する者は50人の子どもたち——通常50人を上回り，多くの場合80人を超えることもある——と1日過ごしてみるとよい。もし発狂しなかったのなら，それは不可能なことに挑戦しなかったからである。教員たちはエネルギーを最小限に抑えながらインドの人的

資源開発の任務を最大限に遂行している。教員たちのおかれた現実のごく平均的な学校に立ってみて，彼らの視点から教職をとらえないかぎり，現状が変わることを望めないのである（Kumar 2008, 41）。

教員のモティベーションは，学校の施設，教員1人当たりの生徒数，教務以外の任務，監査官の訪問頻度などにより影響されるだけではく，同僚との人間関係，とくに校長との関係の重要性が指摘される（Majumdar and Mooij 2011）。校長により学校運営や教員の教務への取組みはよくも悪くも影響を受けるのである（Sarangapani 2003; De et al. 2011）。

（2）非正規教員

近年，公立校にみられる最も顕著な変化のひとつとして，非正規教員（多くの州には現地語の呼び名がある。英語では contract teacher, para-teacher, temporary teacher, ad hoc teacher, guest teacher などと呼ばれる）の増加が挙げられる。インドでは州政府が教員採用を担っていることから，非正規教員の定義は州によりことなる。たとえば，任期ひとつをとっても，毎年人事評価に基づき契約更新をする州，終身雇用の州，定年などによる欠員が出れば終身雇用に切り替わる州，一定期間の後に正規教員に切り替わる州などさまざまである。各州に共通するのは，正規教員とは異なる雇用・労働条件で働く教員という点である。非正規教員は，正規教員の補助や任期付きの臨時教員としてではなく，原則として正規教員と同様にフルタイムで働き，同じ職責を担う。なかには校長もいる。また，インドでは若年層の方が平均的教育水準が高い傾向を反映し，正規教員よりも若年層である非正規教員の学歴は高いが，教員の資格をもつ者は少ない傾向がみられる（Kingdon and Sipahimalani-Rao 2010）。そして何より最大の特徴は，正規教員との給与格差が大きいことが挙げられる。12州での調査によると，非正規教員の給与水準は正規教員の14％（西ベンガル州）から68％（ジャンムー・カシミール州）まで差がみられたが，平均36％でしかなかった（ibid.）。

非正規教員は1980年代から一部の州で採用が始まり，1990年代に急増した。第7回全インド教育調査（2002年）では全教員のうち初等教育段階

の 5.4%，後期初等教育段階の 6.6%が非正規教員であり[23]，第 8 回同調査（2009 年）では初等教育段階の 22.9%，後期初等教育段階の 14.2%まで上昇している[24]。これは 2002 年に非正規教員の採用に中央政府の補助金を用いることが可能になったためである。

　非正規教員の採用は，私立校よりも高い給与を得ながら欠勤や授業放棄などの蔓延する正規教員の教務の改善のみならず，州財政の悪化のなかで初等教育の普遍化をめざす各州政府がとった苦肉の策でもある。応募条件のうち学歴を正規教員より低く設定し，正規教員ほどの訓練を行わず，また，給与を低水準にとどめることで，短期間で安価に非正規教員を多数採用することが可能である。これにより教員の増加，とくに遠隔地や貧困地域などの不人気のポストへの教員の配置，教員一人学校の解消，教師 1 人当たりの生徒数減につながると期待された。また，生徒の言語，社会経済背景，文化を理解できる地元出身者が採用されるため，生徒や保護者への説明責任の向上につながり，近隣からの通勤となるため欠勤率の低下も期待された。州政府，地域のエリート，正規教員，非政府組織，私立校などの利害関係者もそれぞれの立場における理由から非正規教員の採用に満足しているという[25]。

　では，非正規教員の増加により公立校に何らかの変化がみられたのだろうか。アーンドラ・プラデーシュ州農村部の公立校では，非正規教員は正規教員よりも欠勤率が低く，さらに非正規教員が配置された小学校の生徒の成績はそうでない学校の生徒の成績を上回ったという（Muralidharan and Sundararaman 2013）。他方，全国での調査では公立校の正規教員と非正規教員の欠勤に有意な差はないと報告される（Kremer et al. 2004）。また，後進州（ビハール州，マディヤ・プラデーシュ州，ラージャスターン州，ウッタル・プラデーシュ州）農村部公立校で 1996 年と 2006 年に実施された調査によると，2006 年までに非正規教員が大幅に増加したものの教員の出勤率は改善されなかった（De et al. 2011）。ウッタル・プラデーシュ州では非正規教員は正規教員よりも欠勤率が低く，ビハール州では両者に差はないという研究もある（Kingdon and Sipahimalani-Rao 2010）。これは，ウッタル・プラデーシュ州の非正規教員は毎年契約更新が必要なためできるか

ぎり欠勤を避けるのに対し，ビハール州の非正規教員は終身雇用のため欠勤しても雇用を保障されているという制度のちがいと説明される。

　非正規教員のモティベーションとなっているのは将来の正規雇用化の可能性である。しかし，現状では多くの場合雇用が保証されていない先行き不安定な職業であり，教員としての適切なキャリア形成が行なわれないため，長期的な労働のインセンティブに欠ける（Gauri and Robinson 2010）。また，政治家や村の権力者の意向を反映した不透明，不正な採用の存在や，教員資格をもたず，適切な訓練の欠如した教員には遠隔地の低経済社会階層を教えるという期待に応えられないとも評価されている（De et al. 2011 p. 29）。すなわち，少なくとも現時点では非正規教員の雇用により公立校の効率性や質が改善したとは実証されていない。そうしたなか，正規教員との賃金格差，雇用契約期間，正規雇用化，フリンジ・ベネフィットをめぐる非正規教員による訴訟が近年増加している（Gauri and Robinson 2010）。

　3．学校での学習

　インドでは教科書の学習が重視される。教員には授業内容を選択する余地がほとんど与えられず，ほかの教材が（あったとしても）教科書ほど使用されず，試験は教科書に基づいて作成されるからである。全国レベルで学習指導要領やカリキュラムの策定，教科書の作成を担うのは全国教育研究訓練機構（National Council of Educational Research and Training: NCERT）である。NCERT の教科書はおもに中央政府学校や一部の私立学校などごく少数の生徒にしか使用されていない。しかし，それが各州でのカリキュラム開発や教科書作成の基準となるため，間接的には全国の生徒の学習内容に大きな影響力をもつ[26]。西ベンガル州や北東諸州を除く各州は教科書の執筆から配布までを担い，民間出版社の教科書はほとんど使用されない（World Bank 1997）。すなわちインドでは日本よりも画一的な教科書が使用される傾向にあるといえる。

　1990 年代から教科書の暗記よりも学習習熟度が少なくとも政策の上では重視されるようになった。現在，学校教育課程の指針となっている「国

家カリキュラムの枠組み」(2005年)(National Curriculum Framework 2005)では学習者を中心にした活動型学習(child-centred and active-based learning)が推奨される。

では,実際に公立校ではどのような授業が行われているのだろうか。先行研究では教師のことばを復唱し,同じ授業内容を何度も繰り返し,教科書の内容をノートに書き写すなど,教科書を丸暗記する授業が中心であることが指摘される(Alexander 2000; Clarke 2003; Sarangapani 2003 ; De et al. 2011; Majmudar and Mooij 2011)。授業内容を理解し,自分自身の言葉におき換え,独創的な発想を促すよりも,教科書や教材を一言一句正確に暗記することが重視されるのである。こうした授業はトップエリート校やLFP学校など私立校においても観察されるという(Smith, Hardman and Tooley 2005; Education Initiatives 2009)。

いまだにこうした教授法がとられる理由はおもにふたつ指摘される。第一に,公立校では相対的に劣悪な設備しかないうえに1学級当たりの人数が多く,複式学級での授業も多いため,革新的な授業を行えない状況にあるからである[27]。第二に,伝統的に教師は年長者としても知識の源泉としても尊敬すべき対象とされてきたためである。教師は生徒に対して権威的に振舞う。生徒は受動的で異議を唱えることがないだけでなく,質問すらしない[28]。このような教師と生徒の関係は,子どもを中心に据えた新しい教授法や補助教材の使用が教員訓練で紹介されたとしても,実際の学校現場で実施されることを難しくしている。

公立校では概して生徒数が多いため,無秩序に床(あればベンチ)に座らせる学級が多い(高学年になるほど男女分かれて座る傾向が強い)。しかし成績優秀で授業に積極的に参加する生徒は前列に座らせる学級や上位カーストや富裕層の子弟を前列に座らせる学級もある(Sarangapani 2003 ; Majumdar and Mooij 2011 ; Ramachandran and Naorem 2013)。落ちこぼれの生徒を対象とした特別な支援や補習が行われることはほとんどない(Majumdar and Mooij 2011)。

前項でも概説したように公立校では教員と生徒の出身経済社会階層のちがいがみられる。教員の間では公立校は指定カーストや指定部族を中心と

する低社会階層のためのものであり，親が教育を受けていないこうした階層を教育するのはほとんど不可能だと考えられている (Majmudar and Mooij 2011)。また，これらの子どもたちは成績がよくても学業成績が振るわないという偏見をもたれているという (Ramachandran and Naorem 2013)。教員と生徒の階層のちがいはPTA活動（が行われている場合）において親が教員に対して異議を申し立てることを難しくし，それが学校の説明責任にマイナスの影響を与えていると考えられる。

4．学力

教育の成果を示すのは学力だけではない。学校教育課程の指針となる「国家カリキュラムの枠組み」(2005年) では学ぶことの喜びや創造力を鍛えることが強調される。公立校教員の間では，学校教育において穏健な人柄の形成，よい市民の育成，清潔感，規律，時間厳守，善悪の判断などを身に着けることが重要だと考えられている (Alexander 2000; Sarangapani 2003)。それでもなおインドでは学力重視の傾向が強いと指摘される。

インドの学力の特徴としては，成績優秀な少数の子どもを除くと平均的な学力水準が低いことが挙げられる (Das and Zojonc 2010)。それはさまざまな学力テストにも反映されている。たとえば，全国農村部で2年生レベルの教科書が読める3年生は23.6%，5年生でも48.0%に過ぎず，5年生で引き算のできる生徒は50.5%，割り算のできる生徒は26.1%であった (Pratham 2015)。大都市のエリート校でも基礎知識の習得が不十分であると評価される (Drèze and Sen 2013, 121)。また，国内では教育水準の高いタミル・ナードゥ州とヒマーチャル・プラデーシュ州が参加した国際学力テスト (PISA) の結果も芳しいものではなかった (Walker 2011)。就学率の上昇するなかでのこうした低学力に対する懸念は増大している。

途上国では私立校の生徒の学力は公立校の生徒よりも高い傾向がみられる (Day Ashray et al. 2014)。インドでも，私立校就学者は経済的にも社会的にも恵まれた家庭の子どもである傾向が高く，エリート校を中心に学校が学習能力のより高い生徒を選択できるというセレクション・バイアスの

問題を考慮しても，公立校就学者よりも成績優秀であると報告される（たとえば，Kingdon 1996; Goyal 2009; Muralidharan and Kremer 2009；Chudgar and Quin 2012）。対照的にアーンドラ・プラデーシュ州農村部で実施されたランダム化比較実験では，抽選により奨学金を得て私立校に通学した生徒と抽選に参加しなかったか，もしくは落選して公立校に通学した生徒の成績を比較すると，必ずしも私立校生が公立校生より優れているわけではなかった（Muralidharan and Sundararaman, 2015）。また，すべての私立校教育が公立校教育よりも高い学習成果を生み出すわけではない。私立校のなかでも無補助校は公立校より試験の1得点当たりのコストが有意に低いのに対し，被補助校は公立校と大きな差がないという（Kingdon 1996）。さらに，LFP学校の生徒の得点は公立校の生徒を有意に上回るものではなかった（Chudgar and Quin 2012）。すなわち，費用対効果を売りにするLFP学校推進論は必ずしも実証的な裏づけがない可能性がある。

　公立校に関する研究では，授業が生徒の成績に与える影響が指摘される。カルナータカ州，マディヤ・プラデーシュ州，ウッタル・プラデーシュ州の3州農村部公立校では，学校の設備や教員の属性（年齢，カースト，学歴，教職歴など）ではなく，教員の出勤や教務活動などの勤務態度が生徒の試験の得点に影響を与えていた（Pandey, Goyal and Sundararaman 2010）。ラージャスターン州のノン・フォーマル教育機関ではカメラやビデオを使い教員の出勤を記録し，それを報酬に直結させるランダム化比較実験を実施したところ，実験の対象校では生徒の受ける授業時間が約30％増となり，1年後の時点では子どもの成績が上昇した（Duflo et al. 2012）。ウッタル・プラデーシュ州では正規教員よりも非正規教員に教わった子どものほうが成績良好であり，おもに後者の出勤率の高さが成績にポジティブな影響を与えていたが，ビハール州では教員が正規かどうかのちがいによる生徒の成績に有意な差はみられなかった（Kingdon and Sipahimalani-Rao 2010）。前項でも論じたように，州による非正規教員制度のちがいが教員の出勤やモティベーションに影響を与えて生徒の成績に反映されたとしても不思議ではない。

　教員の学歴や経験が生徒の成績に影響を与えないのは，教員のモティ

ベーションの欠如やトレーニングでの知識や技術がうまく伝わっていない可能性が指摘される（Dundar et al. 2014）。公立校教員の訓練はおもに県レベルの教育訓練機関（District Institute for Educational Training）で実施されることになっている。しかし，自主的な訓練を実施していく上での人材が不足し，制度上の制約も大きい。また低いモティベーションの背後には，教員と生徒の間の経済社会階層のちがいが授業の改善を難しくしている可能性（Banerjee et al. 2007）や，不熱心な教師ほど組合に入り，怠業に対する処分を免れようとするなど教員の活発な労組活動の影響（Kingdon and Muzammil 2012）も指摘される。

近年，公立校での授業の質を高めるためにしばしば提案される政策のひとつとして，生徒の成績を教員の給与に反映させる制度が挙げられる。教師への高い報酬がモティベーションを上げ，授業の活発化や内容の充実につながり，それが生徒の成績に上昇につながるという公私立校での実証研究がある（Kingdon and Teal 2007; Muralidharan and Sundararaman 2010; 2011a; 2011b）。

他方で，教員の給与と生徒の成績を直結させるだけでは公立校の低学力問題は解決されないとも指摘される（たとえば，Bhatty, De and Roy 2015）。生徒の学力は，教員数の不足による複式学級の運営，教員に課された教務以外の公的任務，教員訓練の質，教科書の内容など，教育制度全体にかかわる複合的な要因によるものであり，末端の教員に報酬や懲罰を与えるだけで解決できるような単純な問題ではないからである。

現実には公立校で生徒の成績と教員の給与を直結させる政策をとるには政治的に大きな困難がつきまとう。しかし，就学率が上昇するなかで平均的な学習習熟度が低い状況を打破するためには，今後ますます制度的な改革が重要となることに間違いないだろう。

おわりに

本章は，基礎教育普遍化への取組みが強化されるなかでのインドの公立

校における義務教育の現状と課題を整理した。公教育は現在でも学校数の約8割を占め，6－14歳人口の約56％が在籍するなど，義務教育，とりわけ低経済社会階層の教育においては重要な役割を担っている。しかし上位経済社会階層ほど公立校離れが進み，私立校への就学が増加している。この背景には，公立校だけで教育普遍化を達成するのは困難なために，私立校認可基準が緩和されたことなどから学校数が増加する一方で，上位経済社会階層ほど可処分所得の上昇，公立校に対する不信感，英語教育への信仰，私立校のもつ特権的イメージ，将来の雇用機会拡大への期待などの理由により私立校への需要が高まっているためと考えられる。このような私立校の増加は学校の多様化，序列化，階層化を伴い，経済社会階層，ジェンダー，地域間での私立校就学格差も鮮明になりつつある。

　本章では，近年あらためてクローズアップされている公教育の質についても議論した。公立校では私立校に比べて設備，教員などの資源が限られている。教員の怠業や欠勤の問題が指摘される一方で，彼らのおかれた厳しい状況についても明らかにした。近年，公立校では非正規教員の増加がみられるが，教育の質の改善，とりわけ学力の上昇には必ずしも結びついていない。学校での授業は依然として教科書の丸暗記が中心であり，平均的な学習習熟度は私立校に比べて公立校では低い状況にある。

　本章で明らかになったように，伝統的に教育普及の遅れた地域，階層，女子にも就学の機会が広がったことで就学率は上昇した。将来，教育の普遍化をほぼ達成する日も来るかもしれない。しかし，経済社会階層が学校の選択に与える影響力が高まり，学校階層と経済社会階層との間には一定の関係が見出せる。すなわち，現状では学校教育により経済社会的格差が再生産されているといっても過言ではない。受けられる教育のちがいや学習成果の差は本人の将来だけではなく，次世代にも深刻な影響を与える可能性が高い。公共部門には教育によって経済社会的な不平等の歪みを取り除く，という難題が残されているのである。

【注】
(1) 各州政府は，(1)教育関連法案の制定，(2)全国プログラムの実施，(3)州独自の教育政策やプログラムの実施，(4)教員の採用，訓練，配置，(5)カリキュラム開発および

教科書の開発，出版，配布，(6)私立校の認可，監督，指導，などを行う。
(2) EFA では人々が生きるのに必要な手段の獲得，知識，技術の習得を含む基礎教育の普遍化が掲げられたのに対し，ミレニアム開発目標では初等教育の普遍化が目標であった。インドの義務教育に該当するのは初等教育（elementary education）であるが，それは初等教育（primary education）と後期初等教育（upper primary education）という2つの教育段階からなる。本章の義務教育については混乱を避けるために初等教育ではなく基礎教育と呼ぶ。
(3) 過去の国家教育政策では対 GDP 比6％支出が目標値として掲げられているが，2000年代以降もこの数値が達成されずほぼ3％台にとどまっている（世界銀行ホームページ http://data.worldbank.org/indicator/SE.XPD.TOTL.GD.ZS?page=5）しかしながら民間部門を合わせると6％を達成しているとも評価されており，国家教育政策においても民間部門の貢献に対する期待が示されている。
(4) 給食の実態については，「インド－安全な給食の普及に向けて」（http://www.ide.go.jp/Japanese/Research/Region/Asia/Radar/201309_tsujita.html）を参照。
(5) ただし，州によっては村の教育委員会の存在についてほとんど知られていない（Pandey, Goyal, and Sundararaman 2010）。また，ウッタル・プラデーシュ州で村の教育委員会に関する情報を村人に提供し，また子どもの就学と学習状況を報告するように村人を訓練しても親の公立校運営への参加に変化はなく，教員の出勤率を含む学校のパフォーマンスも改善しなかったという（Banerjee et al. 2010）。
(6) 原文（英語版）では，指定カースト，指定部族，社会・教育における後進階級，そのほか社会，文化，経済，地理，言語，ジェンダー，障害などの要因による不利なグループ（child belonging to disadvantaged section）および保護者の年収を基準とする経済的弱者層（Child belonging to weaker section）である。いずれも詳細は各州政府により定義される。
(7) 1986/87年調査は学校に登録（enrollment）しているかどうか，1995/96年以降の調査は学校に通学（attendance）しているかが調査項目である。インドでは登録と通学は必ずしも一致しない。
(8) 本章では詳しく触れないが，マドラサやマクタブなどのイスラーム教に関連する教育機関のなかには各州政府の認可を受けたもの（DISE 2014/15年度によると9875校）もある。
(9) エリート校としては，本来中央政府公務員子弟の教育を目的として設立された中央政府学校（Kendriya Vidayalaya）や農村部の成績優秀な子どもを集めた中央政府の寄宿舎学校（Jawahar Navodaya Vidayalaya）などが全国にある。
⑽ 途上国の低額私立学校の定義は地域により異なる。先行研究の多くでは，最低賃金や所得が考慮されたうえで「低額」授業料が定義されている（Srivastava 2013）。
⑾ 生徒にとって無認可校の最大の問題は，転校や修了の際の証明書の取得や政府の統一修了試験を受験できないことである。筆者の現地調査では，公立校との二重登録や無認可校が認可校にお金を払った上でその学校の生徒として証明書を得ることができるなどの対策が確認された。しかし，修了証明書がもらえないために高学年になると公立校に転校する生徒も少なくない。
⑿ 各州の公立校における教授言語については，Government of India（2014）を参照。

⒀　そのほか，公立校より低年齢での入学が可能なことも保護者にとって LFP 学校を魅力的にしている（Majmudar and Mooij 2011）。

⒁　一方で，すでに少子高齢化を迎えている州もある。たとえば，ケーララ州では公立小学校の統廃合が検討されていた（2015 年 8 月現地調査時点）。

⒂　最新の政府統計（DISE）によると，無認可校は 2014 年 9 月末時点で 2 万 3529 校である。おそらく無認可校のすべてが把握されているわけではない。また，2014 年 12 月の筆者によるビハール州での現地調査でも RTE 法施行後に設立された無認可校がいくつか確認された。

⒃　インドの就学に関する数値を得られる家計調査としては，ほかに全国家族保健調査（National Family Health Survey）がある。執筆時点までに 1992/93 年，1998 年，2005/06 年，2014/15 年に実施されている。学校の報告をもとにした人的資源開発省など行政による就学率は過大報告の可能性が高いため，本章では引用しない。

⒄　たとえば，"Private schools fill just 29% of 2 million seats for kids from poor families"（*Mint*, 15 March 2015）参照。

⒅　たとえば，"Collecting capitation fee is violation of RTE Act"（*Times of India*, 30 Jan 2015）。

⒆　たとえば，"School fail RTE test as deadline ends"（*Hindu*, 28 April 2013）．

⒇　私立校教員の給与については，Tooley et al. 2007，Tooley and Dixon 2007 などを参照。デリー公立校非正規教員へのインタビュー（2015 年 11 月）でも非正規でも公立校で働く重要な理由として，私立校を大きく上回る給与水準が挙げられた。私立校教員が低い報酬でも働くのは，主に高学歴若年層の雇用機会や職業選択肢が限られており失業率が高いためである。多くは塾講師など他の仕事も掛け持ちでおこなっているとされる。しかしながら私立校の経営を支えるこうした給与水準の低さは（とくに LFP 学校において）教員の離職を招き，質の高い教員の確保を困難にしている（2014 年 12 月ビハール農村部無認可校 10 校へのインタビューによる）。

㉑　執筆時点での教員試験応募資格は，次の通り。初等教育では後期中等教育修了時の得点 45％以上，2 年間の初等教育ディプロマを取得し，政府の教員適格審査に合格した者，後期初等教育では大学学位取得者でそのほかの条件を満たした上で政府の教員適格審査に合格した者である（2014 年 8 月 23 日付官報。実際には詳細な規定があるので National Council for Teacher Education の 2010 年 8 月 23 日通達を参照）。体育教員などは別の基準が定められている。

㉒　DISE（2014/15 年度）によると，教員に占める指定カースト男性 14.3％（16.6％），同女性 10.7％（8.4％），指定部族男性 10.0％（16.7％），同女性 6.9％（8.8％）である（括弧内は 2011 年センサスによる総人口に占めるカースト・部族人口比率）。

㉓　第 7 回調査では Para-teacher と Part-time teacher を非正規教員として算出した。ただし，後者は全教員の 1％にも満たないごくわずかな数である。(http://www.ncert.nic.in/programmes/education_survey/pdfs/Teachers_and_Their_Qualifications.pdf)

㉔　ただし，第 8 回調査の学校種別の数値が執筆時点で明らかではないので，私立校も含めた数値である（http://aises.nic.in/surveyoutputs）。

㉕　ただし，教員労働組合は非正規教員の採用に反対している。詳しくは，辻田

193

(2015)参照。
⒃ 教科書の内容は重要なだけに政治介入が行われることもある。たとえば，インド人民党政権下（1998〜2004年）でヒンドゥー・ナショナリストの考え方を色濃く反映した歴史教科書が作成され，その後インド国民会議派主導政権が返り咲くと前政権の教科書を改訂した例がよく知られている。
⒄ 一般的に公立校では各クラスに学級委員長が任命され，規律を保持し，自習時間には先生の代理を務めるなどの役割を果たしている（Alexander 2000; Sarangapani 2003）。
⒅ 6州における公立校調査では，棒や鞭を持ち歩き，生徒を厳しく叱責する教師の姿が共通して観察された。ただし，RTE法では体罰が禁止されたため，教師は生徒の規律をとるのが難しくなっていると感じているという（Ramachandran and Naorem 2013）。

〔参考文献〕

＜日本語文献＞

押川文子 2013.「教育の現在――分断を超えることができるか――」水島司編『変動のゆくえ 激動のインド 第1巻』日本経済評論社 59-93.

小原優貴 2014.『インドの無認可学校研究――公教育を支える「影の制度」――』東信堂.

辻田祐子 2015.「インドの義務教育における公的部門と民間部門」佐藤創編『インドの公的サービスに関する中間成果報告』調査研究報告書 アジア経済研究所 43-73 (http://www.ide.go.jp/Japanese/Publish/Download/Report/2014/pdf/C10_ch3.pdf).

＜外国語文献＞

Alexander, Robin 2000. *Culture and Pedagogy: International Comparisons in Primary Education*. Oxford: Blackwell.

Banerjee, Abhijit V., Shawn Cole, Esther Duflo and Leigh Linden 2007. "Remedying Education: Evidence from Two Randomized Experiments in India." *Quarterly Journal of Economics* 122(3) Aug.: 1235-1264.

Banerjee, Abhijit V., Rukmini Banerji, Esther Duflo, Rachel Glennerster, and Stuti Khemani 2010. "Pitfalls of Participatory Programs: Evidence from a Randomized Evaluation in Education in India." *American Economic Journal: Economic Policy* 2(1) Aug.: 1-30.

Banerji, Rukumini and Wilima Wadhwa 2013. "Early Child in School and Learning Well in India: Investigating the Implications of School Provision and Supplemantal Help." In *India Infrastructure Report 2012: Private Sector in Education*, edited by IDFC Foundation, New Delhi and London: Routledge, 52-63.

Bhatty, Kiran, Anuradha De and Rathin Roy 2015. "The Public Education System and What the Costs Imply." *Economic and Political Weekly* 50(31) Aug. 1: 10-13.
Chaudhury, Nazmul, Jeffrey Hammer, Michael Kremer, Karthik Muralidharan, and F. Halsey Rogers 2006. "Missing in Action: Teacher and Health Worker Absence in Developing Countries." *Journal of Economic Perspective* 20(1): 91-116.
Chudgar, Amita, and Elizabeth Quin 2012. "Relationship between Private Schooling and Achievement: Results from Rural and Urban India." *Economics of Education Review* 31(4): 376-390.
Clarke, Prema 2003. "Culture and Classroom Reform: The Case of the District Primary Education Project, India." *Comparative Education* 39(1): 27-44.
Das, Jishnu, and Tristan Zajonc 2010. "India Shining and Bharat Drowning: Comparing Two Indian States to the Worldwide Distribution in Mathematics Achievement." *Journal of Development Economics* 92(2): 175-187.
Day Ashray, Laura et al. 2014. *The Role and Impact of Private Schools in Developing Countries: A Rigorous Review of the Evidence*. London: Dept. for International Development.
De, Anuradha, Reetika Khera, Meera Samson and A.K. Shiva Kumar 2011. *PROBE Revisited: A Report on Elementary Education in India*. Delhi: New Delhi: Oxford University Press.
Drèze, Jean, and Amartya Kumar Sen 2013. *An Uncertain Glory: India and its Contradictions*. Princeton: Princeton University Press.
Duflo, Esther, Rema Hanna and Stephen P. Ryan 2012. "Incentives Work: Getting Teachers to Come to School." *American Economic Review* 102(4): 1241-1278.
Dundar, Halil, Tara Béteille, Michelle Riboud and Anil Deolalikar 2014. *Student Learning in South Asia: Opportunities, and Policy Priorities*. Washington D.C.: World Bank.
Dyer, Caroline 1996. "Primary Teachers and Policy Innovation in India: Some Neglected Issues." *International Journal of Educational Development* 16(1): 27-40.
Education Initiatives 2009. "Student Learning in the Metros." EI Working Paper Series 2 (http://www.ei-india.com/wp-content/uploads/EI%20working%20paper%20series%202.pdf).
Gauri, Varun and Nick Robinson 2010. *Education, Labor Rights, and Incentives: Contract Teacher Cases in the Indian Courts*. (Policy Research Working Paper 5365) Washington D.C.: World Bank.
Government of India 2014. *Selected Information on School Education 2011-12*. New Delhi: Ministry of Human Resource Development.
Goyal, Sangeeta 2009. "Inside the House of Learning: The Relative Performance of Public and Private Schools in Orissa." *Education Economics* 17(3): 315-327.
Kingdon, Geeta 1996. "The Quality and Efficiency of Private and Public Education: A Case-Study of Urban India." *Oxford Bulletin of Economics and Statistics* 58(1):

57-82.

Kingdon, Geeta, and Francis Teal 2007. "Does Performance Related Pay for Teachers Improve Student Performance? Some Evidence from India." *Economics of Education Review* 26(4): 473-486.

Kingdon, Geeta, and Mohd. Muzammil 2012. "The School Governance Environment in Uttar Pradesh, India: Implications for Teacher Accountability and Effort." *Journal of Development Studies* 49(2): 251-269.

Kingdon, Geeta, and Vandana Sipahimalani-Rao 2010. "Para-Teachers in India: Status and Impact." *Economic and Political Weekly* 45(12) Mar.20: 59-67.

Kremer, Michael, Nazmul Chaudhury, F. Halsey Rogers, Karthik Muralidharan and Jeffrey Hammer 2004. "Teacher Absence in India: A Snapshot." *Journal of the European Economic Association* 3(2-3): 658-667.

Kumar, Krishna 1991. *Political Agenda of Education: A Study of Colonialist and Nationalist Ideas.* New Delhi: Sage.

―――1998. "Education and Society in Post-Independence India: Looking towards the Future." *Economic and Political Weekly* 33(23) June 6: 1391-1396.

―――2008. *A Pedagogue's Romance Reflections on Schooling.* New Delhi: Oxford University Press.

Majumdar, Manabi, and Jose E. Mooij 2011.*Education and Inequality in India: A Classroom View.* Abingdon: Routledge.

Mooij, Jos 2008. "Primary Education, Teachers' Professionalism and Social Class about Motivation and Demotivation of Government School Teachers in India." *International Journal of Educational Development* 28(5): 508-523.

Muralidharan, Karthik and Michael Kremer 2009. "Public-Private Schools in Rural India." In *School Choice International: Exploring Public-Private Partnerships*, edited by Rajashri Chakrabarti and Paul E. Peterson. Cambridge, MA: MIT Press, 91-109.

Muralidharan, Karthik, and Venkatesh Sundararaman 2010. "The Impact of Diagnostic Feedback to Teaches on Learning: Experimental Evidence from India." *Economic Journal* 120(546): F187-F203.

―――2011a. "Teacher Performance Pay: Experimental Evidence from India." *Journal of Political Economy* 119(1): 39-77.

―――2011b. "Teacher Opinions on Performance Pay: Evidence from India." *Economics of Education Review* 30(3): 394-403.

―――2013. "Contract Teachers: Experimental Evidence from India." *NBER Working Paper* (19440) September.

―――2015. "The Aggregate Effect of School Choice: Evidence from a Two-Stage Experiment in India." *Quarterly Journal of Economics* 130(3): 1011-1066.

National Institute of Educational Administration and Planning (NIEPA) and Government of India Ministry of Human Resource Development 2000. *Year 2000 Assessment Education for All India.* NIEPA and Government of India.

Pal, Sarmistha 2010. "Public Infrastructure, Location of Public Schools and Primary School Attainment in an Emerging Economy." *Economic of Education Review* 29(5): 783-794.

Pandey, Priyanka, Sangeet Goyal, and Venkatesh Sundararaman 2010. "Public Participation, Teacher Accountability and School Outcomes in Three States." *Economic and Political Weekly* 45(24) June 12/18: 75-83.

Pratham 2015. ASER 2014: Annual Status of Education Report: Main Findings, January 2015 (http://img.asercentre.org/docs/Publications/ASER% 20Reports/ASER% 202014/National% 20PPTs/aser2014indiaenglish.pdf).

Probe Team 1999. *Public Report on Basic Education*. New Delhi: Oxford University Press.

Ramachandran, Vimala, and Taramani Naorem 2013. "What it means to be a Dalit or Tribal Child in Our Schools: A Synthesis of a Six-State Qualitative Study." *Economic and Political Weekly* 48(44) Nov. 2: 43-52.

Sarangapani, Padma M. 2003. *Constructing School Knowledge: An Ethnography of Learning in an Indian Village*. New Delhi: Sage Publications.

Smith, Fay, Frank Hardman and James Tooley 2005. "Classroom Interaction in Private Schools Serving Low-income Families in Hyderabad, India." *International Education Journal* 6(5): 607-618.

Srivastava, Prachi 2013. "Low-fee Private Schooling: Issues and Evidence," In *Low-fee Private Schooling: Aggravating Equity or Mediating Disadvantage?* edited by Srivastava, P., Oxford: Symposium Books, 7-35.

Tooley, James, and Pauline Dixon 2007. "Private Schooling for Low-income Families: A Census and Comparative Survey in East Delhi, India." *International Journal of Educational Development* 27(2) March: 205-219.

Tooley, James, Pauline Dixon and S.V. Gomathi 2007. "Private Schools and the Millennium Development Goals of Universal Primary Education: A Census and Comparative Survey in Hyderabad, India." *Oxford Review of Education* 33(5): 539-560.

Vasavi, A. R. 2015. "Culture and Life of Government Elementary Schools." *Economic and Political Weekly* 50(33): 36-50.

Walker, Maurice 2011. "PISA 2009 Plus Results: Performance of 15-Year-Olds in Reading, Mathematics and Science for 10 Additional Participants." Melbourne: ACER Press.

World Bank 1997. *Primary Education in India*. (Development in Practice) Washington, D.C.: World Bank.

参考資料１　インドの教育制度

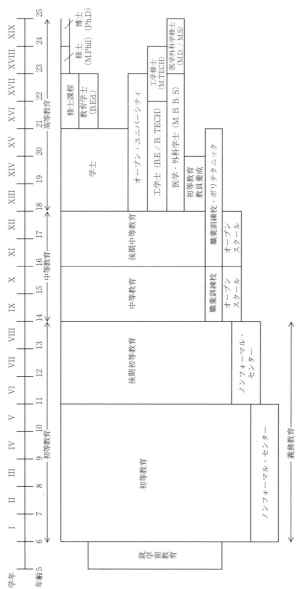

(出所) NIUEPA and Government of India (2000, 7) をその後の制度変更に応じて一部修正。

参考資料2　各州・連邦直轄地の教育制度
（1） 5+3+2年：アンダマン・ニコバル，アーンドラ・プラデーシュ，アルナーチャル・プラデーシュ，ビハール，チャンディーガル，チャッティースガル，デリー，ハリヤーナー，ヒマーチャル・プラデーシュ，ジャンムー・カシュミール，ジャールカンド，ダマン・ディーウ，マディヤ・プラデーシュ，マニプル，メガーラヤ，ナガランド，プドゥチェーリ，パンジャーブ，シッキム，タミル・ナードゥ，トリプラ，ウッタル・プラデーシュ，ウッタラーカンド
（2） 5+2+3年：カルナータカ，オディシャ
（3） 4+3+3年生：アッサム，ゴア，グジャラート，ケーララ，マハーラーシュトラ
（4） 4+4+2年生：ダードラー・ナガル・ハヴェーリー，ラクシャドウィープ，ミゾラム，西ベンガル

参考資料3　各州・連邦直轄地の就学最低年齢
（1） 5歳：アンダマン・ニコバル，アーンドラ・プラデーシュ，アルナーチャル・プラデーシュ，チャッティースガル，ダードラー・ナガル・ハヴェーリー，ダマン・ディーウ，デリー，グジャラード，ハリヤーナー，ジャールカンド，ケーララ，プドゥチェーリ，ラージャスターン，ウッタル・プラデーシュ，ウッタラーカンド，西ベンガル
（2） 5歳以上：アッサム，チャンディーガル，ゴア，ジャンムー・カシュミール，カルナータカ，マディヤ・プラデーシュ，マニプル，オディシャ，タミル・ナードゥ
（3） 6歳：マハーラーシュトラ，メガーラヤ，ミゾラム，ナガランド，パンジャーブ，シッキム，ラクシャドウィープ
（4） 6歳以上：ビハール，トリプラ

（出所）Government of India（2014）.

コラム　RTE法下で義務教育は普遍化，無償化されたか

　RTE法では無償の義務教育が保証されている。では，伝統的に就学率の低い地域の義務教育においても普遍化，無償化が実現されたのだろうか。筆者のデリー・スラム調査からその実態の一部をご紹介しよう。調査はRTE法導入前の2007/08年度と導入後の2012/13年度に417世帯を対象に実施された。5－14歳に該当するのはそれぞれ718人（第1回調査），592人（第2回調査）であった。

　興味深いことに，スラム世帯の多くの親たちの間では「RTE法とは子どもを学校に行かせなければ刑務所送りになるもの」と理解されていた。一般市民，とくに低経済社会階層にとって警察との接触はなるべく避けたいものであり，また刑務所がいかに劣悪な環境におかれているかはよく知られている。その効果もあっただろうか，就学率は68.1%から81.9%に上昇した。ただし，5歳，6歳の不就学の状況についてはあまり改善されていなかった。なぜか。保護者からは，入学許可が得られなかったため，学齢を知らないため，申請書類が揃わなかったため，の三つが主な理由として挙げられた。RTE法では公立校はいかなる入学希望者も拒否できず，とくに書類の不備をその理由にすることはできないと定められる。しかしながら，学校現場では必ずしも法律が遵守されているわけではないことがわかる。

　教育費に関しては，完全に無償教育を受けていると回答したのは1人だけであった。しかし公立校に通学する子どもたちの平均的な教育費は低下した。その背景には，さまざまな就学促進のためのスキームの受益者が増加していたこともあるだろう。たとえば，RTE法導入後の第2回調査では制服（97.8%），教科書（96.0%）であった。学校側によると，行政当局による立ち寄り検査が強化され，諸スキームの運営が滞りなく行われるようになったためと説明された。対照的に一定の教育を受けた保護者の間では，学校にプレッシャーをかけなければ奨学金，制服，教科書の支給は遅れ，適切な支援（額）も受けることはできないとの不満が聞かれた。

　さて，デリーでは次のような経緯からRTE法施行以前から私立校における弱者層枠が存在した。独立後のインドで掲げられた「社会主義型社会」の建設という国家建設の理念は，都市部の土地政策においても社会的公正への配慮という形で反映された。たとえば，1960年代からデリーの私立校には定員の25%を無償教育枠として「弱者層」に与えるという条件で譲許的価格での土地の購入が認められていたのである。しかしながら土地の市場価格以下での購入だけが実施され，弱者層の入学については無視される

状況が長く続いた。2004年，最高裁は公益訴訟を受けて，形骸化していたこの条件の履行を私立学校に促すようにデリー政府に命じた。これを契機として格安価格での土地購入を行った私立校における20%の「弱者層枠」が実施されることになったのである。さらにRTE法では，すべての私立校に定員の25%を弱者層に無償教育枠として与えることが義務付けられた。それを受けて私立校在籍者は増加したのだろうか。

就学者のうち私立校に在籍する生徒の比率は第1回調査の4.6%から第2回調査では11.3%にまで増加した。それでもデリー全体の水準（全国標本調査から推計すると2007/08年35.1%，2014年28.6%）には遠くおよばない。私立校在籍者の増加は，主に一部の経済力の相対的に高い世帯と私立校に関する情報を持つ高い教育水準を持つ親の世帯に広くみられた。しかしながら第2回調査での私立校在籍者のうち弱者層枠で入学したのは2人（1世帯）だけであった。この枠を利用するには私立校の入学手続きに関する情報が不可欠であり，また教育費負担に耐えられる経済力も必要となる。該当する2人の子どもの父親はデリーの多くのスラムで通称「ベンガーリー・ドクター」と呼ばれる無資格の医者（quack）で，スラムのなかでは親の教育水準および所得水準のともに極めて高い世帯に属する。弱者層枠での入学者では本来無償教育を受ける権利を与えられているが，保護者は高額な教育費を負担していた。

以上のように，RTE法施行から3年後のスラムでは，就学率の上昇や公立校教育の費用負担の低下がみられた。しかし，義務教育は普遍化，無償化されてはいなかった。同時にスラムのなかでもより経済力を持ち，親の教育水準の高い世帯では質のよいと信じられている私立校志向が高まる，という状況が生まれていたのである。

第 6 章

乳幼児の保育と教育をめぐる取組み

太 田 仁 志

はじめに

　2011 年の国勢調査によると，インドで乳幼児の年齢と位置づけられる 0 〜 6 歳の子どもの人口は 1 億 6452 万人に上る[1]。乳幼児は後年，その国の社会，政治，経済を担うから，乳幼児の育成・発達がその国の将来／発展を左右する重要なものであることは明らかである。日本の総人口以上の規模を誇るインドの乳幼児の育成は，インドのみならず国際的なインパクトももつ。
　一方，平均余命が半世紀以上もある乳幼児という時期＝幼少期は，人生でもっとも可能性を秘めた時期である。しかし同時に，自分たちが兼ね備える意思，力，資源は人の一生のなかでもっとも弱く，周りの環境に意のままに働きかけることが一番困難な時期でもある。人生でもっとも脆弱（vulnerable）なこの幼少期をどのように過ごすかは，その人のその後（ライフコース）を左右するといっても過言ではない（Heckman 2013）。乳幼児の保育と教育（Early Childhood Care and Education，以下 ECCE とする）[2]に関する取組みは，身体，情緒，また認知面の発達に重要な意味をもつ時期のプログラムである（杉本・小原・門松 2013, 73）。

そのような幼少期は義務教育がはじまる前の時期であることもあり，その過ごし方は基本的には家庭・家族に委ねられている。より正確には，家庭に委ねられているとともに，家庭が最大の責任を負うことになる。しかし私たちは，家庭が経済面でも社会的な地位の面でも平等な様態にあるわけではないこと，また等しく好ましい影響を与えることができるわけではないことを知っている。経済・社会・政治的発展の促進に加えて，ここにも国が福祉・社会政策として乳幼児の育成に介入する余地がある。また，世界的にもインドの乳幼児の発育・健康状況の悪さは，インドに貧困世帯が多いことと関連している。したがって公共サービスとしてのインドのECCEに関する政策と取組みは，開発政策と福祉・社会政策という性格をあわせもち，かつ貧困対策でもある。

　本章では，そのようなインドのECCEに関する取組みを明らかにする。取組みが大きく動き出したのは1975年で，その旗艦事業が「乳幼児の統合的発達サービス」(Integrated Child Development Services：ICDS)である。ICDSはインド最大であるだけでなく，世界最大規模のECCEプログラムでもある。本章ではICDSを中心に据えつつ，2000年（ゼロ年）代（以下，2000～2009年の10年間を「ゼロ年代」と表記する）後半以降の展開に注意を払いながら，ECCEに関する取組み・政策を概観する[3]。以下，まず第1節でECCEに関する現状を統計で確認する。続く第2節ではインドのECCE政策の展開を追い，またゼロ年代後半以降の乳幼児の健康指標の改善の要因・背景を指摘する。それらのいくつかは関連・先行研究では明示的にはあまり注目されていない諸点である。そして第3節でECCE政策の実施，とくにICDSを中心に検討する。本章では国際機関のインドにおける取組みへの言及は最小限であることをお断りしておく。

第1節　乳幼児の保育と教育の状況

　表6-1はインドと南アジア諸国，日本および中国とのECCEに関する状況を比較したものである。5歳未満乳幼児の死亡率（U5MR）について，

表6-1　ECCEに関する指標

	5歳未満児の死亡率（U5MR）(単位：人 [1000人当たりの推定人数])						就学前教育参加率[2] (%, 2009～2012年)	
	1970年	1990年	2000年	2013年	男児[1]	女児[1]	男児	女児
インド	213	126	91	53	51	55	57	60
バングラデシュ	224	144	88	41	44	38	26	25
パキスタン	188	139	113	86	89	82	87	77
スリランカ	71	21	16	10	10	9	89	89
ネパール	271	142	82	40	42	37	83	81
日本	18	6	5	3	3	3	−	−
中国	113	54	37	13	14	12	70	70
南アジア	213	129	94	57	56	57	55	56
東アジア・大洋州	117	58	41	19	21	17	67	67
世界	147	90	76	46	47	44	55	53

（出所）　UNICEF（2015）第2章表1，表5，表10より筆者作成。
（注）　1）U5MRの男児，女児は2013年。
　　　　2）就学前教育参加率は，2009～2012年のうち各国・地域の最新の数値。

インドは2013年に1000人当たり53人と，依然としてきわめて高い水準にある。それでも1970年のU5MRは213人で，また，その年間減少率は1970～1990年の20年が2.6％であったのに対し，1990～2000年の10年が3.2％，2000～2013年の13年が4.2％と，乳幼児の健康状況は近年ほど改善している，すなわち取組みが進んでいることがわかる。2000年以降の減少率は42％である。なお，2012年のインドの新生児死亡率は1000人当たり29人，1歳未満の乳児死亡率は同41人であった（UNICEF 2015）。

またインドの就学前教育参加率は，バングラデシュを除いて南アジア諸国と比べて見劣りする。女児の参加率の方が男児より高いのがインドの特性である。時系列でインドの就学前教育粗参加率をみると，1999年に18％だったのが2005年は39％，そして2010年は55％となっている[4]。

つぎに，インドで実施された標本調査である全国家族保健調査（National Family Health Survey：NFHS）を用いて状況を確認する。NFHSはこれまで1992-93年，1998-99年，2005-06年，2014-15年の4回実施されているが，最新の2014-15年調査の集計結果は2016年1月21日現在，13州およびふたつの連邦直轄領のものしか公表されていない。したがってNFHSでは直近の状況を明らかにできないが，2013～2014年にICDSの

表6-2　乳幼児の栄養状態

(％)

	3歳未満児			5歳未満児	
	1992-93年	1998-99年	2005-06年	2005-06年	2013-14年
発達阻害	−	51.0	44.9	48.0	38.7
衰弱	−	19.7	22.9	19.8	15.1
低体重	51.5	42.7	40.4	42.5	29.4

(出所)　3歳児未満はIIPS (2007a)，5歳児未満の2005-06年はIIPS (2007b, 267-274)，2013-14年はGovernment of India (2015b, 5) より筆者作成。
(注)　1) それぞれの栄養状況の概念は本文を参照。いずれも中央値より−2標準偏差未満の中・重度の栄養不良の比率である。
　　　2)「−」はデータがないことを示す。

実態等を把握すべく，女性・子ども発達省がユニセフの協力を得て「子どもの速報調査」(Rapid Survey on Children：RSOC) を実施している。RSOCは標本規模がNFHSほど大きくないなど，両者の単純比較には注意を要するものの，趨勢を確認することはできるものと思われる。

　まず栄養状態について，NFHSおよびRSOCともに発育阻害 (stunted)，衰弱 (wasted)，低体重 (underweight) という3つの指標を用いて調べている。年齢と身長から測る発育阻害は長期の栄養不良の指標とされる。それに対して身長と体重の釣り合いを指標とする衰弱は，干ばつや疾病などといった短期，急性の栄養不良を一般に示す。低体重は年齢と体重からみる指標である。栄養状態をまとめた表6-2では調査による集計基準年齢が異なるが，趨勢をつかむことは可能であろう。1992-93年調査で唯一尋ねている低体重をみると，1998-99年から2005-06年にかけて改善が停滞していることがわかる。短期の栄養不良である衰弱については状態が悪化している。しかし長期の状態を表す発達阻害については6パーセント・ポイントほど改善している。その後，ゼロ年代後半から2013-14年にかけて，いずれの指標でも栄養状態の大幅な改善が示されている[5]。ただし改善しているとはいえ，長期の栄養不良はいまだに高い水準にある。短期の栄養不良の理由を干ばつや疾病に求めるなら，それらの発生頻度が以前より低下していること，またインドの食糧支援体制や医療体制の機動性がこの時期に高まってきていることを示唆しているかもしれない。

表6-3 5歳未満児の栄養状態 （男女別，都市部農村部別，社会階層別）

(%)

		インド全体	男児	女児	農村部	都市部	SC	ST	OBC	その他	不明
発達不全	2013-14年	38.7	39.5	37.8	41.6	32.0	42.4	42.3	38.9	33.9	－
	2005-06年	48.0	48.1	48.0	50.7	39.6	53.9	53.9	48.8	40.7	45.8
衰弱	2013-14年	15.1	15.6	14.5	15.1	15.0	15.5	18.7	14.8	13.6	－
	2005-06年	19.8	20.5	19.1	20.7	16.9	21.0	27.6	20.0	16.3	14.1
低体重	2013-14年	29.4	30.0	28.7	31.6	24.3	32.7	36.7	29.3	23.6	－
	2005-06年	42.5	41.9	43.1	45.6	32.7	47.9	54.5	43.2	33.7	35.1

(出所) 表6-2に同じ。
(注) 1) SCは指定カースト，STは指定部族，OBCはその他後進階層，その他はそれ以外を表す。
2) それぞれの栄養状況の概念は本文を参照。
いずれも中央値より－2標準偏差未満の中・重度の栄養不良の比率である。
3) 「－」はデータがないことを示す。

　栄養状態について，男女別，居住地の都市部農村部別，社会階層別にみたのが表6-3である。すべての分類で2013-14年の状態は改善しているが，性別では男児が，居住地別では農村部の方が，そして社会階層別では指定カースト（SC）と指定部族（ST）の乳幼児の栄養状態が相対的に悪い。インドでの女性の男性に対する社会的な地位の低さを考えると，女児の方が男児よりも栄養状態が良好というのは筆者には意外であった。農村部およびSC，STの栄養状態の相対的な悪さは，貧困層が相対的に多いことと関連している。

　予防接種の受診についてはつぎのようになっている。BCG，はしか，三種混合およびポリオの4つすべての予防接種を受けた生後12～23カ月（1歳～2歳未満）の乳児の比率は，1992-93年の35.5％から1998-99年の42.0％に改善したのち，2005-06年は43.5％と停滞した（IIPS 2007a）。しかし2013-14年にはその状況は65.3％（Government of India 2015b, 4）と，表2でみた栄養状態と同じく大きく改善している。3歳未満児と5歳未満児というデータの接合に問題はあるが，栄養状態，予防接種実施状況ともにゼロ年代前半に停滞していた乳幼児の健康状況の改善が，ゼロ年代後半以降に進んだことだけは指摘できる。先にみた5歳未満児の死亡率も2000年代以降の状況改善が示唆されたが，それがゼロ年代後半以降である可能性も示唆している。

表6-4 各州の5歳未満児の栄養状態の変化

州	発達阻害（5歳未満児）（%）			衰弱（5歳未満児）（%）		
	2005-06年	2013-14年	この間の削減率	2005-06年	2013-14年	この間の削減率
ジャンムー&カシミール	35	32	9	15	7	53
ヒマーチャル・プラデーシュ	39	34	13	19	10	47
パンジャーブ	37	31	16	9	9	0
ハリヤーナー	46	37	20	19	9	53
デリー	42	29	31	15	14	7
ラージャスターン	44	36	18	20	14	30
ウッタラカンド	44	34	23	19	9	53
ウッタル・プラデーシュ	57	*50*	12	15	10	33
ビハール	56	*49*	13	27	13	52
ジャールカンド	50	*47*	6	32	16	50
オディシャ	45	38	16	20	*18*	10
西ベンガル	45	35	22	17	15	12
マディヤ・プラデーシュ	50	*42*	16	35	*18*	49
チャッティースガル	53	*43*	19	20	13	35
グジャラート	52	*42*	19	19	*19*	0
マハーラーシュトラ	46	35	24	17	*19*	−12
ゴア	26	21	19	14	15	−7
アーンドラ・プラデーシュ	43	35	19	12	*19*	−58
カルナータカ	44	34	23	18	17	6
ケーララ	25	19	24	16	16	0
タミルナードゥ	31	23	26	22	*19*	14
アルナーチャル・プラデーシュ	43	28	35	15	17	−13
シッキム	38	28	26	10	5	50
アッサム	47	41	13	14	10	29
ナガランド	39	29	26	13	12	8
メガラヤ	55	*43*	22	31	13	58
マニプル	36	33	8	9	7	22
トリプラ	36	31	14	25	17	32
ミゾラム	40	27	33	9	14	−56
インド	48	39	19	20	15	25

(出所) IFPRI (2015) 図2.9 (p.20) および図2.10 (p.21) より筆者作成。
(注) 1）出所元 IFPRI (2015) が利用するのは Government of India (2015b) のデータであるが，そこには 2005-06年のデータの記載はない。この数値はおそらく IIPS (2007b) からのものと思われる。
2）（衰弱の）削減率のマイナスは増加すなわち2期間中の状態の悪化を示す。
3）アーンドラ・プラデーシュ（AP）州は2014年6月に AP州とテーランガーナ州に分割されている。本表の AP州は分割前の旧 AP州であると考えられる。
4）州名で網掛けのものは2013-14年の両栄養指標の状態がインド平均よりも良好なものを，同イタリックの太字は両指標および削減率から総合的に勘案して良好ではない州を示す。
5）表内の数値で網掛けのものは2013-14年の状態がインド平均よりも相対的に大きく良好であることを，同イタリック太字は平均よりも大きく劣ることを示す。

第6章　乳幼児の保育と教育をめぐる取組み

　発達阻害と衰弱を指標に，州別に栄養状態をみたのが表6-4である。長期の栄養不良である発達阻害についてはすべての州で栄養状態が改善している。それでも2013-14年にインド平均より状態が悪いのはウッタル・プラデーシュ州，ビハール州，ジャールカンド州，チャッティースガル州，メガラヤ州，グジャラート州，マディヤ・プラデーシュ州，そしてアッサム州の8州である。それに対して相対的に良好な州として，ケーララ州，ゴア，タミルナードゥ州，ミゾラム州，アルナーチャル・プラデーシュ州，シッキム州，およびデリーとナガランド州を挙げることができる。

　衰弱による栄養状態からは発達阻害と若干異なる趨勢が確認できる。まず，ジャールカンド州，マディヤ・プラデーシュ州，そしてグジャラート州は，発達阻害だけでなく衰弱についてもインド平均より状況が悪い[(6)]。アーンドラ・プラデーシュ州とミゾラム州では衰弱の比率が5割以上も悪化しているなど，計5州で状況が悪くなっている。ケーララ州とタミルナードゥ州は発達阻害ではインド平均よりはるかに良好な状態だが，衰弱についてはインド全体を下回っている。乳幼児を取り巻く状況は州ごとにちがいが大きい。

　州間格差や州のちがいはこのように大きく，また農村部，社会階層ではSCとSTの状態が相対的に悪い。それでもインド全体でみて，ゼロ年代後半以降に乳幼児の栄養状態の改善，より広くは，ECCEに関する改善がなぜもたらされたのだろうか。そこにECCE政策が貢献していることは間違いないだろう（Drèze and Sen 2013）。そのECCE政策を次節以降みていく。

第2節　ECCE政策の展開

　インドのECCE政策は，国家政策の指導原則のなかで憲法第45条で規定されている。憲法制定当初，無償の義務教育の供与は14歳以下の子どもが対象であったが，初等教育を基本的人権と位置づける2002年の第86次憲法改正で6〜14歳という年齢規定が挿入された。そこで妥協として

209

今日,「国は 6 歳を終了するまでのすべての子どもに,ECCE を供与するよう努める」と規定している (Kaul and Sankar 2009, 15)。以下では中央政府によるものを中心に,ECCE 政策の展開をみる。

1．栄養補給プログラムから統合的発達サービス (ICDS) へ

1947 年の分離独立後もしばらくのあいだ,インドで ECCE のニーズに対応するのはおもにボランティア組織や民間部門だった。国としての取組みがはじまったのは 1953 年だが,これも中央社会福祉委員会の設立というボランティア組織に資金援助を行うことを主たる目的とするものである (NIPCCD 2006, 4)。中央社会福祉委員会はおもに農村部での活動を支援するものであった。その後,1963～1964 年に子どもや妊婦を対象にした限定的,試験的な栄養補給プログラム (Applied Nutrition Programme) が実施されている (Government of India 2011, 3)。しかし政府の積極的な関与は 1960 年代末まで待つことになる。

1968 年に就学前教育への政府の積極的関与を求めたガンガ・シャラン・シンハ委員会の提言の流れを受ける形で,5 カ年計画でも ECCE に関する指針が示されるようになる (杉本・小原・門松 2013, 75)。その後,人びとの栄養への関心を高めることなどを目的とした「特別栄養プログラム」(1970～1971 年),低所得世帯の 3～5 歳を対象に栄養補給を行う「バールワディ栄養プログラム」(同年) など,栄養面をはじめ乳幼児の福祉に関するスキームが多く生まれていった。しかし 1972 年の関係省庁による調査では,資源制約やスキームの捕捉が十分でないこと,また断片的で調整がなされていないアプローチのため,望ましい成果を上げていないことが浮き彫りになった (Government of India 2011, 3; Awofeso and Rammohan 2011, 243)。

そこで政府は 1974 年に「全国子ども政策」を策定し,子どもを「最高に重要な資産」であると宣言する (Government of India 2011, 3)。そして子どもの健康状況改善への十分な配慮,乳幼児および妊婦と授乳中の母親への栄養補給,孤児・貧困世帯の子どもへの養育・教育の実施,働くある

いは病を患っている母親の子どもをケアする託児所等の導入などを進めることをめざす。これを受け,「乳幼児の統合的発達サービス」(ICDS) が導入されることとなった。

ICDS は 1975 年に, 33 の郡で試験的に開始された[7]。その後, 実施地域が拡大され, 1983 年には 357 郡, 1990 年には 2426 郡, 2002 年には 4608 郡, そして開始から 30 年後の 2005 年には 5422 郡まで拡大されている。2001 年の国勢調査時に郡は 6000 弱あったので (Government of India 2011, 3-4),ゼロ年代前半のカバー率は 8 割程度である。ICDS は今日, 普遍化 (universalization) されている。ICDS の目的は, ①0〜6歳の乳幼児の栄養および健康状況を改善すること, ②子どもの総体的, 統合的な育成・発達のための基盤をつくること, ③死亡, 疾病, 栄養失調, 学校からのドロップアウトを減らすこと, ④乳幼児の保育促進にかかわる政策と履行に関する省庁間の効果的なコーディネーションを行うこと, そして⑤栄養と健康に関する教育を通じて, それらの日常のニーズに対処できるよう母親の能力を向上させること, である。

ICDS 受益者は生後 3 カ月〜6 歳の乳幼児と, 妊婦および授乳中の母親である。提供されるサービスは, ①補助的な栄養補給, ②3〜6 歳を対象の就学前の非公式教育, ③15〜45 歳の女性対象の栄養と健康に関する教育, ④予防接種 (immunization) にかかる業務, ⑤健康診断, ⑥保健施設等への紹介サービス, の 6 つである。6 つのサービスがパッケージで提供されるようになっているのは, その方が効果的であるという配慮からである。保健に関連する④, ⑤, ⑥は保健・家族福祉省が全国農村保健ミッション (National Rural Health Mission：NRHM) を通じて提供している。これらのサービスはアンガンワディ・センターで提供される。「アンガンワディ」は「中庭の施設, シェルター」の意で, アンガンワディ・センターは日本の保育所・幼稚園と母子保健センターをあわせたようなイメージといえる。サービスを提供する人たちはアンガンワディ労働者で, アンガンワディ・ヘルパーは調理など補助的な役割を果たす。アンガンワディ労働者とヘルパーはほとんどが女性である。

２．発達・教育アプローチから権利アプローチへ

　ICDS が学校からのドロップアウトの削減をめざしていることは前項でみたが，第 6 次 5 カ年計画が始まる 1980 年代には，ECCE が初等教育の普遍化を実現するうえで重要であるという位置づけがいっそう強まった（杉本・小原・門松 2013, 75-76）。1982 年にはその目的で，アッサムやオディシャ，ラージャスターンといった教育後進州である 9 つの州において，ボランティア組織が運営を担う「幼児教育スキーム」が開始された（Kumar 2004, 86-87）。翌 1983 年には同じく 9 州で，政府や民間運営の初等学校に付属する就学前教育センターを運営する NGO に資金援助を行う「初等教育普遍化プログラムのもとで 3 〜 6 歳の子どもに幼児教育を行うボランティア組織への資金援助スキーム（改訂版）」が開始されている[8]。同じく 1983 年に発表された「全国保健政策」は，子どもや母性に関する保健の拡充，また乳幼児にもかかわる予防接種の早急な必要性を指摘している。

　1986 年には 1968 年に続く 2 度目の全国教育政策が策定された。ECCE はこの全国教育政策において，人的資源戦略における不可欠な要素として，初等教育につながりまたそれを補助するプログラムとして，そして，働く女性への支援サービスとして位置づけられている。これ以降，このような総体的，統合的な視野がインドの ECCE 政策とそれらのプログラムを導いている（NUEPA 2008, 10）。

　1992 年にインドは国連の「児童の権利に関する条約」（子どもの権利条約）を批准した。条約に勢いづけられるように同年，「全国行動計画：子どもへのコミットメント」を策定する。また 10 年以上あとのことだが，この子どもの権利条約の批准が「全国子ども憲章」の 2004 年の採択（2003 年策定），および 2007 年の「子どもの権利保護のための全国委員会」の設置につながっている（Das 2003, 3; NUEPA 2008, 10; Kaul and Sankar 2009, 17）。実際に政策や取組みで顕著になるのは 2000 年代以降であるものの，ECCE を権利の問題からとらえる「権利を基盤とするアプローチ」（以下，「権利アプローチ」とする）の幕開けは 1990 年代である[9]。1990 年代には

また,「全国栄養政策」も発表されている (1993年)。全国栄養政策では開発の文脈から栄養政策をとらえる必要性を指摘し,短期にとるべき行動としてICDSや他の栄養補給関連諸プログラムの拡充を訴えるなど,幼少期の保育と栄養面に関する国のかかわりを改めて提言している (Government of India 2013, 3)。

2000年代に入ると,権利アプローチが5カ年計画や政策において重視されるようになる。2001年発表の「全国女性エンパワメント政策」では,職場の託児所等の育児施設の提供にも言及されている。第10次5カ年計画(2002～2007年)ではインドのすべての子どもの生存,保護,そして発達の保証を主要な関連戦略で描くとともに,働くまたは病を患う母親の子どもをケアする託児所やデイケア・センター関連のサービスの必要性を強調している (Kaul and Sankar 2009, 16-17)。2004年採択の全国子ども憲章は,保健や栄養面での十分な配慮,安全な飲料水,環境衛生等の確保など,子どもに対する国の責任を再確認するものである。また,2002年の「全国保健政策」,2005年の「子どものための全国行動計画」,そして同2005年「全国カリキュラム・フレームワーク」でのECCEへの言及はいずれも,乳幼児政策の追い風になった (Government of India 2013, 4)。

3. 2000年(ゼロ年)代後半以降の展開

乳幼児の保育に関する指標が改善をみせたゼロ年代後半以降の展開をみよう。まず2006年に,決定的な最高裁判所(最高裁)命令が出されている。それは「食糧への権利」をめぐる一連の訴訟のなかで,ICDSの普遍化を求める最高裁命令である[10]。2001年にICDSの取組みを実現するよう訴える訴訟が提起され,最高裁判所は同年11月に,中央政府および州政府にICDSの普遍化に取り組むことを命ずる中間命令を出している。2004年10月にも中間命令が再度出されるが事態は大きく進展していなかった。この訴訟で最高裁判所は2006年12月に,ICDSの6つのサービスすべてを普遍化すること(すべての乳幼児が利用できるようにすること),ICDSを実施する場所としてアンガンワディ・センターの数を最低140万とするこ

と，補助的な栄養補給として乳幼児1人当たり1日2ルピー相当，とくに栄養状態が悪い乳幼児には2.7ルピー相当を割り与え，中央政府はその費用の半額（順に1ルピー，1.35ルピー）を負担すること，等を命じた。これまではおもに農村部や山間部，貧困層を対象としてきた，限定的であったICDSが普遍化された意義は大きい。

また同じく2006年には「働く母親のためのラジーヴ・ガンディー全国託児所スキーム」が開始されている（杉本・小原・門松 2013, 76）。これは既存の託児所プログラムを統合したものである。

2007〜2012年度の第11次5カ年計画では権利アプローチが引き続き重視され，子どもの発達を5カ年計画の中心に据えるとしている（Kaul and Sankar 2009, 17）。2005年の「子どものための全国行動計画」が強調したICDS，就学前教育，そして女児と子どもの保護に力を入れることを，五カ年計画でも再確認している。また，初等教育の無償義務教育を法制化した無償義務教育に関する子どもの権利法（The Right fo Childern to Free and Compulsory Education Act, 2009）が成立したのは2009年である（2010年施行）。乳幼児についても同法の第11条で，「3歳以上の子どもに初等教育に備えさせ，また6歳を終えるまでのすべての子どもに保育と教育を提供することを視野に，政府は無償の就学前教育を提供するのに必要な取組みを行う」とし，政府に対する指針を法律で明示した。

一方，2006年の最高裁命令を受けてICDSの普遍化に取り組む過程で，その急激な拡大がICDSプログラムや制度，また運営面での問題を際立たせることになった。同時に，いまだに改善の余地を大きく残す栄養に関する取組みの重要性にかんがみ，ICDSの強化と再構築の必要性が強く認識されるようになる。栄養状態の課題をめぐる全国協議会の決定や計画委員会委員が主導する省庁間グループのICDSに関する2011年の提言（Government of India 2011a; 2011b）を受け，2012年に「ICDSミッション：履行のための大きなフレームワーク」と題される，文字どおり今後のICDS履行のフレームワークが発表された（Government of India 2012）。これを受けてICDSは「サービス」から，遂行されるべき「ミッション」（重要な任務）に変わった。ECCE政策の柱であるICDSを運営するアンガン

ワディ・センターについては，より積極的に貢献するよう，活動的（vibrant）な乳幼児発達センターとして再位置づけを図るとしている。ICDS ミッションは今日の ICDS に関する取組みの指針として重要である。

2012〜2017年度の第12次5カ年計画では，ECCE に関する系統的な改革が求められる領域に，ICDS，アンガンワディ・センターにかぎらず政府，民間部門，そして NGO を含むあらゆる経路を用いて対処する必要性を強調している（Government of India 2013, 4）。このスタンスは2013年9月に採択された「全国 ECCE 政策」でも明確に示されている。全国ECCE 政策は ECCE に関する初めての国の政策で，今日の最新の行政の見解であり，総体的，統合的な子どもの発達というヴィジョンを引き続き重視している。ECCE 政策と同時に，保育と教育に確保すべき基本的な質に関するスタンダードを提示する「ECCE に関する質規格」と，子どもの発達段階に適した教育カリキュラムの作成指針である「乳幼児教育カリキュラム・フレームワーク」も採択された。全国 ECCE 政策が取り組む主要領域は，サービス提供者が誰かにかかわらず公正かつ包摂的な（保育・教育への）アクセス・普遍化の実現，質の改善，機関，個人，家族，そしてコミュニティの能力強化，モニタリング・管理，改善のための調査，人々の支援と理解の促進，などである。アンガンワディ・センターについては，引き続き活動的かつフレンドリーな場とするとしている。

近年の動向として最後に，2015年8月にインド法律委員会は「乳幼児の発達と法律に基づく権利に関する報告」を公表し，6歳未満の子どもの特別な状況とニーズが憲法の基本権と国家政策の指導原則の枠組みにおいても反映されるべきであるとの提言をまとめた。そこでは，子どものための法定の権利として既存のスキームや政策に保証を与えるべきで，また，健康，栄養，保育そして教育が乳幼児発達の主要なインプットであることを絶えず確認し，子どもの権利保護のための統合的かつ全体的なアプローチが伴うべきとしている。これが権利を重視する動向をめぐる現時点の到達点である。

4．2000年（ゼロ年）代後半以降に何が起こっているのか

　以上のような ECCE 政策の展開について，その背景，要因を補足する。政府が ECCE に関して動きだした 1960 〜 1970 年代の政策や取組みは，乳幼児に福祉を供するというアプローチであった（Kaul and Sankar 2009; 杉本・小原・門松 2013）。同時に，1970 年前後の首相はインディラ・ガンディーであったことから，このような福祉アプローチの背景にポピュリズム的なスタンスがあったこともうかがわれる。さらにインディラは貧困追放「ガリービー・ハタオ」も掲げており，貧困対策との関連も指摘できる。

　それ以降，ゼロ年代までの ECCE 政策の流れについて，Kaul and Sankar（2009）は福祉から発達／開発，そして権利重視のアプローチへのシフトととらえる。また杉本・小原・門松（2013）は政策として，福祉政策から教育政策，そして人権保護政策へのシフトとする。規範的にも，根源的な欲求である生きること／生存にかかわる栄養・保健の重視（貧困との関連），ついでより豊かな人生をもたらすための手段としての教育あるいは発達／開発への関心，さらにそれらを満たしたのちに，民主主義の深化や成熟した社会の創造とも並行する権利アプローチへの移行は，理にかなっているように思われる。もちろんこのように段階的に進むというわけでは必ずしもない。

　そして第 1 節でみたように，ゼロ年代後半以降，乳幼児の保育に関する指標が改善の趨勢にある。ではゼロ年代後半以降，何が起こっているのだろうか。重要度の順序は脇におき，以下の背景・要因を見落とすことはできない。第 1 に，「権利」を旗印とする取組みの進行である。とくに開発運動家・活動家などが主導する社会運動では顕著で，大きな困難を克服して政府の政策に結実しているものもある。社会運動・社会活動家の積極的な働きかけは子どもの権利だけでなく，教育や食糧への権利に関する運動が大きなうねりを起こしている[11]。

　これに加えて，権利へのアプローチをより広くとらえ，司法積極主義を特性とするインドの司法の権利にかかわる判断が重要である。とくに

2001年と2004年の中間命令，そして決定的なのが2006年の最高裁判断であった。司法はこの時期の権利アプローチへの援護射撃にもなっている点は強調すべきである[12]。

第2に，2004年5月に誕生し10年にわたって政権を担った，統一進歩連合（UPA）政権の政策スタンスである。第1次UPA政権（2004～2009年）では共産党系の政党も閣外協力したこと，また2004年までの国民民主連合（NDA）政権のどちらかというと経済活動の活性化に重きをおくような，人びとに自助と自立を期待するような，ともすれば成長政策に「前のめり」にも映るようなスタンスへの反動で[13]，UPA政権下では「普通の人びと」「社会的弱者」への配慮が政策に意識されることとなった。それは権利を旗印とする社会運動と補完関係にある。教育への権利（前項参照，2010年）および食糧への権利（2013年全国食糧安全保障法施行）はともに，UPA政権が法制化している。

第3に，2000年以降の高い経済成長である。2004～2010年度のあいだ，インドは分離独立以降まれにみる，平均8％以上という高い経済成長率を記録している。この間，少なくとも金銭・財政面でインドは間違いなく豊かになった。その結果，それまでサポートが届いていなかった領域にも少しずつ，偏りを伴いながらも政策的な配慮がなされはじめた。個々の世帯でも豊かになれば当然，それまで以上に栄養や教育に支出が向く。

第4に，長らく内向きだったインドの国際化の進展や，2015年までの国連のミレニアム開発目標（MDGs）の達成に向けた内外からの取組み支援という「国際」面，国際的な動向を指摘できる。インドの乳幼児の栄養不良は世界最大規模である。乳幼児は環境汚染にもっとも脆弱な年齢層であるから，環境衛生の取組み全般も乳幼児支援になる。世界銀行やユニセフをはじめとする国際機関はMDGs等の目標達成に，インドの取組みを技術面でも財政面でもサポートしている[14]。他方，国際社会でインドが発言権を拡大させるには，国内の栄養や環境衛生という生きることの基盤にある，国力にもかかわる諸問題の解決が必須である。国際面からも問題解決の「機」が訪れたのがゼロ年代後半以降であったと考えられる。

加えて，NFHSの2005-06年調査結果の発表で，取組みの停滞が明らか

になった。これが政府や国際機関の危機感をあおることになったとしても不思議はない。また，第1節で干ばつ，疾病の発生頻度の低下や，食糧支援体制，医療体制の機動性の高まりの可能性に言及した。それらの実現はここでみた権利アプローチ・権利を旗印とする運動の進行，司法，（福祉重視の）政策，経済成長・発展，そして国際化という諸要因からなる力学と無関係ではない。

第3節　ECCE政策の履行，ICDSをめぐって

　本節ではECCE政策の施行・運営についてみる。ECCE政策を中央（全国）レベルで主導する省庁は女性・子ども発達省である。しかし女性・子ども発達省だけでなく，人的資源開発省や保健・家族福祉省，社会正義・エンパワメント省などでも関連する政策や取組みを行っている。託児所については，労働・雇用省が履行を監督する古くは1948年工場法や1966年鉱山託児所規則などで，また農村開発省が監督する2005年マハトマ・ガンディー全国農村雇用保証法でも，託児所の設置を規定している。

　ECCE政策だけでなく，高齢者政策や障害者政策など，ある領域の社会福祉政策への取組みが複数の省庁にまたがるのがインドの特性だが，他方で関係省庁・諸機関間の調整や，かぎられた資源の分散という点で問題なしとはいえない。また社会政策は一般に，履行は州政府が担う。したがって州間で取組み状況にちがいが生ずるのもインドの特性である。もっともこの点は，栄養状態をはじめとする福祉・社会指標が示す状況が州ごとに異なるため，より現場の実態を反映させる取組みの実施＝機動性を確保するための分権化の視点から，（成果はともあれ）評価できるものでもある。

　本節では女性・子ども発達省が主導するECCE政策，なかでもインドのECCE政策の最大の取組み＝旗艦事業であるICDSを中心にみる。ICDSは全国的なプログラムだが，実際の履行を担うのは州政府である。ECCEに関する州独自の取組みも行われている。

1．ECCE プログラムの分類，履行の担い手，対象とする乳幼児層

　前節までの議論をもとに ECCE 主要関連プログラムを整理すると，保育プログラム（栄養補給や予防接種等の健康関連の事業など），3～6歳を対象とする就学前教育，そして乳幼児を預かる託児所プログラム，に分けられる。就学前教育には小学校に付属するものと単独で運営されるものがある（杉本・小原・門松 2013, 76-78）。これらに妊婦あるいは若い女性を対象とする健康関連のプログラムを加えることができる。もちろんこのように明確にプログラムが分離しているわけでは必ずしもなく，複数事業の統合的な運営も当然みられる。そもそも ICDS がすでにみたように，統合的なサービスを提供するものである。

　また運営主体について，先例にしたがって公共部門，民間部門，そして非政府組織（NGO）に分けると，ECCE プログラムのインド最大の担い手は公共部門である。正確な統計は存在しないが，公共部門のつぎに規模が大きいのがおそらく民間部門，そして NGO の順と考えられる（Government of India 2013, 4-7）。

　女性・子ども省が提示した2011年現在の指標によると，6歳以下の乳幼児数約1億6000万人のうち，48％強という約半分が ICDS にカバーされている（Government of India 2013, 4-7）。また RSOC（Government of India 2015b）によると，公的施設のアンガンワディ・センターがカバーする地域に限定すると，3～6歳の就学前教育については，幼児の37.9％が同センターで，30.7％が民間による運営施設での参加であった（26.9％はどこにも参加しておらず，残りの4.5％については未記載）。この民間施設には，民間部門と NGO によるものの両者が含まれているものと考えられる。

　民間部門は日本でいう私立校のような（学校）法人（とくに就学前教育に関して）や，社会的企業を含む民間企業などである。民間による施設は都市部だけでなく，近年は農村部にも広がりをみせつつあるが，サービスの質にばらつきがあること，施設へのアクセスの面で偏りがあること，また政策面では進みつつある商業化（保育費の上昇）といった点に問題がある

(Government of India 2013, 5-6)。

　NGO は信託や（慈善関連等の）協会，宗教団体，企業，また外国 NGO などに財政支援を受けて運営されている。もちろん（裕福な）個人の支援や，「働く母親のためのラジーヴ・ガンディー全国託児所スキーム」などを利用して政府から資金を得るものもある。ECCE に携わる NGO がカバー，支援する乳幼児の数は統計がなく不明で，数百万〜数千万人といういささか信頼性を欠く幅広い人数が紹介されることがある。NGO の ECCE へのかかわり方として，独自に保育施設や就学前教育施設を運営するものもあれば，政府プログラムである ICDS の業務の一部を担うものもある。ICDS 事業のひとつである補助的栄養補給サービスに提供される食事に NGO が携わる地域もあるし，2012 年発表の ICDS ミッション以降，10％のプロジェクトの運営を NGO に委託する方向で進んでいる。立場によって官民連携（PPP）や民営化と呼ばれる動きである。

　対象とする乳幼児層については，2006 年の最高裁命令以降，ICDS は普遍化，すなわちすべての乳幼児を対象とするプログラムになっている。しかしそれまでの歴史もあり，主として農村部，（都市部）スラム，山間部でのアンガンワディ・センターの運営が中心で，対象乳幼児は貧困層や低所得者層が結果的に多くなる。相対的に不利な立場におかれている SC や ST の人たちの比率も高くなる。公立の小学校付属の就学前教育に参加する乳幼児についても相対的に低所得者層が多いが，中間層ももちろん参加する。要はその地域の代替施設の有無，つまり，私立校・私立施設がなければ所得水準にかかわりなく公立のものに通うということである。所得層に関係なく，就学前教育は義務教育ではないから，「通えない」ではなく「通わない」という積極的な選択も当然ある。

　貧困・低所得者層，また SC や ST，さらには特別な支援を必要とする乳幼児への保育や教育では NGO が大きな役割を果たすことも多い。乳幼児一人ひとりやその家庭，またその地域社会への影響や貢献は計り知れないことは間違いないが，しかしインド全体でみればまばらな状況といえる。

　私立（学校等）法人や民間企業は，相応の保育費や学費を負担できる世帯の乳幼児が対象となることが少なくない。近年は農村部や山間部で事業

を展開する組織も出てきているが，いずれにしても，若年層の多いインドでは市場としての潜在性が大きく，規制されなければ，私立校や民間企業の参入は今後も続くものと考えられる。

本項で確認したいのは，今日のインドのECCEにおいて果たす公共部門の役割の大きさである。第1節でみた乳幼児に関する指標の改善趨勢は，当初から貧困層を対象とするICDSの改善なくしては達成できなかったものである。そして同時に，いまだにそれらの水準は満足いくものでなく，また他国に比べて劣っているのだから，ICDSが今日も問題を抱えていることは明白である。そしてICDSの問題の解決はICDS自体を変えていく必要があるという認識のもと，その動きがはじまったのがゼロ年代後半である。次項ではECCE政策の最大の事業であるそのICDSを検討する。

2．乳幼児の統合的発達サービス（ICDS）の現状

第2節1.でみたように，1975年に開始されたICDSが提供するサービスは，①補助的な栄養補給，②3～6歳を対象の就学前の非公式教育，③15～45歳の女性対象の栄養と健康に関する教育，④予防接種にかかる業務，⑤健康診断，⑥保健施設等への紹介サービス，の6つで，対象者は生後3カ月～6歳の乳幼児と，妊婦および授乳中の母親である。ICDSは2006年の最高裁命令を経て今日，普遍化すなわちインド全土が対象となっている。ICDSサービスの提供はアンガンワディ労働者がアンガンワディ・ヘルパーのサポートを受けアンガンワディ・センターにおいて行う。

運営の費用負担は，つぎのようになっている。2005年度より前は補助的栄養補給の提供は州政府の責任で，運営にかかる管理費用は中央政府が全額負担していた。しかし州政府の資源制約のもと，十分な栄養補給がなされない状況が続いた。そこで2004年に政権が交代したのち，中央政府は2005年度に，それまで州政府が負担していた補助的栄養補給に関して州政府を支援すべく，中央政府と州政府の費用負担の比率を50：50とした（北東諸州については2009年度以降，中央政府が90％を負担）。2012年のICDSミッション以降では，既存部分を90：10に，また新しい取組みに

ついては 75：25 と，中央政府の負担を増やしている（Government of India 2015a:, 22）。

アンガンワディ・センターの設置基準は現在，人口 400 人～ 800 人につき 1 センターで，以降 800 人ごとに 1 センターずつ増える。人口規模 150 ～ 400 人の場合はミニ・アンガンワディ・センターが設置される。ただし部族住居地，山間部，河畔地区，そして砂漠地区では 400 人ではなく 300 人を超えると 1 センターの設置となる（ミニ・アンガンワディ・センターは 150 ～ 300 人）。アンガンワディ・センター未設置地区に 6 歳以下の乳幼児が 40 人以上いる場合は，求めに応じてセンターが開設される（Government of India 2015a, 22）。2006 年の最高裁命令で 140 万施設を設置することとなったアンガンワディ・センターは，1975 年開始時の 4891 センターから，2015 年 3 月現在で 134 万 6186 センターまで拡大している[15]。

アンガンワディ・センターの拡大にともない，諸々のサービスの提供ベースも拡大している。センター自体は 2001 ～ 2012 年度に 2.45 倍に増加しているが，この間に補助的栄養補給サービスを提供するセンター数は 2.88 倍，また就学前教育を提供するセンター数は 2.38 倍に増加している。ICDS を通じた補助的栄養補給サービスの利用乳幼児数は同じくこの間に 2.46 倍に，6 カ月～ 2 歳児にかぎっては 2.90 倍にも受益者が増加している。また，アンガンワディ・センターでの就学前教育の 3 ～ 6 歳の幼児受益者は 2.12 倍の増加であった（NUEPA 2014, 14）。

NUEPA（2014, 15-16）から受益者の増加年率を算出するとつぎのようになる。まず補助的栄養補給サービスについて，2001 年度～ 2005 年度の年増加率は 10.4％であるが，2006 年度は前年度比で 24.6％と 2 倍以上の伸び率を記録している。2007 年度も前年度比 19.6％の増加で，以降 2012 年度までの平均増加年率は 2％強である。就学前教育についても 2006 年度の受益者の増加率は前年度比 22.9％と高い。ちなみに，アンガンワディ・センターの前年度比増加率は，2005 年度が 5.9％，2006 年度が 12.9％，2007 年度が 20.0％と，2006 年の最高裁命令を反映させた 2007 年以降がとくに大きい。

ただし状況が改善する兆しをみせるなかで，第 1 節でみた州間格差が示

第6章　乳幼児の保育と教育をめぐる取組み

写真6-1　アンガンワディ・センターの様子。
　　　　　施設の状態はセンターによって異なる（上段：ベンガルル市内［2015年10月］，下段：ラクナウ市近郊農村［2013年11月］），いずれも筆者撮影。

唆するように，州ごとに状況が異なる。たとえば省庁間グループ評価報告書（Government of India 2011a）が2009年に実施した調査をもとに推定し，つぎの点を明らかにしている。本調査は小規模な標本調査で，また推定比率が実際の比率よりも大きく算出されているため注意が必要だが，インド全体でみるとICDSに氏名が登録されている乳幼児で，補助的栄養補給や予防接種などすべてのサービスを受けた子どもの推定比率は64％であった。州別ではアーンドラ・プラデーシュ，アッサム，チャッティースガル，グジャラート，ヒマーチャル・プラデーシュ，ジャンムー＆カシミール，ジャールカンド，カルナータカ，ケーララ，タミルナードゥ，ウッタラカンド，そして西ベンガルの各州でその比率が70％以上と，全国平均64％を上回っている。それに対してビハール州（53％），ハリヤーナー州（52％），ラージャスターン州（56％），そしてウッタル・プラデーシュ州（41％）での実施率が低い。補助的栄養補給サービスにかぎると，年300日の提供が求められるところ，ハリヤーナー，カルナータカ，ケーララ，マハーラー

シュトラ,オディシャ,タミルナードゥ,そして西ベンガルの各州で提供日数が80％（240日）以上であったのに対し,アッサム,ビハール,マディヤ・プラデーシュ,ラージャスターン,ウッタル・プラデーシュ,そしてウッタラカンドの各州では64％を下回った。どの指標で測るかで異なるものの,状況に州間格差があること,またビハール州,ラージャスターン州,ウッタル・プラデーシュ州のアンガンワディ・センターを通じた取組みに大きな改善の余地があることは指摘できる。

　以上,インド全体でみれば2006年度を境目に受益者数が増加したのは,2005年度に中央政府の費用負担が拡大したことが理由と考えられる。加えて翌2006年の最高裁命令によるICDSの普遍化が動きを強く後押しした。そしてこのような急拡大によって際立ってきたICDSをめぐる問題を解消すべく,ICDSミッションが策定された。

　3．改革の動向

　普遍化に向かって進みだしたゼロ年代後半以降のICDSの急拡大の結果として,省庁間グループ評価報告書はその達成に関し,つぎの問題点を指摘している（Government of India 2011a）。まず,ICDSの普遍化が困難な理由として,膨大なインフラや資源を必要とすること,もっともひどい栄養不良への関心が薄れてしまうこと,対象者の漏れが必ず発生してしまうこと,を挙げる。また,ICDS各サービスを担うアンガンワディ労働者は仕事が多すぎるうえ,十分な報酬を得ておらず（コラム参照）,また大部分が十分なトレーニングを受けておらず,非熟練であることも問題である。さらにアンガンワディ・センターに水道施設やトイレが備わっておらず,また施設も粗悪などというインフラ面にも問題がある。健康配慮に関する業務はICDSが担うだけでは不十分で,草の根の医療サービス機関との連携が重要である,などとしている。加えて,乳幼児の栄養状況は改善されてきてはいるが,センターで提供される食事の質が問題視されることも少なくない。

　こうした問題に対処するようICDSミッションが策定されたが,その伏

線になっているのが世界銀行の 2006 年の改革提言である (Gragnolati et al. 2006)。世界銀行は MDGs 達成に向けてインドの栄養問題に関心を示し，ゼロ年代中盤からそれまで以上に ICDS に対して積極的に関与する姿勢をみせ，またインド政府も流れとしてはそれを受け入れる方向に進んだ。世界銀行の改革提言では，乳幼児の栄養問題は今日インド全体のものでなく局所的なもので，問題のある地域のみを対象としたプログラムに変更すべきとの立場を示す。このような地理的なターゲッティングだけでなく，受益者に関するターゲッティングも提起した。関連して，現金直接給付の有効性にも言及している。取組みとしては乳幼児の成長，補助的栄養補給の提供，安全で衛生的な ICDS 環境の確保，アンガンワディ労働者のトレーニングや仕事量の軽減，また労働条件の改善，ICDS とリプロダクティブ・ヘルスおよび子ども医療プログラムとの連携，モニタリングと評価，情報システムや数量的データの重視，などを提案している。また，ICDS 以外の関連プログラムとの連携や地域ベースの介入，母親を組織してプログラムに関与する機会を与える「母親委員会」の導入なども参照や検討すべきとする。世界銀行の提案は，当然ながら目標・成果達成と経済効率を重視するアプローチである。

　2012 年に発表された ICDS ミッション (Government of India 2012) も基本的にはそのアプローチを踏襲しつつ，ICDS の強化と再構築を財政制約のもとで行おうとするものである。ICDS ミッションでは，アンガンワディ・センターを活動的な乳幼児発達センターとして再位置づけし，水道など必要な設備を備えたセンターの建物を建設すること，ECCE を強化し，また 3 歳未満の乳児および乳児をもつ母親への配慮をこれまで以上に強調している。政府の費用負担を改定して補助的栄養補給サービスを改善し，また事業に携わる人たちへの訓練も拡充するとする。管理体制についても分権化と構成の柔軟化，責任の明確化，またいっそうの改善の努力が必要な 200 県への人員補強，ガバナンスの強化などにも取り組むとしている。通常は 4 時間半のアンガンワディ・センター開設のところ，開設時間の延長や託児所あるいはデイケア・センターのようなサービスの提供といった提案もある。新しく取り組む領域としては，ICDS の 6 つのサービスの

パッケージング再設計，インパクトやアウトカム，結果指標への注視，ICDS のサービス基準の明確化，プログラムやテーマごとの取組みの統合，これまで以上の地域コミュニティの参加，自発的参加や NGO・諸機関とのパートナーシップによる栄養や乳幼児発達プログラムの促進，モニタリングなどがある。

　管理運営体制に関連して，ICDS ミッションは各州の事業の 10％を上限に，NGO 等の「市民社会」への委託を基準として促している。それ以前からももちろん，ICDS の運営やアンガンワディ労働者のトレーニング，また乳幼児へのビスケットの供給などに NGO や民間企業が携わることはあったが（Drèze and Sen 2013; 杉本・小原・門松 2013; 渡部 2014），これによってより具体的な形で進み出した。近年の大きな動きとしては，鉱物・資源グループ王手民間企業であるベダンタ・リソーシズの社会福祉財団がラージャスターン州で 4000 のアンガンワディ・センターをアップグレードする契約を州政府と締結したことが発表されている（*Business Line* June 25, 2015）。

　このような業務委託の動きは，業務参加を希望する NGO 等の組織には歓迎されている。しかし ECCE 政策や取組みは政府の責務であると考える人たちにとって，NGO のかかわりや PPP の進行は国が遂行すべき責務の放棄で，業務委託＝民営化は許されない。加えて，ICDS の効率的履行をめざし，また，達成後は打ち切りの可能性すら示唆される事業のミッション化／「ミッション・モード」という位置づけも，ECCE を権利と考える人たちは問題視する。権利を擁護するのも国の責務だからである。時間軸上の区切りの有無（ミッションには区切りがあり，権利にはない），そして（経済）効率と権利という理念的な両者の隔たりはインドでは大きい。

　民営化やミッション化に反対する最大の勢力がアンガンワディ労働者とヘルパーを組織するインド共産党（マルクス主義）（CPI（M））系の労働組合であるインド労働組合センター（CITU）傘下の全インドアンガンワディ労働者・ヘルパー連合（All India Federation of Anganwadi Workers and Helpers：AIFAWH）である。AIFAWH は公称で 50 万人以上が加入している。AIFAWH は民営化やミッション化に伴う事業終了の結果，アンガ

ンワディ労働者やヘルパーが雇用を失うおそれを問題視している。また，ECCE に関する問題の解決に十分な成果を上げてきたとはいえなくとも，アンガンワディ・センターがこれまで果たしてきた役割は決して小さくない。それはすなわち，低賃金での就労というアンガンワディ労働者とヘルパーの貢献の大きさを意味している[16]。いずれにしても，AIFAWH 等の労働組合だけでなく，権利を旗印とする一部の開発・社会運動家と，同じく「市民社会」を構成する NGO は，必ずしも協調関係にあるわけではなく，ときに対立する構図にある。

　このようなミッション化の動きが出されたのは，社会福祉に配慮するとした UPA 前政権下であった。2014 年に誕生した NDA 現政権は，ICDS など国が関与する大規模なプロジェクトを権利というより単なるスキーム（事業）と位置づけ，その所管を州政府に移管させる，すなわち財政負担を州に担わせようとする方向にある。中央政府がスポンサーとなる 60 超のスキームを 10 程度に削減するという発表もなされ，ICDS の存続にも一部で危機感をもたれている[17]。また，2015 年度予算では社会福祉関連への支出の削減がみられた。これらはいずれも財政負担の軽減をめざしてのものだが，政府の財政負担軽減は，PPP や NGO 等への業務委託の導入にも関連している。

　最後に，オディシャ州の ECCE に関する状況に言及する。オディシャ州の ICDS ／アンガンワディ・センターの取組みを 2014 年に実施した標本調査を用いて検討した Khera（2015）は，本章での繰り返しの指摘と同じく，ゼロ年代後半以降の状況改善を明らかにしている。Khera（2015）はオディシャ州での乳幼児の栄養状況改善の背景のひとつとして，アンガンワディ労働者と同ヘルパー，また全国農村保健ミッションの業務に携わる ASHA 労働者[18]というスキームワーカー（太田 2015, コラムも参照）および准看護助産師の 4 者が，現場でチームになって取り組んだことがあるようだと指摘する。また聞き取りから状況改善の背景として考えられるものとして，つぎの諸点を挙げている。第 1 に，担い手のあいだに仕事は現場で行われるべきものであるという認識が広がり，その結果アンガンワディ労働者が，定期的に規則正しく業務に携わるようになったことである。

第 2 に，当初は参加する乳幼児の数が少なく仕事量が少ないと考えられ，その結果，楽な仕事だからと取り組むようになった可能性である。第 3 に，仕事の増加にともなってモニタリングがはじまり，また労働者に支払われる謝礼金も増加し，それが改善に資することになったことである。しかし他方で，アンガンワディ・センターの予算の一部（謝礼金の 2 割程度）が私的に流用されている可能性，つまり，汚職が ICDS 事業のインセンティブになっている可能性もあるとする。政治や行政の取組みが進んだこともオディシャ州での状況改善の背景であるが，改善すべき点として，そうした汚職の撲滅や，インフラの整備を挙げている。

　ゼロ年代中頃までにすでに ICDS に関する取組みが成果を上げていたタミルナードゥ州については，現場での創造的かつ積極的行動が鍵となったという指摘がある。人びとの理解を深めることや社会行動を含む「民主的行動」(democratic action) が，同州で社会福祉政策が一般にうまくいっている理由である（Drèze and Sen 2013, 166-177）。

　じつのところ，長きにわたってインドで ICDS が十分な成果を上げてこなかった理由のなかで，運営資金が届かない・どこかで搾取されてしまうといった，運営に関する問題がある。タミルナードゥ州にももちろん汚職はあるが，2011 年にインド全土で大きなうねりを起こした反汚職運動の例もあるように，その撲滅には行政機構的な監督だけでなく，民主的行動も重要である。

　　おわりに

　本章では公共サービスとしての乳幼児の保育と教育（ECCE）に関する取組みを概観した。ECCE に関する取組みでインドの最大の柱は乳幼児の統合的発達サービス（ICDS）である。しかし開始から 40 年以上が経過しているにもかかわらず，インドの乳幼児の栄養不良は今日も世界最大規模で，就学前教育の普及も進んでいるとは言い難い。本章の最後に，まずいまだに問題の解決には程遠い点を強調する。

それでも 2000 年（ゼロ年）代後半以降，乳幼児の健康指標は改善趨勢にある。そこでどのような取組みがなされてきたか，本章では ECCE 政策の展開を追いながら考察した。改善趨勢の背景・要因として，権利アプローチの定着・強化，10 年間にわたる UPA 前政権の政策スタンス，ゼロ年代中盤以降の高い経済成長，そしてインドの国際化の進展やミレニアム開発目標（MDGs）等の「国際」面の動向，は見落とすことはできない。

また，大きく改善の余地を残す ECCE 政策と取組みについて，近年の改革方向も確認した。開発運動・社会運動や活動家，また司法が権利重視のスタンスを強めるなかで，成果を上げること，また目標達成にむけた経済効率の確保が政策的には重視・意識されてきている。インドもようやく「普通の国」になりつつある。改革に携わるアクターとして，民間部門や非営利団体のかかわり・参加も重要だが，公共部門，とりわけ公的施設であるアンガンワディ・センターでの ICDS 業務と，業務を遂行するアンガンワディ労働者およびヘルパーの役割の重要性は，現在の仕組みが続くかぎりは小さくなることはない。非効率や汚職をなくすためには，住民を巻き込んだ取組みが重要と考えられる。

ECCE に関する質の確保・向上は必須で，そのためには資金の十分な確保のみならず，インフラ設備の不備の改善，そして担い手の能力の向上は不可欠である。また，アンガンワディ労働者／ヘルパーの処遇の改善も必要である。担い手の能力向上に関して，個々人については費用負担がない（もしくは最小限）という条件づきで何らかの資格制度を，運営主体については何らかの認証制度の導入を，長期的には検討してもいいかもしれない。

【注】
(1) 下記の国勢調査公式ホームページ掲載集計表，2016 年 1 月 26 日閲覧（http://www.censusindia.gov.in/2011census/C-series/C-13.html）。
(2) Early Childhood Care and Education（ECCE）に関連する用語として Early Childhood Education（ECE），Early Childhood Development（ECD），Early Childhood Care and Development（ECCD）等がある（浜野・三輪 2012）。本章ではそれらが表す包括的な取組み・概念を ECCE とする。これは 2013 年発表の全国 ECCE 政策（Government of India 2013）がとる立場と同じである。
(3) インドの ECCE 政策をわかりやすく整理している文献として Kaul and Sankar

(2009)，杉本・小原・門松（2013）がある。
⑷　NUEPA（2014, 17-18）。元の数値はユネスコの統計。
⑸　先行公表された諸州の結果に限定すると，2014-15 年実施の NFHS-4 でも発達阻害と低体重は 2005-06 年に比較して大きく改善している（EPW 2016, 7）。
⑹　グジャラート州はこの間，ナレンドラ・モディ現首相が州首相として産業誘致を積極的に進め，高い経済成長率を記録しているにもかかわらず乳幼児の栄養状態はこのように問題を抱えている状況にある。モディ時代のグジャラート州の偏りのある経済発展については Sood（2012）参照。
⑺　本章の ICDS に関する記述は，女性・子ども発達省のホームページによるものである（http://icds-wcd.nic.in/icds.htm，2015 年 12 月 14 日閲覧，および http://icds-wcd.nic.in/icds/icds.aspx，2016 年 1 月 28 日閲覧）。
⑻　杉本・小原・門松（2013, 75-76）および女性・子ども発達省ホームページ（http://dictionary.goo.ne.jp/ej/74321/meaning/m0u/scheme/，2016 年 1 月 28 日閲覧）。本スキームは ICDS の普遍化を目的として 2001 年度末で終了している（Kaul and Sankar 2009, 18; 杉本・小原・門松 2013）。
⑼　権利アプローチの重要性が児童労働の撤廃に関する取組みにおいて高まるのも 1990 年代（の終わり頃）からである（甲斐田 2013, 35-37）。
⑽　People's Union For Civil Liberties v. Union of India and Others（Writ Petition (civil) 196/2001, Date of Judgement: 13/12/2006）（http://judis.nic.in/supremecourt/imgs1.aspx?filename=29882，2016 年 1 月 25 日閲覧）。「食糧への権利」をめぐる公益訴訟について，詳しくは本書第 7 章を参照。
⑾　権利を旗印とする運動は，インドでは重層的である可能性をもつ。一般に語られる「人権」は，貧困層に相対的に多い旧不可触民（ダリト，指定カースト）への差別を解消できていないのが現状である。権利アプローチは今日の世界的な潮流だが，インドではまだ動きがありそうである。
⑿　権利を旗印とする活動家らの取組みと権利にかかわる司法の判断は，公益訴訟（第 7 章参照）で結びつく。
⒀　このようなスタンスを端的に表すのが，2004 年下院議会選挙時の NDA 政権のキャンペーン・コピー「輝くインド」（"India Shining"）である。ただし，前のめりに「映る」のであって，必ずしも分配・厚生に配慮をしていなかったということではない。したがって，UPA 政権の政策スタンスは重要だが，選挙や政権交代という民主主義プロセスの意義もおさえるべきである。
⒁　世界銀行は 2000 年代中盤以降，とくに MDGs 達成との関連でインドに注目しており（たとえば Gragnolati et al. 2006），ICDS にも 1980 年代からかかわっている。現在は「ICDS システム強化および栄養状態改善プログラム」（ISSNIP，旧称 ICDS-IV）が進行中である。また，ユニセフがインドで小規模ながらも活動をはじめたのは 1949 年で，1963 年の栄養補給プログラムも支援している。1960 年代後半からは水と環境衛生の改善プログラムも開始した。現在，2013 ～ 2017 年の国別計画行動計画（CPAP）が進行中である（ユニセフ・インドのホームページ（URL: http://unicef.in/）2016 年 2 月 9 日閲覧）。
⒂　中央政府 ICDS のホームページより統計資料を閲覧（2015 年 12 月 14 日，http://

icds-wcd.nic.in/icdsimg/QPR0315-for%20upload-17-8-2015.pdf)。設立認可ベースでのアンガンワディ・センターの数は目標どおり140万に達している。
(16) もちろん，乳幼児に日々接する彼女たちがもつ「現場の知」も重要である。なお，アンガンワディ・センターは農村部や山間部など，いわゆる津々浦々に配置されている。そのため政治家にとっては，アンガンワディ労働者を味方につけるあるいは支配することが選挙時に有効となることがある。政治的な道具とされてしまう懸念があるが，本来の趣旨とは関係ないこの点でもアンガンワディ労働者の存在意義は大きい。
(17) CITU副会長で元AIFAWH事務局長のカンディクッパ・ヘマラタ氏への聞き取り（2015年1月2日）。AIFAWHはECCEへの国の関与の継続を求め，2014年より「ICDSを救おう」キャンペーンを展開している。
(18) ASHAはAccredited Social Health Activist（認定社会保健活動家）の頭文字だが，その労働者性（太田2015）にかんがみ，ASHA労働者とする。

〔参考文献〕

<日本語文献>
太田仁志 2015.「スキームワーカーという働き方」佐藤創編『インドの公的サービスに関する中間成果報告』アジア経済研究所 89-105.
甲斐田万智子 2013.「児童労働と子どもの権利ベース・アプローチ」中村まり・山形辰史編『児童労働撤廃に向けて——今，私たちにできること——』アジア経済研究所 33-66.
杉本均・小原優貴・門松愛 2013.「南アジアにおける就学前の保育と教育（ECCE）プログラムの展開—政府，NGO，民間によるイニシアチブの検討—」『京都大学大学院教育学研究科紀要』(59) 73-97（URL: http://repository.kulib.kyoto-u.ac.jp/dspace/bitstream/2433/173255/1/eda59_073.pdf, 2015年6月23日閲覧）.
浜野隆・三輪千明 2012.『発展途上国の保育と国際協力』東進堂.
渡部智之 2014「育児支援ネットワークの構築と市民社会の役割——デリー・スラム地域における総合的乳幼児発達支援事業とNGOの働きを中心に——」『南アジア研究』(26) 73-99.

<英語文献>
Awofeso, Niyi and Anu Rammohan 2011. "Three Decades of the Integrated Child Development Services Program in India: Progress and Problems." In *Health Management - Different Approaches and Solutions*, edited by Krzysztof Smigorski, InTech 243-258 (http://cdn.intechweb.org/pdfs/24990.pdf, 2015年3月11日閲覧).
Das, Deepa 2003. *Case Study of the Status of India's Early Childhood Care and Education Services*. New Delhi: UNESCO (http://portal.unesco.org/education/en/file_download.php/20bd37d284a34d514aef4611b6b88ad8India.pdf, 2015

年6月25日閲覧).
Drèze, Jean and Amartia K. Sen 2013. *An Uncertain Glory: India and its Contradictions*. Princeton: Princeton University Press.
EPW (Economic and Political Weekly) 2016. "Some Good News". *Editorial. Economic and Political Weekly* 51(5), Jan. 30: 7-8.
Government of India 2011a. *Evaluation Study on Integrated Child Development Services Volume I.* (PEO Report No. 218) New Delhi: Programme Evaluation Organisation, Planning Commission, (http://planningcommission.nic.in/reports/peoreport/peoevalu/peo_icds_v1.pdf, 2016年1月25日閲覧).
―――Government of India 2011b. *Report of the Inter Ministerial Group on ICDS Restructuring*, Chaired by Member Planning Commission Dr. (Ms.) Syeda Hameed, New Delhi (http://planningcommission.nic.in/reports/genrep/rep_icds2704.pdf, 2014年11月28日閲覧).
―――2012. *ICDS Mission: The Broad Framework for Implementation*. New Delhi: Ministry of Women and Child Development (http://wcdsc.ap.nic.in/ICDS/References/IcdsMission.pdf, 2014年11月28日閲覧).
―――2013. "National Early Childhood Care and Education (ECCE) Policy." New Delhi: Ministry of Women and Child Development (http://www.arnec.net/wp-content/uploads/2014/07/India.pdf, 2015年2月16日閲覧).
―――2015a. *Annual Report 2014-15: Ministry of Women and Child Development*, Ministry of Women and Child Development (http://wcd.nic.in/sites/default/files/AR2014-15.pdf, 2015年11月26日).
―――2015b. "Rapid Survey on Children 2013-2014." New Delhi: Ministry of Women and Child Development (http://wcd.nic.in/sites/default/files/India%20fact%20sheet.pdf, 2015年12月10日ダウンロード).
Gragnolati, Michele, Caryn Bredenkamp, Meera Shekar, Monica Das Gupta, and Yi-Kyoung Lee 2006. *India's Undernourished Children: a Call for Reform and Action*. Washinogton, D.C.: World Bank (https://openknowledge.worldbank.org/bitstream/handle/10986/7241/368050REVISED0101OFFICIAL0USE0ONLY1.pdf?sequence=1&isAllowed=y, 2016年2月14日閲覧).
Heckman. James J. 2013. *Giving Kids a Fair Chance*, MIT Press (A Boston Review book).
IFPRI (International Food Policy Research Institute) 2015. *Global Nutrition Report 2015: Actions and Accountability to Advance Nutrition and Sustainable Development*, Washington, D.C.: IFPRI (http://ebrary.ifpri.org/utils/getfile/collection/p15738coll2/id/129443/filename/129654.pdf, 2015年12月14日閲覧).
IIPS (International Institute for Population Sciences) 2007a. "Key Indicators for India from NFHS-3" (http://rchiips.org/NFHS/pdf/India.pdf, 2015年12月7日閲覧)
―――2007b. *National Family Health Survey (NFHS-3) 2005-06 Volume I*, Mumbai (URL: http://rchiips.org/NFHS/pdf/India.pdf, 2015年12月7日閲覧).

Kaul, Venita and Deepa Sankar 2009. *Education for All – Mid Decade Assessment: Early Childhood Care and Education in India*, National University of Education Planning and Administration, New Delhi (http://www.educationforallinindia.com/early-childhood-care-and-education-in-india.pdf, 2016年6月25日閲覧).

Khera, Reetika 2015. "Children's Development: Baby Steps in Odisha." *Economic and Political Weekly* 50(40) October 3: 44-49.

Kumar, Shashi 2004. *New Dimensions for Economic Growth*. New Delhi: Atlantic Publishers and Distributors.

NIPCCD (National Institute of Public Cooperation and Child Development) 2006. *Select Issues concerning ECCE India: Paper commissioned for the EFA Global Monitoring Report 2007, Strong Foundations: Early Childhood Care and Education*. 2007/ED/EFA/MRT/PI/23 (http://unesdoc.unesco.org/images/0014/001474/147474e.pdf, 2016年1月22日閲覧).

NUEPA (National University of Educational Planning and Administration) 2008. *Education for All: Mid-Decade Assessment, Reaching the Unreached*. New Delhi: NUEPA (http://unesdoc.unesco.org/images/0018/001817/181775e.pdf, 2015年6月25日閲覧).

——— 2014. *Education for All: Towards Quality with Equity*. New Delhi: NUEPA (http://unesdoc.unesco.org/images/0022/002298/229873E.pdf, 2015年6月25日閲覧).

Sood, Atul ed. 2012. *Poverty amidst Prosperity: Essays on the Trajectory of Development in Gujarat*. Delhi: Aakar Books.

UNICEF 2015. *The State of the World's Children 2015: Reimagine the Future* (http://www.unicef.org/publications/files/SOWC_2015_Summary_and_Tables.pdf, 2014年11月25日閲覧).

＜日刊紙＞
Business Line (http://www.thehindubusinessline.com/)

コラム　アンガンワディ労働者の仕事，スキームワーカーの貢献，インド型開発モデル

　アンガンワディ労働者は通常のICDS関連業務のほか，何らかの調査や選挙時の補助・管理業務，また貧困対策のための自助組織（SHG。公共のマイクロ・ファイナンス関連業務）へのサポートなど，行政の各種末端業務を担わされている（担う業務は州や地域によって異なる）。労働時間は本来4時間半（4時間のセンター業務＋30分の家庭訪問）であるはずのところ，現在は7〜8時間になることもあり，長時間労働が常態化している。これらの業務負担のために，本来のICDS関連の業務に時間と労力を割くことができなくなっている状況にある。

　一方，アンガンワディ労働者やヘルパーは諸業務の履行に不可欠な担い手であるにもかかわらず，「名誉労働者」（honorarium workers）であって労働者としての地位を与えられていない（唯一例外として，プディチェリー連邦直轄領で旧採用者のみ公務員と認められている）。また仕事の対価として受け取るのも賃金ではなく，最低賃金を通常大きく下回る小額の謝礼金（honorarium）である。2015年末現在の謝礼金の水準は，中央政府からのアンガンワディ労働者に月額3000ルピー，ヘルパーに同1500ルピーに加え，州政府が独自に上乗せする額の合計である。アンガンワディ労働者の合計月額が5000ルピーを超える州は多くない。労働者ではないので，最低賃金法をはじめ労働関連法の適用を受けない。

　アンガンワディ労働者／ヘルパーはASHA労働者やミッドデイ・ミール労働者などとともに，「スキームワーカー」と称される（太田　2015）。スキームワーカーとは，政府が福祉，医療，教育等に関して実施する各種のスキームのもとで，それらの公共サービスの履行業務を低賃金で担いながらも，労働者としての地位を与えられていない人たちのことである。スキームワーカーはインド開発行政の重要な一端を担い，その働きは決して小さくないにもかかわらず，相応の報酬を得ていない。このことによって恩恵を得ているのは，スキームワーカーが実際にサポートする人たちだけでなく，国や社会であることも疑いはない。労働力人口の1%を優に上回る，一部の推定では1000万人にも上るとされる労働者の働きがこれまで，そして今日の開発行政を支えているという点も，インド型開発モデルの重要な一側面として認識しておく必要がある。

第7章

公益訴訟の展開と公共サービス

佐 藤 創

はじめに

　三権分立を基本とする統治形態を採用している場合には，公共サービスの提供にどう政府が関与するかについての設計や実施は，他の政策と同様に，法を定立する立法部，法を実施する行政部（執行部）が主たる責任を負い，司法部は，基本的には，個別具体の訴訟事件が持ち込まれたときに，当該事件を解決するために既存の法令を解釈して権利関係を宣明し，当該事件の訴訟当事者についてのみ効力をもつ判決を下すことがその役割となる。インドにおいても，この三権の役割分担の基本的な構図は該当する。ただし，インドにおいては，開発途上国としてはとりわけ，先進国と比較しても相対的に，司法部のプレゼンスが大きいと考えられ，公共サービスに関してもその果たしてきた役割は看過しえないものがある。とくに公益訴訟（public interest litigation: PIL）と呼ばれる訴訟形態において，最高裁判所（最高裁）および高等裁判所（高裁）がさまざまな判断を示し，そうした判決や決定が契機となり，公共サービスの新たな展開が生じた例も少なくない。そして，このような積極的な司法部の関与はインド社会に深く根付いているように看取され，今後も十分に目を配る必要があると考えら

れる。また司法部の提供する司法サービスもまた公共サービスの一翼を担う。

そこで本章では，前章までにみた公共サービスのそれぞれの領域において重要な意味をもった公益訴訟を取り上げ，公共サービスの展開に司法部がどのような役割を果たしてきたかを検討する。第1節ではまず公益訴訟とはなにかを簡単に概説し，第2節で本書のそれぞれの章が注目する分野で重要な意義をもった事例を紹介する。第3節にて，公益訴訟の一般的な傾向を議論しつつ今後のその展望に触れ，最後に本章の議論をまとめる。

第1節　インド公益訴訟について

インドの公益訴訟は，社会的弱者層に対して正義を届けようとする世界にも稀にみる司法積極主義として広く注目され，日本においても憲法学やアジア法学の分野においてその動向が紹介されてきた[1]。公益訴訟は，インディラ・ガンディー政権によって敷かれた非常事態（1975〜77年）が終了した1970年代後半から展開し始めた。監獄における収監者に対する非道な行いなど末端行政の違法をただす事例や，債務労働制度に苦しむ者を救済しようとする事例など，字も読めないような弱者層の権利を擁護しようとする訴訟を，最高裁が自らのイニシアティブにより，取り上げたことに端を発する。

ただし，インドにおいて司法積極主義は公益訴訟が開始される前にも存在していた。1960年代から70年代前半にかけて，上位裁判所（最高裁および高裁）は私的所有権絶対など近代法の原則を重視し[2]，富裕層や財閥の財産権を制限する内容を含む法や憲法改正を違憲とする判断をいくつも下すといういわば保守的な方向での司法積極主義を展開し，社会開発を進めようとする政権側と鋭く対立した[3]。こうした政権と最高裁の対立を契機のひとつとして宣言された1975年からの非常事態中には，最高裁は，反対に，人権擁護という裁判所のもっとも重要な役割を果たせず，司法部はいわば社会の信頼を失ったのである。そのような文脈において，非常事

態後にそれ以前とは異なり、社会的弱者層の権利を擁護するという新たな方向での司法積極主義として公益訴訟を上位裁判所は展開しはじめたのである。

公益訴訟の法学的な観点からのおもな特徴は、四点にまとめられる。第1に、公益訴訟は、令状管轄権（writ jurisdiction）と呼ばれる憲法により上位裁判所（第32条（最高裁）および第226条（高裁））に対して与えられた第一審管轄権において争われることが大半であり、この場合には下位裁判所を経由することなく直接に最高裁ないし高裁に提起される[4]。また、この憲法第32条、第226条に基づく訴訟の場合には、通常の訴訟手続を規制する民事訴訟法典ないし刑事訴訟法典も直接には適用されない。令状管轄権自体はイギリスにおいて教会裁判所など各種の裁判所や行政を国王裁判所が統制する手段として展開してきた大権令状（prerogative writs）に由来する[5]。インドではこれを憲法に定めたのみならず、イギリスから伝わった大権令状に付随するさまざまな技術的制約を、インド最高裁が独自にその判例により1970年頃までにふるい落としていた。それゆえ、令状管轄権については、つぎに述べる手続や救済手段につき上位裁判所が自らの裁量にて工夫する余地が大きかったと考えられる。

第2の特徴は、公益訴訟の訴訟手続においては、訴訟当事者が対等であることを前提として原告被告に訴訟の主導権を与え、裁判官はあくまでもアンパイヤに徹する当事者主義を基礎とする対審型手続に拘泥せず、字も読めないような弱者層の権利擁護を重視して、裁判所側のイニシアティブと裁量権を強化してきたことである。具体的には、訴えなくして最高裁や高裁の裁判官が自発的に（suo motu）訴訟を開始する権限、また単なる手紙を訴状として扱い訴訟を開始する権限（epistolary jurisdiction）がこの令状管轄権には含まれるとし、さらに、原告適格を極端に緩和し、また調査委員会を裁判所の側で設置しその報告書を証拠として採用するなどしている。たとえば、一般には原告として認められるには本人に被害があることが必要であり、原告適格が認められなければ、訴えはその実質的内容である本案の審理に進むことなく、入り口で却下される。これに対して、公益訴訟においては、憲法に保障された基本権の侵害があると考えられる場合

や公の利益に重大な影響があると考えられる場合には，また原告に被害がなくとも公益のために行為していると認められれば，原告適格などの入口要件が問題にされることは基本的にはない。

　第3に，公益訴訟における救済手段の内容については，憲法第32条および第226条に列挙されている人身保護などの各種令状の発給を行うというよりはむしろ，立法的あるいは創造的とでも呼ぶべき指令を出す慣行を最高裁は確立した。具体的には，次節で紹介する事例にも現れているように，訴訟を終結する終局判決に至るまでの間に，その準備として訴訟中に問題となった個々の事項を整理するために用いられる中間命令を多用しつつ，たとえば，調査委員会の設置を命じ，あるいは当事者以外の者にも適用されるルールを宣明するなど，大権令状のいずれでもないような類型の創造的・立法的な指令を展開させ，さらに，そのような指令を遵守するための監視委員会の設置を命じることもある。

　第4に，以上の手続および救済手段における新たな慣行の確立に加え，権利の実体面においても，基本権の範囲を広げてきたことが重要である。とくにそれ自体は裁判において強制することはできないが立法の指針とされねばならない憲法第4編「国家政策の指導原則」に盛り込まれた諸規定を媒介として，第3編「基本権」[6]に含まれる権利のカタログを，とりわけ生命および人身の自由を定める憲法第21条に依拠して増やしてきた[7]。次節でみるように，環境，教育，飲料水へのアクセスなどが同条に含まれる基本権とされてきたのである。

　こうした公益訴訟の展開によって，一方では，公益にかかわるような基本権の侵害が存在すると考える者は問題を上位裁判所に持ち込みやすくなり，他方で上位裁判所は自らの権限を拡大してきたとみることもできる。では，このような公益訴訟は，現実には，どのような内容において用いられてきたのか。最高裁自身による整理によれば，公益訴訟は，第三世代まで展開している[8]。第一世代は，公益訴訟出現期の社会的弱者層の権利侵害に焦点をあてるもの，第二世代は，1980年代から展開した環境問題を取り上げる一連の判決，第三世代は，1990年代以降にひんぱんに争われた汚職やガバナンス問題，である。このような整理が妥当かどうかは検

討が必要であり，第3節にて若干敷衍するが，本章ではその点を議論することが目的ではないのでここでは公益訴訟の内容も時代とともに変化してきているということのみを確認し，次節で，公共サービスの各分野でどのような公益訴訟が提起され，上位裁判所がどのような判断を下し，司法部がどのような役割を公共サービスの展開において果たしてきたかを検討する。

第2節　公共サービスと公益訴訟

1．公共配給制度，アンガンワディと「食糧への権利」訴訟

公共配給制度（Public Distribution System: PDS）（第1章参照）の実施において，インド最高裁がどのように関与してきたかを示す好例は，「食糧への権利」（Right to Food）訴訟と呼ばれる，2001年頃に始まった訴訟である[9]。原告は市民的自由のための人民連合（People's Union for Civil Liberties: PUCL）という，インディラ・ガンディー政権の強権的な政治に対する反政府運動を展開したことで名高い社会運動家であるナーラーヤン（J. Narayan）が1976年に設立した人権擁護を主たる活動内容とする市民団体が発展したものである[10]。PUCLのラージャスターン支部は2001年に旱魃による被害を受けた地域のため，政府の余剰食糧備蓄を即座に無料で放出するよう求めて最高裁に訴訟を提起した。当初は，被告は中央政府，インド食糧公社および6つの州政府であった。この訴訟は後にすべての州および連邦直轄領も被告として訴訟参加させ，食糧に対する権利一般を問題とする形に展開した。原告は，食糧に対する権利は憲法上の基本権に含まれ，そのような権利を侵害された状況に政府が放置していることは違憲であると主張した。具体的にはPDSが十分に機能していないことが貧困線以下の家計の食糧に対する権利が奪われた状況にある理由のひとつであると主張し，ラージャスターン州政府に対して，旱魃の被害の著しい村に雇用を即座に提供すること，家計あたりのPDSにより購入できる枠を拡

大すること，中央政府にも食糧を無償で供給するよう命じること，などを最高裁に求めた。最高裁は基本的に訴えを認め，生命および人身の自由を規定する憲法第21条は尊厳をもって生きる権利，またそのために不可欠な権利を保障しており，それには食糧に対する権利が含まれると判示した。

　さらに，この訴訟が進む過程で，2006年に，最高裁は，PDSが適切に機能しない理由を調査し，改善するための措置を提案すべき委員会の設置を中央政府に命じた。この中間命令を受けて，2006年12月1日に消費者問題・食糧・公共配給省により，ワドワ（D. P. Wadhwa）前最高裁裁判官を長とする通称ワドワ委員会が設置された。同委員会は，州別，テーマ別に数多くの報告書を作成し，そうした報告書に基づいてさらに最高裁が決定を下すなど，PDSの改革において重要な役割を現在も果たしている[11]。

　その他，この訴訟が続くなかで，食糧への権利キャンペーン（The Right to Food Campaign）というインフォーマルなネットワークが生まれ，また人権法ネットワーク（Human Rights Law Network）といった法曹を中心とするNGOも活発に参加し，たとえば州政府に対して公立小学校において昼食計画（Mid Day Meal Scheme）を実施するよう命じる決定など，この訴訟はさまざまな中間命令を獲得しながら長年にわたり続いており[12]，2013年全国食糧安全保障法（The National Food Security Act, 2013）の制定にもつながっている。

　また，この「食糧への権利」訴訟はアンガンワディ・センター（第6章参照）の普及についても重要な役割を果たしている[13]。その訴訟のなかで，乳幼児の統合的発達サービス（Integrated Child Development Services: ICDS）を中央政府および州政府が十分に実施していないことも問題として提起されたのである。最高裁は，この問題につき，著名な元高級官僚であるサクセナ（N. C. Saxena）をコミッショナーに任命してICDSの実施状況に関する調査を依頼した。2006年7月19日に提出されたレポートは，ICDSを実施するには全国に140万のアンガンワディ・センターが必要であること，3年以内にその数まで増やすように中央政府に命ずべきこと，州および連邦直轄領の政府に2004年10月7日付の最高裁の中間命令（栄養の提供についてコントラクターではなく地方自治体を利用すべき）にどう対

応してきたかを説明する宣誓供述書を提出させること，などを勧告した。最高裁は，政府側からの反論を検討した後に，基本的には報告書に沿った命令を2006年12月に発している(14)。食糧ないし栄養という観点から，アンガンワディ・センターの展開について，公益訴訟が重要な役割を果たしていることが確認できる。

2．医薬品と公益訴訟

医薬品分野（第2章参照）では医薬品価格管理令をめぐる公益訴訟が重要な役割を果たしている。1955年基本物資法（The Essential Commodities Act, 1955）は生活必需品について生産や供給，公正な価格での入手可能性を規制する権限を政府に与えており，この法令に基づき，医薬品については医薬品（価格規制）令（The Drugs (Price Control) Order：DPCO）が改廃されてきた。同令に基づく価格規制対象の医薬品を，政府は1987年に347成分から142成分に，1995年にはさらに74成分に減らし，2002年医薬品政策（Pharmaceutical Policy 2002）および医薬品（価格規制）令（DPCO 2002）によりさらに縮減しようとしたところ，これに反発する医師が，本政策が実施されたならば必須医薬品が価格規制の対象外となり公益に反すると主張してカルナータカ高裁に当該政策の実施の差止めを求める公益訴訟を提起した(15)。同高裁は原告の主張を認め，必須医薬品を価格規制の対象にとどめるよう命じたのである。政府は高裁の決定を不服として最高裁に上訴したが，最高裁は，高裁による差止命令は破棄したものの，政府に対して必須医薬品は価格規制の対象にとどめるよう再検討を命じた。2002年医薬品政策はこれにより棚上げされることになり，さらに，全インド医薬品行動ネットワーク（All-India Drug Action Network）などの市民団体もこの時期に価格規制の強化を求めて別の公益訴訟を最高裁に提起した(16)。

これらの訴訟では，貧困者の医薬品へのアクセスが十分とは言い難いなかで，WTOのルールに沿った形での企業の利害や競争力の強化を企図するという政権側の改革に対して，公益訴訟を通じて司法が待ったをかけた

という構図となっている。その根拠として，生命および人身の自由を規定する憲法第21条には，人間としての尊厳をもって生きる権利が含まれており，それには健康の保護が含まれるということはすでに確立された法理であると判示している[17]。その後，必須医薬品の価格規制について議論が重ねられ，全国医薬品価格政策（National Pharmaceutical Pricing Policy, 2012）が2012年12月に施行された。さらに，2013年医薬品（価格規制）令（DPCO 2013）が1995年令に置き換えられ，同令に基づくガイドラインが具体的な価格統制を定めている。なお，2013年の新令に対しても，コストベースの上限価格ではなくマーケットベースの上限価格を導入したことに反対して，新たな中間的な申立てが，上述した2003年から続いている全インド医薬品行動ネットワークによる公益訴訟において提起されている[18]。

3．生活用水と公益訴訟

最高裁は公益訴訟にて安全な飲料水にアクセスする権利を基本権であると認めている（第3章参照）。1991年に下した判決において，最高裁は憲法第21条の生命および人身の自由の保障は，汚染のない水を享受する権利を含むと判示した[19]。その後いくつものケースで上位裁判所は安全な飲料水にアクセスする権利は憲法第21条に含まれる基本権であることを繰り返し確認している。たとえばデリーの水不足を緩和するためヤムナー川への流水を確保するようハリヤーナー州に命じた以前の最高裁の決定が遵守されていないと原告が訴えた事件で，家庭で消費する生活用水に対する権利は灌漑など他の水の使用目的に優越すると最高裁は述べている[20]。そのほか，2000年には，ハイデラバードなどの飲料水の水源近くに，石油会社の工場の設立をアーンドラ・プラデーシュ州が許可した例では，最高裁は安全な水へのアクセスは全国民の基本権であるとし，州はそれを提供する義務があると判示した[21]。また，飲料水について法律が十分に執行されておらず，供給量および水質に問題があるとの訴えがあったウッタル・プラデーシュ州の事例において，最高裁は中間命令で州政府および地

方公共団体に改善を命じ，その実施を監視する監視委員会の設置を州政府に命じている[22]。

生活用水の排水についてもまた少なからぬ公益訴訟がある。下水の処理が中央公害規制局（Central Pollution Control Board）の定めた指針に従って処理されておらず，これを監視するよう求める訴えがデリー高裁にて2012年に争われている[23]。被告となったデリー準州政府やデリー水道局（Delhi Jal Board），デリー公害規制委員会（Delhi Pollution Control Committee）などは，下水処理は適切に行われているとの宣誓供述書を提出し，高裁は，デリー公害規制委員会に対して，所管する下水処理プラントの定期的検査の実施や問題があることが判明した場合のデリー水道局との連携体制の構築などを命じている。

このように，飲料水ないし生活用水へのアクセスが基本権であることが確立している。それゆえ，その権利が侵害状態にある場合には，直接に問題を最高裁ないし高裁に提起できることになり，司法部がこの問題において頻繁に行政へ善処を促す回路を提供していることがわかる。

4．廃棄物処理と公益訴訟

環境問題に積極的な最高裁裁判官，弁護士，NGOなどの活動もあり，環境に関する分野ではとくに公益訴訟が活発に利用されてきた。最高裁は1986年には，健全な環境への権利（right to a healthy environment）を生命および人身の自由を保障する憲法第21条に含まれる基本権であると判示した[24]。公益訴訟はとくに産業汚染の分野において重要な役割を果たし，汚染者負担の原則や予防法理などの重要な原則を確立してきた。都市生活環境の改善に関してもいくつか重要なケースがある。有名なものは，1985年から開始されたデリーの排気ガスによる大気汚染に関する訴訟であり，調査のための委員会の設置など中間命令が多用され，最高裁のイニシアティブにより2003年にバスなどの公共交通機関やオートリクシャーの燃料を軽油やガソリンから天然ガスへ転換するという改革が実現した[25]。

都市の廃棄物処理（第4章参照）にかかわるケースについては，1990年

代半ばから公益訴訟として重要なものが提起されている。ヤムナー川への都市ごみの廃棄と無処理の下水が流れ込むことを問題視して提起された訴訟で，最高裁は州政府や地方公共団体に対して憲法上の義務を，財政や人員，インフラ不足を理由にまぬがれることはできないと判示した[26]。さらに，最高裁は，別の公益訴訟において，都市ごみについて調査する委員会の設置を命じ，その提出した報告書を参照して，都市固形廃棄物（管理・処理）規則（The Municipal Solid Wastes (Management and Handling) Rule, 2000）が中央政府（環境森林省）により2000年に施行された[27]。さらに，2004年には同規則の遵守が不十分ではないかということについて中間命令を最高裁は出している[28]。

このように司法部が，政治的経済的な利害関係から立法部や行政部に比べると相対的に自由であることも一因となり，思い切った判断を下すケースが散見される。しかし，必ずしも成功裏に問題を処理できるわけではない。たとえば，プラスチック廃棄物に関しては，デリー高裁の決定が波紋をよんだ[29]。デリーにおいて都市ごみの処理について関連する政府各部門が十分に取り組んでいないとの訴えのなかで，ビニール袋の使用により環境上の問題が生じているかが論点となった。デリー高裁は，この問題について調査する委員会を設置して，その報告書に基づき，2008年8月に，ビニール袋の使用につき，すでに禁止されているホテルや病院だけでなく，市中のマーケットやショッピング・センターにまで禁止対象を広げる告示を出すことや，無許可のビニール袋リサイクル事業を即時に操業停止させることなどを命じた。この高裁の決定に沿った告示をデリー準州の関連当局が2009年11月に出したところ，ビニールやプラスチックを製造する企業や企業団体が，ビニール袋の消費を政策的に全面的に近い形で禁止する措置は憲法に保障された職業の自由を合理的な制限の範囲を超えて制限するものではないか，などの理由をあげて，当該告示の取消を求める訴えを提起するところとなった[30]。デリー高裁は2009年7月の判決でこの訴えを棄却したが，その後にも同様の訴訟が起こっている。

このように，都市ごみ処理の分野において，上位裁判所は，関連規則の策定とその施行，日々の遵守に重要な役割を果たし，また公益訴訟が重要

な政策展開の起点となったことがわかる[31]。

5．教育と公益訴訟

　教育（第5章参照）については，憲法の「基本権」の編には規定はなく，「国家政策の指導原則」の編に国にこれを提供する義務があることを謳った規定があり（第41条，第45条，第46条），これを媒介にして，1992年のある公益訴訟における判決で，教育を受ける権利を最高裁は基本権に解釈により組み込んだ[32]。教育を受ける権利の保障なくして，憲法第21条の生命および人身の自由は保障されず，それゆえ教育を受ける権利は憲法第21条に含まれると解釈し，さらに憲法第19条に保障されている表現の自由などの他の権利も，国民が教育を受けてはじめて保障されると論じ，州政府はすべての国民に教育的施設を提供する義務があるとした。

　さらに，1993年には，14歳までは無償で教育を受ける権利をもつこと，ただし14歳以降の教育については政府の財政的なキャパシティの限界により制限されると最高裁は判示した[33]。この公益訴訟において示された6歳から14歳の者の教育を受ける権利は，ほぼ10年後の2002年に，憲法第86次改正により，第21A条として「基本権」の編に挿入された。その後，2006年にこの基本権を具体的に保障するための法案が提出され，2009年無償義務教育に関する子どもの権利法（The Right of Children to Free and Compulsory Education Act, 2009）が制定された。

　その他，具体的な教育現場の問題，教育の質，学校設備（トイレ，水道など）の不備，縁故による教職員の採用や生徒の入学に関する留保枠などに関する公益訴訟も散見される。たとえば，デリーでは，私立校に土地を安価で賃貸ないし譲渡する代わりに，生徒の25％は近隣の貧しい児童を学費無料で受け入れねばならないという条件をつけていたが，これが遵守されていないことについて2003年頃に公益訴訟が提起されるなどしている[34]。

　環境と比べると教育の分野では，個別具体の教育政策に立ち入って調査を行うといった積極性は，やや控えめであるように見受けられる（Shankar and Mehta 2008)。それでも，最高裁は，教育を受ける権利を基本権として認めるという重要な判断を下し，それが憲法改正を経て立法化されている。

第3節　公益訴訟の持続可能性

　以上みてきたように，最高裁ないし高裁に直接に訴えることができるという憲法により保障された仕組みを基礎に展開している公益訴訟を通じて，公共サービスのさまざまな分野において司法部が重要な役割を果たしてきたことが見て取れる。もちろん，公益訴訟に対しては批判もある（Gauri 2009; Thiruvengadam 2013）。たとえば，公益訴訟が「公益」以外の目的で用いられる場合を適切に区別することができるのか，裁判所の命じる立法的なあるいは行政的な措置は，立法部や行政部の人的財政的な制約を十分に考慮していないのみならず，裁判所自らの人的財政的な制約を超えてはいないか，さらにそもそも裁判所は権力分立の原則を軽視してはいないか，といった問題である。2012年のある公益訴訟においてガンジスからカニヤークマリまでの河川連結事業の推進を最高裁が命じて，そのための費用や自然破壊を最高裁はどう考えているのか，最高裁は行き過ぎではないか，という議論が起きた[35]。これらの批判は，公益訴訟がこれからも長期にわたって利用されるのかという疑問とつながっている。

　図7-1に最高裁における公益訴訟を求める訴えの数の推移を示した。最高裁に公益訴訟の開始を求めて寄せられる訴えは年平均2万件，近年は4万件であり，その大多数は公益訴訟室（PIL Cell）において処理され，実際に訴訟開始となる件数は多くても一年に100件ほどと報告されている（Gauri 2009）。最高裁にて争われた全訴訟数は，2013年を例にとると，訴訟の入口要件の審理が開始されたものが6万8478件，本案の審理が開始されたもの8268件，訴訟の入口で終結したものが7万385件，本案が終結したものが6700件，係争中のものは訴訟の入口要件に関するものは3万5284件，本案の審理に入っているものは2万9635件である（The

図7-1 最高裁判所に寄せられた公益訴訟を求める訴えの件数の推移

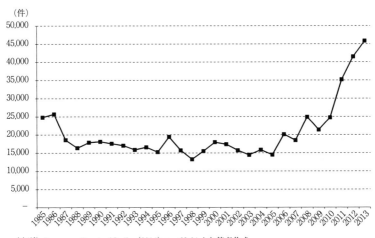

(出所) Supreme Court of India (2014), pp. 63-64 より筆者作成。

Supreme Court of India 2014)。その件数の多さには驚かざるを得ないが，最高裁を例にとると，公益訴訟は全訴訟数の1％に満たないことがわかる。

ただし，その内容は時代とともに変化している。とくに公益訴訟の過半を占めていた環境問題は，2010年に全国環境審判所（National Green Tribunal）が設置されており，分野ごとに新たなフォーラムが設置されるなど，新しい問題解決のルートができれば公益訴訟の比重は低まると考えられる。たとえば，腐敗問題も現在は公益訴訟によって争われているケースが多いが，仮にオンブズマン制度などが機能し始めればそちらに比重が移る可能性がある。それでも，公益訴訟は憲法第32条という基本権に根拠づけられている訴訟形態にておもに展開しており，それゆえに制度としても強い基礎を有していると考えられ，今後も利用されていく可能性が高いと考えられる。

もっとも，公益訴訟出現以前の1960年代から1970年代前半の最高裁の司法積極主義はおそらくは意図せずして富裕層や財閥に資するものであり，そうした方向での積極主義に最高裁はとくに2000年代に入って「保守回帰」しているのではないか，という議論がある（Suresh and Siddharth

247

2014)。ただし，現在は，富裕層というよりは，近年台頭著しい中間階級の利害に沿う形での積極性が発揮されているのではないかとも考えられる。他方で，同時に，公益訴訟は社会に深く根付いており，社会的弱者層が公益訴訟を利用して労働条件や社会的地位の向上を図ろうとする運動も引き続き起こっている[36]。つまり，とりわけ公共サービスが十分にいきわたっていない社会的弱者層にとって，彼らの状況を改善し，あるいは少なくとも社会に問題の存在をアピールする制度として，公益訴訟は重要であり続けているという側面もある。公益訴訟が今後どのような役割をインド社会において果たすのかを議論するには，こうした公益訴訟の変化を総合的に検討する必要があるが，この問題は本章の目的を超えるため論点の指摘にとどめ，また別の機会を期することにしたい。

　結びにかえて

　以上，公共サービスのさまざまな分野において，司法部が，とくに公益訴訟を通じて果たしてきた役割は，看過しえないものといってよいのではないかと考えられる。とくに重要なことは，公益訴訟がおもに憲法の基本権を基礎とした訴訟として上位裁判所に提起されるために，公共サービスのさまざまな分野の国民の権利と政府の義務が，上位裁判所で議論され，政策にフィードバックされ，またその実施状況がまた上位裁判所で議論されるというプロセスが，顕著に観察されることである。

　公益訴訟には，権力分立の問題や，裁判所の人的・財政的なキャパシティの問題など，少なからぬ問題がある。かつて，初代首相ネルーは憲法の制定過程の議論において，次のように述べている[37]。

　「いかなる裁判官もいかなる最高裁も自らを第3の議会とすることはできない。いかなる最高裁もいかなる司法部も，その判決において全社会の意思を代表する国会の最高意思を超えることはできない。われわれがあちらこちらと誤った方向に進めば，裁判所はそれを指摘することはできるが，最終的な判断において，社会の未来にかかわることについては，いかなる

司法部も介入することはできない。……社会改革に関する措置については，立法部が最高（の意思決定機関）であり，かつ裁判所によって介入されてはならないという事実は，究極的には依然として変わらない。さもないと，おかしなことが生じることになるだろう。ひとつは，もちろん，憲法を変更する方法である，もうひとつは，司法部の任命機関である行政部が，みずからに有利な判決を得ようと好みの裁判官を任命し始めるという，海外の大国でも広くみられる方法であり，それは好ましくはない方法である。」（括弧内は筆者による補足）。

　公益訴訟，あるいは司法積極主義の展開が，このネルーの危惧した問題を生じさせている側面があることは否定できない。同時に，こうした矛盾を抱えながらも，インドの抱える貧困，社会階層による差別，低い識字率などの問題ゆえに，社会的弱者層を行政の怠慢や不法から救済するという役割を果たしてきたことも確かであり，また，環境問題など，社会のさまざまな利害関係と複雑に結びついている立法部・行政部がイニシアティブをとりにくい問題について，相対的に中立的なフォーラムを提供し，あるいは驚くべきイニシアティブを発揮してきてもいる。少なくとも，公益訴訟は制度としてインド社会に根付いていると考えられ，今後も公共サービスの領域においても重要な役割を果たす可能性があると考えておくべきであろう。

謝辞：本章の作成にあたって，部分的に，科研費（「インドにおける公益訴訟の経済社会への影響」研究課題番号25360036）の助成に依拠している。

【注】
(1)　たとえば，邦文のおもな文献としては，安田（1987），稲（1993），孝忠（1993），佐藤（2001），伊藤（2008），浅野（2013）がある。本節の説明は，別に断りのない限り，これらの文献に依拠している。
(2)　封建的身分制を打破して誕生した近代の基礎となっている近代法の原則，とくに近代私法の原則は，日本の民法学では，権利能力平等，私的所有権絶対，契約自由，過失責任の4原則が一般にあげられる。
(3)　その結果，1973年にインディラ・ガンディー政権が最高裁人事に介入する事態

に至る。詳しくは，安田（1974），佐藤（1975），稲（1993）を参照。
(4) 憲法第32条は「（1）この編に規定する権利を実現するため，適切な手続きにより最高裁判所に提訴する権利は保障されるものとする。（2）この編の規定する権利を実現するため，最高裁判所は，人身保護，職務執行，禁止，権限開示及び移送の各性質をもつ令状を含む，指令，命令又は令状を発する権限を有する」と規定する。この編とは「第三編基本権」のことである。憲法第226条は「（1）高等裁判所は，第32条の規定にかかわらず，その管轄権を行使する領域において，その管轄内の人又は適切な場合には政府を含む機関に対して，第三編に規定する権利を実現するため及び他の目的のために，人身保護，職務執行，禁止，権限開示及び移送の各性質をもつ令状を含む，指令，命令又は令状を発する権限を有する」と規定する。最高裁と異なり，高等裁判所の令状管轄権は，基本権の実現のためだけではなく，その他の目的のためにも用いられうる。
(5) イギリスにおける大権令状の歴史的な展開については，たとえばベイカー（2014）を参照。具体的には，人身保護令状，移送令状，職務執行令状，権限開示令状などを指し，下位にある裁判所や行政機関の決定や行為に不服をもつ者が，王座裁判所にこれらによる救済を求め，国王の大権に基礎づけられた権限として同裁判所は裁量によりこれを発給するか否かを判断した。
(6) インド憲法の「基本権」とは，裁判に訴えることにより実現できることが憲法により保障されている権利である（憲法第13条，第32条）。また「国家政策の指導原則」のなかにおかれている規定は「裁判所による強制が保障されるものではないが，ここで示された原則は国の統治にとって基本的なものであり，立法にあたってこれらの原則を適用することは国の義務である」（憲法第37条）と定められている。
(7) 憲法第21条は「何人も，法律の定める手続によらなければ，その生命又は人身の自由を奪われない」と規定する。つまり，いわゆる適正手続（due process）を定める規定に連なる条項であり，つまり文言だけをみれば自由権的な規定である。インドでは，最高裁により同条が拡張解釈されており，政府に対して何らかの措置を要求する社会権的規定として，さらには新しい人権を基礎づけるための包括的人権規定としての役割も包含するに至っているのではないかと考えられる。
(8) State of Uttaranchal v. Balwant Singh Chaufal and others, (Civil Appellate Jurisdiction, Civil Appeal, Nos. 1134-5/2002) の2010年1月18日の判決。浅野（2013）に詳しい紹介がある。
(9) People's Union for Civil Liberties and others v. Union of India and others (Writ Petition (Civil), No. 196/2001)。
(10) ナーラーヤンの反政府運動はジャナター党の結成につながり，ガンディー政権は1977年の選挙で敗北し，非常事態も終結した。PUCLの活動は多岐にわたるが，債務労働の救済や言論の自由などの分野においても公益訴訟を提起して，重要な決定をえている。PUCLのウェブサイトなどを参照（http://www.pucl.org/）。
(11) ワドワ委員会の正式な名称はCentral Vigilance Committee on Public Distribution Systemであり，その数々の報告書は，同委員会のウェブサイトで参照することができる（http://pdscvc.nic.in/http://pdscvc.nic.in/）。
(12) 中間的申立てはもちろん，中間命令も必ずしも判例集に掲載されるわけではなく，

第7章　公益訴訟の展開と公共サービス

The Right to Food Campaign のウェブサイト（http://www.righttofoodcampaign.in/home），Human Rights Law Network のウェブサイト（http://www.hrln.org/hrln/）などを参照すると，確認できる中間命令は20件以上ある。
(13)　「食糧に対する権利」訴訟において議論されたアンガンワディ関係のおもな文書は，前注に掲げたRight to Food Campaign のウェブサイトなどで閲覧することができる。
(14)　すでに触れたように現在もこの訴訟は続いている。またアンガンワディ・センターの建設を進めていないことを問題とする公益訴訟がオディシャ高裁などで争われている（*Business Standard*, 10 July 2014）。
(15)　*Business Line*, 15 Nov. 2002。本件については，上池（2007），久保（2012）においても詳しく紹介されている。
(16)　All India Drug Action Network and others v. Union of India（Writ Petition (Civil), No. 423/2003）。
(17)　Bandhua Mukti Morcha v. Union of India（AIR 1984 SC 802）。健康および医療に対する権利は基本権であると判示している。そのほか，State of Punjab v. Mohinder Singh Chawla（1997 2 SCC 83）も参照。
(18)　2015年7月にも最高裁は原告の挙げたポイントについて答えるよう政府に命じている（*The Hindu*, 16 July 2015）。
(19)　Subhash Kumar v. State of Bihar（AIR 1991 SC 420）。ただし，本件は原告が公益ではなく私益に基づいて最高裁に公益訴訟を提起したものであるとして訴え自体は退けた。
(20)　Delhi Water Supply and Sewage Disposal Undertaking v. State of Haryana（1996 SCC 2 572）。
(21)　A. P. Pollution Control Board v. Prof. M. V. Nayudu（Supreme Court, Civil Appeal, Nos. 368-71/1999）。詳しくは，Ramachandraiah（2000）を参照。
(22)　D.K. Joshi v. Chief Secretary, State of Uttar Pradesh（AIR 2000 SC 384）。
(23)　Vinod Kumar Jain v. Secretary, Ministry of Environment and others（Delhi High court, Writ Petition (Civil), No. 1762/2012）。
(24)　M.C. Mehta v. Union of India and others（AIR 1987 SC 965, AIR 1987 SC 1086）。
(25)　M.C. Mehta vs. Union of India and others（AIR 2001 SC 1948, AIR 2002 SC 1696）。
(26)　B.L. Wadehra vs. Union of India（AIR 1996 SC 2969）
(27)　Almitra H Patel and another v. Union of India and others（Writ Petition (Civil), No. 888/1996）。
(28)　Almitra H Patel and another v. Union of India and others（Writ Petition (Civil), No. 888/1996 with Special Leave Petition, No. 22111/2003）。さらに，最高裁の命令に対する政府の不順守が問題とされ裁判所侮辱罪として争われたが，2014年9月2日の決定で最高裁は2010年に新たに設置された国家環境審判所に本件の審理を移送した（with Contempt Petition, No. 8/2009）。
(29)　Vinod Kumar Jain v. Union of India and another,（Writ Petition (Civil), No.

251

6456/2004).
(30) All India Plastic Industries Association and others v. Government of NCT of Delhi (Writ Petition (Civil), No. 883/2009).
(31) そのほか, 1989 年有害廃棄物（管理及び処理）規則 (The Hazardous Wastes (Management and Handling) Rules, 1989) が施行されていたが, 有害廃棄物を扱う労働者の健康管理が放置されているなど, これが十分に遵守されていないことを訴える公益訴訟が提起され (Research Foundation for Science, Technology and Ecology v. Union of India, Writ Petition (Civil) No. 657/1995), 政府にこれを調査する委員会を設置するよう命じ, その報告書などを参照して, 2003 年には同規則の修正が行われた。
(32) Mohini Jain v. State of Karnataka (AIR 1992 SC 1858)。
(33) Unni Krishnan and others v. State of Andhra Pradesh and others (AIR 1993 SC 217)。
(34) Social Jurist v. GNCTD (109 (2003) DLT 489)。こうした入学枠の留保の問題や学費の問題はその後も, また, 子どもの無料義務教育権利法が施行された 2010 年以降も, たびたび法廷で争われている。たとえば, Justice For All v. Government of NCT of Delhi and another (Writ Petition (Civil), No. 4607/2013)。
(35) インドには, Economic and Political Weekly という識者に広く読まれている学術誌があり, 本件につき,「上位裁判所は神を演じる誘惑に抗うべきである」という記事が掲載された (*Economic and Political Weekly* 2012)。
(36) たとえば, 清掃カーストが社会経済的地位の向上のために, 2000 年代より公益訴訟に運動を拡大している（鈴木 2015）。
(37) Constitutional Assembly, 10th September 1949, Volume 9, pp. 1195-6。

〔参考文献〕

<日本語文献>
浅野宜之 2013.「インドにおける公益訴訟の展開と課題——第三世代の公益訴訟を中心に——」『法学論集』［関西大学］62(4/5) 298-324.
伊藤美穂子 2008.「インド公益訴訟, その可能性と限界：生命の価値の実現のために闘う裁判所」『横浜国際社会科学研究』12(4/5) 35-54.
稲正樹 1993.『インド憲法の研究——アジア比較憲法論序説——』信山社.
上池あつ子 2007.「インド医薬品産業が抱える課題」久保研介編『日本のジェネリック医薬品市場とインド・中国の制約産業』アジア経済研究所 55-79.
久保研介 2012.「必須医薬品の価格規制を巡る最近の動向」『アジア経済研究所海外研究員レポート』. http://www.ide.go.jp/Japanese/Publish/Download/Overseas_report/1202_kubo.html
孝忠延夫 1993.「インド憲法における基本権の保障と国家政策の指導原則」『法学論集』［関西大学］43(1/2) 229-280.
佐藤創 2001.「『現代型訴訟』としてのインド公益訴訟」(Ⅰ) (Ⅱ)『アジア経済』42

(6) 2-25, 42(7) 18-36.
佐藤宏 1975「1970年代インドの憲法状況（Ⅰ），（Ⅱ）」『アジア経済』16(9) 16-30, 16(10) 51-64.
鈴木真弥 2015.「突破口としての司法——清掃カーストの組織化と公益訴訟——」石坂晋哉編『インドの社会運動と民主主義——変革を求める人びと——』昭和堂 219-242.
ベイカー，J. H.（深尾裕造訳）2014.『イギリス法史入門第4版第Ⅰ部（総論）』関西学院大学出版会.
安田信之 1974.「インドにおける『司法危機』」『アジア経済』15(1) 88-99.
────── 1987.『アジアの法と社会』三省堂.

＜外国語文献＞
Economic and Political Weekly 2012. Editorial "Supreme Folly: The Higher Judiciary Should Desist from Temptation to Play God." *Economic and Political Weekly* 47 (11) March 17: 8.
Gauri, Varun 2009. *Public Interest Litigation in India: Overreaching or Underachieving*. (Policy Research Working Paper) Washington, D.C.: World Bank.
Ramachandraiah, Chigurupati 2000. "Drinking Water as a Fundamental Right." *Economic and Political Weekly* 36(8) Feb. 24: 619-621.
Shankar, Shylashri and Pratap Bhanu Mehta 2008. "Courts and Socioeconomic Rights in India." In *Courting Social Justice: Judicial Enforcement of Social and Economic Rights in the Developing World*, edited by Varun Gauri and Daniel M. Brinks, New York: Cambridge University Press, 146-182.
Supreme Court of India 2014. *Annual Report 2014*. New Delhi: The Supreme Court of India.
Suresh, Mayur and Siddharth Narrain ed. 2014. *The Shifting Scales of Justice: The Supreme Court in Neo-liberal India*. New Delhi: Orient BlackSwan.
Thiruvengadam, Arun K. 2013. "Revisiting The Role of the Judiciary in Plural Societies (1987): A Quarter-Century Retrospective on Public Interest Litigation in India and the Global South." In *Comparative Constitutionalism in South Asia*, edited by Sunil Khilnani, Vikram Raghavan and Arun K. Thiruvengadam, New Delhi: Oxford University Press, 341-369.

＜判例集略語表＞
AIR: *All India Reporter*.
DLT: *Delhi Law Times*.
SCC: *Supreme Court Cases*.
　判例集に掲載されている場合はこれらの判例集の掲載頁を示した。たとえばAIR 2000 SC 1とある場合にはAll India Reporterの2000年版，最高裁（Supreme Court: SC）編，1頁という意味である。また，こうした判例集に掲載されていない場合や，数

多くの中間命令も含めて参照している場合には，当該訴訟に裁判所側が割り当てている整理番号にて示している。

＜ウェブサイト＞
引用したウェブサイトの最終閲覧日はいずれも 2016 年 7 月 1 日である。

索引

【アルファベット】

AAY（Antyodaya Anna Yojna）　→　「アンティヨダヤ食糧事業」

AIFAWH（All India Federation of Anganwadi Workers and Helpers）　→　「アンガンワディ（センター，労働者）」

APL（Above Poverty Line）　→　「貧困線以上」

ARWSP（Accelerated Rural Water Supply Programme）　→　「農村給水推進事業」

AUWSP（Accelerated Urban Water Supply Programme）　→　「都市給水推進事業」

BJP（Bharatiya Janata Party）　→　「インド人民党」

BPL（Below Poverty Line）　→　「貧困線以下」

ECCE（Early Childhood Care and Education）　→　「乳幼児」

ICDS（Integrated Child Development Services）　→　「乳幼児の統合的発達サービス」

Jan Aushadhi スキーム　73, 85, 96, 97

JNNURM（Jawaharlal Nehru National Urban Renewal Mission）　→　「ジャワハルラール・ネルー全国都市再生事業」

KCP（Karunya Community Pharmacy）　→　「カルンヤ・コミュニティ薬局」

KMSCL（Kerala Medical Services Corporation Ltd.）　→　「ケーララ州医療サービス公社」

LFP 学校（Low-fee Private School）　→　「低額私立学校」

MDGs（Millennium Development Goals）　→　「ミレニアム開発目標」

NDA（National Democratic Alliance）　→　「国民民主連合」

NRDWP（National Rural Drinking Water Programme）　→　「全国農村飲料水事業」

NRHM（National Rural Health Mission）　→　「全国農村保健ミッション」

OBC（Other Backward Classes）　→　「その他後進階級」

PDS（Public Distribution System）　→　「公共配給制度」

PPP（Public Private Partnership）　→　「官民連携」

RDF（Refuse Derived Fuel）　→　「廃棄物」

RTE 法（the Right of Children to Free and Compulsory Education Act, 2009）　→　「無償義務教育に関する子どもの権利法」

SBM（Swacch Bharat Mission）　→　「クリーン・インド・ミッション」

SC　→　「指定カースト」

ST　→　「指定部族」

TNMSC（Tamil Nadu Medical Services Corporation）　→　「タミル・ナードゥ医療サービス公社」

TPDS（Targeted Public Distribution System）　→　「受益者選別的 PDS」

TRIPS協定（Agreement on Trade Related Aspects of Intellectual Property Rights）→「知的財産権の貿易関連の側面に関する協定」
UIDSSMT（Urban Infrastructure Development Scheme for Small and Medium Towns）→「都市インフラ開発計画」
UPA（United Progressive Alliance）→「統一進歩連合」

【あ行】

アンガンワディ（センター，労働者）　17, 19, 211, 213-215, 219-222, 224-229, 231, 234, 239-241, 251
　──センター　17, 19, 211, 213, 215, 219-222, 224-229, 231, 240, 241, 251
　──労働者　211, 221, 224-227, 229, 231, 234
　全インド──労働者・ヘルパー連合（AIFAWH）226, 227, 231
アンティヨダヤ食糧事業（AAY）34, 40, 43, 44, 49
医薬品アクセス　66, 68, 73, 85, 86, 92, 93, 95-97
医薬品価格規制令（Drug Price Control Orders, 1970, 1987, 1995, 2013）65, 66, 69-71, 73, 86, 97
医薬品供給サービス　16, 65, 66, 73, 74, 76, 78, 81-83, 88, 92, 93, 95-98, 101
医薬品政策（Pharmaceutical Policy, 2002）70, 98, 241
インド国営製薬企業局（Bureau of Pharma PSUs of India）86, 98
インド国民会議派（会議派）2, 54, 194
インド食糧公社　15, 29, 31, 32, 34-38, 40-42, 46, 47, 51, 54, 55, 58, 60, 61, 239
インド人民党（BJP）2, 35, 194
インド防衛規則（the Defence of India Rules, 1939）58
飲料水　6, 11, 18, 19, 26, 103, 105, 107, 110, 113, 114, 116-123, 125, 130, 213, 238, 242, 243
飲料水・公衆衛生省　116
栄養　13, 17, 168, 206, 207, 209-211, 213-228, 230, 240, 241
　──プログラム　210
　補助的──補給サービス　220, 222, 223, 225
汚職　10, 19, 228, 229, 238

【か行】

会議派　→「インド国民会議派」
カルンヤ・コミュニティ薬局（KCP）82-85, 97, 98, 101, 102
灌漑　26, 47, 104, 113, 116, 117, 123-125, 129, 131, 242
環境・森林・気候変動省　154
環境（保護）法（the Environment (Protection) Act, 1986）114
緩衝在庫　31, 32, 37, 39, 40, 46, 47, 53, 58, 59
官民連携（PPP）9, 15, 89, 115-118, 124-128, 131, 141, 148, 151, 153, 159, 220, 226, 227
基本権　16, 18, 119, 122-124, 128, 131, 215, 237-239, 242, 243, 245-248, 250, 251
基本物資法（the Essential Commodities Act, 1955）58, 241
義務教育　7, 15, 17, 18, 165-169, 178, 182, 191, 192, 200, 201, 204, 209, 214, 220, 245, 252

索　引

教育を受ける権利　19, 168, 201, 245, 246
教員　17, 168-170, 178, 182-193
強制実施権（Compulsory License）　71
金融包摂　53-56, 58
クリーン・インド・ミッション（SBM）　118, 141, 145, 147, 154, 157
ケーララ州医療サービス公社（KMSCL）　78-85, 98, 101
現金直接給付　28, 46, 53-55, 57, 58, 61, 225
健全な環境への権利　243
憲法第73次改正　26, 115
憲法第74次改正　26, 115, 139, 160
権利アプローチ　17, 20, 212-214, 216-218, 229, 230
公益訴訟　15, 17-20, 41, 70, 98, 140, 159, 201, 230, 235-239, 241-252
公開市場販売事業　39, 46
公共信託　16, 122, 131
公共配給制度（PDS）　15, 16, 27-30, 32-35, 37-49, 51, 53-55, 57-59, 239, 240
公正価格店　29, 31, 40, 41, 43, 44, 47, 53, 55-57
公法480　30, 59
公立校　17, 165, 166, 168-170, 172, 174, 177, 178, 182-194, 200, 201
国民民主連合（NDA）　2, 35, 217, 227, 230
国連社会権規約委員会（UNCESCR）　121
国連人権理事会（UNHRC）　121
固形廃棄物管理規則（Solid Waste Management Rules, 2016）　151, 156
国家カリキュラムの枠組み　188
国家政策の指導原則　166, 209, 215, 238, 245, 250
子どもの権利条約（the Convention on the Rights of the Child（1989））　121, 168, 212
雇用　4, 5, 14, 21, 29, 60, 116, 117, 170, 182, 184, 186, 191, 193, 218, 227, 239
コンポスト　137, 141, 143, 147-150, 152, 154, 157, 160, 162

【さ行】

最高裁判所（最高裁）　16, 17, 19, 41, 122, 124, 128, 131, 168, 201, 213, 214, 217, 220-222, 224, 235-251
財政赤字　7, 11, 12
財政責任・予算管理法（the Fiscal Responsibility and Budget Management Act, 2003）　12
最低支持価格　31, 32, 36, 39, 40, 46, 59
参加型　117, 123-125, 131
識字率　3, 249
指定カースト（SC）　49, 61, 182, 187, 192, 193, 207, 209, 220, 230
指定部族（ST）　49, 61, 187, 192, 193, 207, 209, 220
司法積極主義　216, 236, 237, 247, 249
ジャワハルラール・ネルー全国都市再生事業（JNNURM）　117, 126, 130, 140, 141, 153
受益者選別的PDS（TPDS）　15, 33, 34, 37-39, 43, 45-49, 53-55, 57, 59
情報に対する権利法（the Right to Information Act, 2005）　22
食糧安全保障　15, 18, 28, 40, 46, 47, 54, 55, 57, 58, 217, 240
食糧への権利　213, 216, 217, 230, 239, 240
女子差別撤廃条約（the Convention on the Elimination of All Forms of

257

Discrimination against Women (1981)) 121
女性・子ども発達省　206, 218, 230
私立校　17, 165, 166, 168-170, 172, 174, 177, 178, 182, 183, 185, 187-193, 200, 201, 219-221, 245
　被補助——　172, 189
　無補助——　172, 189
スキームワーカー　227, 234
生活用水　5, 7, 15, 16, 18, 20, 103-105, 110, 113-115, 118, 119, 121, 123, 125, 126, 128, 242, 243
政府支援型健康保険制度　67, 93
生命および人身の自由　122, 238, 240, 242, 243, 245
世界水パートナーシップ（Global Water Partnership）　121
世界水フォーラム　120, 121
世界水理事会（World Water Council）　120
セン，アマルティア　13, 14, 22, 58
全インド教育調査　170, 184
全国 ECCE 政策　→　「乳幼児」
全国医薬品価格政策（National Pharmaceutical Pricing Policy, 2012）　70, 242
全国飲料水ミッション　114
全国食糧安全保障法（the National Food Security Act, 2013）　28, 54, 55, 57, 58, 217, 240
全国農村飲料水事業（NRDWP）　116, 118, 131
全国農村雇用保証計画　116, 117
全国農村保健ミッション（NRHM）　211, 227
全国標本調査　40, 42, 47, 59, 95, 172, 178, 201
全国水政策（National Water Policy, 1987, 2002）　114, 116, 117, 124
全国水枠組法案（the National Water Framework Law）　118, 123
組織部門　5, 21
その他後進階級（OBC）　49, 61, 192

【た行】

託児所　211, 213, 214, 218-220, 225
タミル・ナードゥ医療サービス公社（TNMSC）　74-76, 81, 97, 98
地下水　104, 114, 117, 123, 129-131, 138, 150
知的財産権の貿易関連の側面に関する協定（TRIPS 協定）　70, 71
中央公害規制局　150, 163, 243
中央プール　37
中央放出価格　37, 38, 40, 43, 46
低額私立学校（LFP 学校）　170, 192
統一進歩連合（UPA）　2, 17, 54, 217, 227, 229, 230
都市インフラ開発計画（UIDSSMT）　117, 130
都市開発省　116, 118, 130, 140, 160
都市化率　107, 130
都市給水推進事業（AUWSP）　116, 117
都市固形廃棄物（管理・処理）規則（Municipal Solid Wastes (Management and Handling) Rule, 2000）　244
都市ごみ　6, 7, 15, 16, 18, 20, 137-145, 147-154, 156, 157, 159, 162, 244
特許法（the Patent Act, 1970）　16, 65, 69-71

【な行】

乳幼児　2, 7, 15, 17, 18, 203-205, 207,

209-217, 219-231, 240
――の統合的発達サービス（ICDS） 17, 204, 205, 210-215, 218-231, 234, 240
ICDS ミッション　214, 215, 220, 221, 224-226
――の保育と教育（ECCE）　17, 203, 204, 228, 231
全国 ECCE 政策　215, 229
農産物価格委員会　31, 32
農産物コスト・価格委員会　32, 36, 59
農村開発省　114, 116, 218
農村給水推進事業（ARWSP）　114, 116, 130

【は行】

廃棄物　10, 16-20, 137-143, 145-160, 162, 243, 244, 252
――固形燃料（RDF）　137, 141, 147-150, 152, 154, 155, 157, 160
――焼却・発電　141, 147, 152, 155, 162
プラスチック――　244
排除エラー　41, 44-47, 49, 53, 55
バグワティ，ジャグディシュ　13, 22
パンチャーヤト　26, 34, 44, 49, 116, 168
非常事態　236, 250
非正規教員　17, 182, 184-186, 189, 191, 193
非組織部門　5
貧困線以下（BPL）　2, 33, 34, 38, 40, 43, 44, 49, 54, 59
貧困線以上（APL）　33, 34, 43, 48, 67
腐敗　7, 9, 10, 19, 22, 28, 35, 41, 51, 60, 247
分散調達事業　36, 37, 60
分別　140, 142, 145-147, 152, 154, 156, 158, 159
包摂エラー　41, 44-48, 53, 55
補助的栄養補給　220-223, 225

【ま行】

水（汚染防止及び規制）法（the Water (Prevention and Control of Pollution) Act, 1974）　113
緑の革命　18, 27, 32, 104, 129
ミレニアム開発目標（MDGs）　17, 20, 167, 192, 217, 225, 229, 230
無償義務教育に関する子どもの権利法（the Right of Children to Free and Compulsory Education Act, 2009 (RTE 法)）　165, 166, 168, 172, 177, 178, 182, 193, 194, 200, 201

【や行，ら行】

予防接種　207, 211, 212, 219, 221, 223
リーケッジ　34, 41-43, 45-47, 51, 53, 54, 60
リサイクル　140, 143, 145, 146, 163, 244
留保制度　182
令状管轄権　237, 250

複製許可および PDF 版の提供について

　点訳データ，音読データ，拡大写本データなど，視覚障害者のための利用に限り，非営利目的を条件として，本書の内容を複製することを認めます（http://www.ide.go.jp/Japanese/Publish/reproduction.html）。転載許可担当宛に書面でお申し込みください。

　また，視覚障害，肢体不自由などを理由として必要とされる方に，本書のPDFファイルを提供します。下記のPDF版申込書（コピー不可）を切りとり，必要事項をご記入のうえ，販売担当宛ご郵送ください。
折り返しPDFファイルを電子メールに添付してお送りします。

　〒261－8545　千葉県千葉市美浜区若葉3丁目2番2
　　日本貿易振興機構 アジア経済研究所
　　研究支援部出版企画編集課　各担当宛

　ご連絡頂いた個人情報は，アジア経済研究所出版企画編集課（個人情報保護管理者－出版企画編集課長 043-299-9534）が厳重に管理し，本用途以外には使用いたしません。また，ご本人の承諾なく第三者に開示することはありません。

アジア経済研究所研究支援部 出版企画編集課長

PDF 版の提供を申し込みます。他の用途には利用しません。

佐藤　創・太田仁志 編『インドの公共サービス』
【アジ研選書 No.45】2017 年

住所 〒

氏名：　　　　　　　　　　年齢：

職業：

電話番号：

電子メールアドレス：

執筆者一覧（執筆順）

佐藤　創（アジア経済研究所地域研究センター南アジア研究グループ）
太田　仁志（アジア経済研究所地域研究センター南アジア研究グループ）
近藤　則夫（アジア経済研究所地域研究センター南アジア研究グループ）
上池あつ子（神戸大学経済経営研究所学術研究員）
小島　道一（アジア経済研究所新領域研究センター）
辻田　祐子（アジア経済研究所バンコク研究センター）

［アジ研選書 No.45］

インドの公共サービス

2017年2月15日発行　　　　　　　　　定価［本体3,200円＋税］

編　者　佐藤　創・太田仁志
発行所　アジア経済研究所
　　　　独立行政法人日本貿易振興機構
　　　　千葉県千葉市美浜区若葉3丁目2番2　〒261-8545
　　　　研究支援部　電話　043-299-9735（販売）
　　　　　　　　　　FAX　043-299-9736（販売）
　　　　　　　　　　E-mail　syuppan@ide.go.jp
　　　　　　　　　　http://www.ide.go.jp
印刷所　康印刷株式会社

Ⓒ独立行政法人日本貿易振興機構アジア経済研究所　2017
落丁・乱丁本はお取り替えいたします　　無断転載を禁ず
　　　　　　　　　　　　　　　　　　　ISBN 978-4-258-29045-1

出 版 案 内
「アジ研選書」

（表示価格は本体価格です）

45 インドの公共サービス
佐藤創・太田仁志編　　2017年 259p. 3200円

1991年の経済自由化から4半世紀が経過した今日、国民生活に重要なインドの公共サービス部門はどのような状況にあるのか。本書では飲料水、都市ごみ処理等の公共サービスの実態を明らかにし、またその改革の方向を探る。

44 アジアの航空貨物輸送と空港
池上 寛編　　2017年 276p. 3400円

国際物流の一端を担う航空貨物は、近年アジアを中心に取扱量を大きく増加させている。本書ではアジアの主要国・地域の航空貨物についてとりあげ、またASEANやインテグレーターの動きも検討した。

43 チャベス政権下のベネズエラ
近田亮平編　　2016年 245p. 3100円

南米急進左派の急先鋒チャベス政権の14年間はベネズエラにとってどのような意味をもつのか。また彼が推進したボリバル革命とは何なのか。政治、社会、経済、外交の諸側面からその実態をさぐる。

42 内戦後のスリランカ経済
持続的発展のための諸条件
荒井悦代編　　2016年 313p. 3900円

26年にわたる内戦を終結させ、高い経済成長と政治的安定を実現したスリランカ。成長の原動力は何だったのか。南アジアの小さな多民族国家にとってさらなる経済発展のために何が必要か探る。

41 ラテンアメリカの中小企業
清水達也・二宮康史・星野妙子著　　2015年 166p. 2100円

製造拠点や消費市場として注目を集めるラテンアメリカ。中小企業の特徴、産業クラスターの形成、特有の企業文化、中小企業振興政策など、中小企業に関する情報を提供する。

40 新興民主主義大国インドネシア
ユドヨノ政権の10年とジョコウィ大統領の誕生
川村晃一編　　2015年 333p. 4100円

政治的安定と経済成長を達成し、新興国として注目されるインドネシア。ユドヨノ政権10年の成果と限界を分析しながら、2014年のジョコ・ウィドド大統領誕生の背景と新政権の課題を考える。

39 ポスト軍政のミャンマー
改革の実像
工藤年博編　　2015年 225p. 2900円

23年間の軍事政権から、民政移管で誕生したテインセイン政権。民主化と経済開放を一気に進め「アジア最後のフロンティア」に躍り出たミャンマーでは、なにが変わり、なにが変わらないのか。

38 アジアの障害者教育法制
インクルーシブ教育実現の課題
小林昌之編　　2015年 228p. 2900円

アジア7カ国の障害者教育法制に焦点を当て、障害者権利条約が謳っている教育の権利、差別の禁止、インクルーシブ教育の実現に向けての各国の実態と課題を考察する。

37 知られざる工業国バングラデシュ
村山真弓・山形辰史編　　2014年 430p. 5400円

「新・新興国」バングラデシュ。その成長の源泉は製造業にある。世界第2のアパレル以外にも芽吹き始めた医薬品、造船、ライト・エンジニアリング、食品、皮革、IT、小売等、各産業の現状と課題を分析する。

36 岐路に立つコスタリカ
新自由主義か社会民主主義か
山岡加奈子編　　2014年 217p. 2700円

非武装、高福祉、外資による高成長を記録するコスタリカは、従来の社会民主主義路線と、新たな新自由主義路線の間で揺れている。最新の資料を基に同国の政治・経済・社会を論じる。

35 アジアにおける海上輸送と中韓台の港湾
池上 寛編　　2013年 222p. 2700円

アジアでは国を跨ぐ国際分業が進化し、国際物流も変貌した。本書ではアジアにおける最大の輸送手段である海上輸送を検討し、中国・韓国・台湾の港湾の現状と課題を取り上げた。